ARCHIVES Mirror of Canada past / Miroir du passé du Canada

Of all national assets archives are the most precious; they are the gift of one generation to another and the extent of our care of them marks the extent of our civilization.

The Canadian Archives and its Activities
Arthur G. Doughty, Ottawa, 1924

De tous les trésors d'un peuple, ses archives sont le plus précieux. Elles se lèguent de génération en génération et notre degré de civilisation peut se mesurer aux soins que nous apportons à les conserver.

Les Archives canadiennes et leur champ d'action
Arthur G. Doughty, Ottawa, 1925

30920
917. 103 PUB 1974 CG

ARCHIVES Mirror of Canada past

Published for the Public Archives of Canada by

University of Toronto Press

ARCHIVES Miroir du passé du Canada

Publié pour les Archives publiques du Canada par

University of Toronto Press

CONTENTS

© Information Canada 1972   Printed in Canada

ISBN 0-8020-1899-8 LC 73-93185

Reprinted 1974

This catalogue has been prepared for the Centennial Exhibition of the Public Archives of Canada, 1972

TABLE DES MATIÈRES

© Information Canada 1972   Imprimé au Canada

ISBN 0-8020-1899-8 LC 73-93185

Deuxième tirage, 1974

Ce catalogue a été préparé pour l'exposition marquant le centenaire des Archives publiques du Canada, 1972

ACKNOWLEDGEMENTS

The Public Archives of Canada wishes to thank the Librarian, Harriet Irving Library, University of New Brunswick, for permission to display and reproduce letters from the R. B. Bennett Papers on temporary deposit in the Public Archives; Miss Toni Frissell for permission to reproduce a photograph of the filming of *The Viking;* and Mr Duncan Macpherson for permission to reproduce his cartoon 'Searching Spectators and Press Outside Court Room.'

Thanks are also extended to Marie Cornu of the University of Toronto for the translation from English into French. Special thanks are due to the staff of the University of Toronto Press for their skill and patience in the production of this book.

CONTRIBUTORS

Many members of the staff have contributed to the preparation of this book. Only those most directly involved are mentioned here.

The various themes were prepared by Michel Granger, Tom Hillman, Claude Le Moine, and Normand St-Pierre of the Public Archives Library; Gerald Cumming, Eldon Frost, Peter Gillis, Jean-Marie LeBlanc, Walter Neutel, Jerome O'Brien, Robert Taylor, Françoise Houle, and Carl Vincent of the Manuscript Division; Edward Dahl, Theodore Layng, and Betty May of the Map Division; Michael Bell, Andrew Birrell, Jennifer Bunting, Martha Cooke, William Gallaway, Léo LaClare, Claude Minotto, Peter Robertson, and Auguste Vachon of the Picture Division.

Martha Cooke, Claude Le Moine, Betty May, Warren Mizener, Hugh Taylor, and Bernard Weilbrenner acted as co-ordinators. John Howard supervised the photography.

EDITORIAL NOTE

No attempt has been made to make all descriptions of material completely uniform; the great variety of types and disciplines involved prevented such a course.

For each item, the description includes title and author or their equivalent, and physical characteristics. Where useful, an explanatory note is added.

Proper names have been given a standard spelling.

Abbreviations are also standard: 'nd' is used for 'no date,' 'LS' for 'letter signed,' 'ALS' for 'autograph letter signed,' 'MS,' for 'manuscript,' whether written by hand or typewritten, in whole or in part.

All measurements are in centimeters.

Photographs of most of the items described in the book are available. Prints may be purchased by writing to the Dominion Archivist, Public Archives of Canada, Wellington Street, Ottawa, Ontario K1A 0N3.

REMERCIEMENTS

Les Archives publiques remercient vivement le Directeur
de la Bibliothèque Harriet Irving, Université du Nouveau-
Brunswick, de leur avoir permis d'exposer et de reproduire les
lettres des Papiers R.B. Bennett en dépôt temporaire aux
Archives publiques; Mademoiselle Toni Frissell d'avoir autorisé la reproduction d'une photo d'une prise de vue du film
The Viking, et Monsieur Duncan Macpherson d'avoir autorisé
la reproduction de son dessin humoristique « Searching
Spectators and Press Outside Court Room ».

Elles souhaitent également remercier Marie Cornu de
l'Université de Toronto qui a traduit le texte en français, et
tout spécialement le personnel de l'University of Toronto
Press dont la compétence et la patience ont rendu possible la
publication de ce livre.

COLLABORATEURS

La préparation de ce livre a fait appel à la compétence d'une
grande partie de notre personnel. Seuls ceux qui y ont pris
directement part sont mentionnés ici.

Les divers thèmes ont été préparés par Michel Granger,
Tom Hillman, Claude Le Moine et Normand St-Pierre de la
Bibliothèque des Archives publiques; Gerald Cumming, Eldon
Frost, Peter Gillis, Jean-Marie LeBlanc, Walter Neutel, Jerome
O'Brien, Robert Taylor, Françoise Houle, et Carl Vincent de
la Division des manuscrits; Edward Dahl, Theodore Layng,
et Betty May de la Division des cartes: Michael Bell, Andrew

Birrell, Jennifer Bunting, Martha Cooke, William Gallaway,
Léo LaClare, Claude Minotto, Peter Robertson, et Auguste
Vachon de la Division des gravures.

Martha Cooke, Claude Le Moine, Betty May, Warren Mizener,
Hugh Taylor, et Bernard Weilbrenner en furent les coordonnateurs. John Howard supervisa la partie photographie.

NOTE DE L'ÉDITEUR

Il a été impossible d'adopter les mêmes normes de référence
pour tous les documents, étant donné leur diversité extrême
et le fait qu'ils relèvent de disciplines différentes.

La description de chaque document comporte les titre et
nom de l'auteur ou leurs équivalents, les caractéristiques
physiques, et une note explicative si nécessaire.

Pour les noms propres, nous nous en sommes tenus à une
épellation standard.

Les abréviations sont aussi conformes à l'usage: « nd » pour
« non daté », « LS » pour « lettre signée », « LAS » pour
« lettre autographe et signée », « MS » pour « manuscrit »
(que le document soit écrit à la main ou dactylographié, en
entier ou en partie).

Toutes les mesures sont en centimètres.

Les photographies des documents mentionnés dans ce livre
sont disponibles. On peut se les procurer en écrivant à l'Archiviste fédéral, Archives publiques du Canada, 395 rue
Wellington, Ottawa, Ontario, K1A 0N3.

INTRODUCTION

The news that 1972 is the centennial of the founding of the Public Archives of Canada is unlikely to evoke an overwhelming sense of involvement in most Canadians. That is a pity, because a national archives is an essential part of every country. It is a mirror of past experience, a collective national memory, the basis of a cultural heritage, the source of history, the record of victories and defeats, achievements and failures, the product of individual and collective endeavours in all aspects of life in a community. The Public Archives of Canada can report some amazing achievements in the last century, but development of public awareness of its role, the encouragement of popular participation in what should be a co-operative mission, and the sharing of the benefits and the increased enjoyment of its treasures must be a challenge for the next century. It is hoped that this publication will be a first step towards that goal.

The transmission of group experience from one generation to another has been an instinctive function of man since he appeared on this planet. The invention of writing permitted him to keep records that were more accurate and permanent than those of oral tradition. The deliberate collection and preservation of these records brought about the establishment of archives. For centuries archives (the word has a Greek origin) were maintained for practical reasons – as a record of property or other rights, formal agreements, or financial obligations, for example. The modern concept of a national archives was a product of the French Revolution. The basic principles

were then established that archives are an important cultural resource, a mirror of the past, and that the citizen has the right of access to them. The first national archives was established in Paris in 1794 and subsequently most other countries have followed suit.

It is recognized as a basic obligation of every civilized community to preserve for posterity the records of its past. There are many good reasons for this. Dr Arthur Doughty, Dominion Archivist from 1904 to 1935, in one of his annual reports, pointed out the great financial significance of public records, estimating in millions of dollars the value of records of property and other rights. Such value is being demonstrated in a striking manner today in developing countries, where in specific cases early reports and surveys in archives have given dramatic boosts to economic development while the general lack of such records causes serious delays, duplication of effort, and increased expenditure. Equally important is the record of important precedents, ranging from the procedure for a state funeral to national mobilization in wartime. There are also personal records such as those which document birth, citizenship, or pension rights. From the point of view of the community as a whole the educational values of archives are important. Archives are the source of history which is essential in fostering a sense of national identity and unity. If historians have not always succeeded in writing textbooks that are interesting and inspiring and if some teachers have failed to transmit the exciting experience of a recreation of the past, the

INTRODUCTION

En 1972, les Archives publiques célèbrent leur centenaire. Il est peu probable que la majorité des Canadiens se sentent directement concernés par cet événement; pourtant dans les archives d'une nation se reflètent tout son passé, tout son héritage culturel, toute son histoire – victoires et défaites, réussites et échecs, efforts individuels ou collectifs – tout ce qui a constitué la vie même du pays. Les Archives publiques peuvent se vanter de réalisations brillantes au cours du siècle qui s'achève; elles ont à faire face, dans les années qui viennent, à une tâche importante et passionnante: suscíter l'intérêt du public, encourager la participation générale dans ce qui devrait être une entreprise collective, et partager avec tous le savoir et les trésors qu'elles contiennent.

L'homme, depuis son apparition sur cette planète, a toujours cherché à transmettre son expérience, d'une génération à l'autre. Avec l'invention de l'écriture, plus précise et moins éphémère que la tradition orale, il fut peu à peu amené à conserver systématiquement certains documents et, de ce fait, constitua des archives. Pendant des siècles les archives (mot d'origine grecque) n'ont eu qu'un but pratique: garder trace des droits de propriété, des contrats, des obligations financières ... Les archives nationales, dans leur acception moderne, sont issues de la Révolution française qui en posa les principes fondamentaux: instrument de culture, « miroir du passé », auquel tout citoyen a droit d'accès. Les premières archives nationales furent créées à Paris en 1794; par la suite, la plupart des autres nations en firent de même.

Toute communauté a le devoir de préserver pour les générations à venir les documents témoins de son passé. Plusieurs raisons militent en faveur de cette conservation. Arthur Doughty, Archiviste fédéral de 1904 à 1935, dans un de ses rapports annuels, a fait ressortir la valeur monétaire des archives officielles, estimant à des millions de dollars toutes celles démontrant les droits de propriété et autres droits. La preuve en est donnée dans les pays en voie de développement où des rapports et des études d'archives ont relancé l'économie de façon spectaculaire alors que l'absence de tels documents provoque des retards, des efforts inutiles, et des dépenses accrues. D'égale importance sont les documents qui retracent des précédents importants, qu'il s'agisse du déroulement d'obsèques nationales, ou de la mobilisation en temps de guerre. Il y a aussi tous les papiers qui se rattachent au droit des personnes: naissance, nationalité, retraite. Pour la communauté, les archives ont une valeur éducative; en elles se trouve la source même de l'histoire qui fait naître et entretient un sentiment d'unité et d'identité nationale. Si les historiens n'ont pas su écrire des manuels passionnants, si certains professeurs n'ont pas réussi à recréer le passé de façon vivante, ce n'est pas par manque de matière première, les documents sont là, émanation directe et authentique de l'histoire vécue. Le public est toujours passionné d'histoire à condition que celle-ci soit présentée de façon intéressante; généralement la vérité attire plus que la fiction. Le public a le droit de profiter directement ou indirectement de ces documents authentiques du passé que

raw material is available to them – an authentic and vital record of human history. History holds intense popular interest – sometimes dormant, but always responding to the proper conditions and treatment. Truth is usually more appealing than fiction. The public has a right to the enjoyment and benefits, either direct or indirect, of authentic records of the past, the preservation of which is the primary function of an archives. These are some of the reasons for Dr Doughty's statement that 'of all national assets the most precious are archives.'

The conventional national archives is responsible primarily for records of the national government. Private papers have tended to be collected by national libraries or private institutions. For many years Canada has been unusual, if not unique, in that its Public Archives has developed as a storehouse of all types of material, from any source, recording the history of the country. This system has proved to be of immense value to researchers, and the merits of concentrating all forms of archival sources in one national institution have been recognized internationally.

The earliest proposal that an archives building be erected in Canada was made by Intendant Hocquart as early as 1731; the subject was brought up again by de Léry in 1778, and by several other individuals before Confederation. In 1845 Louis Joseph Papineau, still in exile after the Rebellion of 1837, was engaged by the Assembly of the Province of Canada to acquire originals or copies of documents in France that related to Canada, and in the same year A.G. Faribault reported on the documents of historical interest which he had acquired for the Library of the Legislature.

The Public Archives of Canada owes its creation to the Literary and Historical Society of Quebec. This society, founded in 1824 by Lord Dalhousie, had been active in the acquisition and publication of documents. In 1870 Henry Miles, a prominent member of the society, read a paper proposing that the government should take action to collect and preserve Canadian archives. Then, after arousing the interest of the Honourable Joseph Howe and the Honourable Alexander T. Galt in his project, he prepared a petition for Parliament and had it signed by more than fifty leading authors and scholars from Montreal and Quebec. On 24 March 1871 the Honourable A.T. Galt presented the petition to the House. It asked Parliament to create a repository for historical archives, where they could be collected, arranged, and rendered easy of consultation by scholars. Referred by Parliament to the Joint Library Committee, on April 13 the petition was transferred by that body to the Minister of Agriculture for action. This department, like the British Home Office, was a 'potting shed' for future departments. It had responsibilities, for example, for immigration, quarantine, patents, and statistics.

In 1872 Parliament voted a sum of $4,000, and Douglas Brymner, a well-known journalist, was appointed Archivist on June 20. It was a modest beginning for a national institution. Brymner was provided only with 'three empty rooms and very vague instructions.' He was alone in the rooms in the West Block until 1881, when he was given the assistance of a clerk. The new archivist had no responsibility for the records of the federal government – this was assigned by statute to the Secretary of State – so he applied himself to the acquisition of private papers and copies of records of the governments of Britain and France.

He commenced with a survey of records and historical papers in Halifax, Saint John, Fredericton, Quebec, Montreal, and Toronto. In 1873 he went to London. There he negotiated with the War Office for the possession of the British military records from 1760 to 1871. These records were at that time stored at Halifax awaiting shipment to England. Brymner's negotiations were successful, and these records, estimated at 400,000 pieces, became the first important acquisition of the new archives. Brymner also prepared a list of valuable documents relating to Canada in the Tower of London, the War Office, the Public Record Office, and the British Museum. He recommended that the Haldimand and Bouquet collections be copied *in extenso*.

les archives ont fonction de préserver. Doughty avait raison d'affirmer : « De tous les trésors d'un peuple, ses archives sont le plus précieux ».

Les archives nationales traditionnelles sont d'abord responsables de la conservation des documents officiels du gouvernement, et les papiers personnels sont plus généralement recueillis par les bibliothèques nationales ou les institutions privées. Pendant des années, le Canada a été l'un des seuls pays à déroger à la norme. Les Archives publiques se sont, dès le début, donné pour mission de recueillir tous les genres de documents, des sources les plus diverses, qui documentaient l'histoire du pays. Cette concentration en une seule et même institution de toutes les archives, quelle que soit leur origine, s'est révélée très utile aux chercheurs et l'on en reconnaît maintenant les avantages à travers le monde.

L'intendant Hocquart fut le premier à préconiser, en 1731, la construction d'un bâtiment réservé aux archives; il fut suivi par de Léry en 1778, et par plusieurs autres avant la Confédération. En 1845, l'Assemblée de la Province du Canada chargea Louis-Joseph Papineau, toujours en exil après la rébellion de 1837, d'acquérir les originaux ou les copies de documents sur le Canada, qui se trouvaient en France. Cette même année, A.-G. Faribault fit un rapport sur les manuscrits historiques qu'il avait acquis pour la Bibliothèque de la Législature.

Les Archives publiques doivent leur création à la Société Littéraire et Historique de Québec. Celle-ci, fondée en 1824 par Lord Dalhousie, s'occupait activement de l'acquisition et de la publication de documents. En 1870 Henry Miles, un de ses membres éminents, fit une conférence dans laquelle il suggérait au gouvernement de prendre les mesures nécessaires pour réunir et conserver les archives canadiennes. Il intéressa à son projet l'honorable Joseph Howe et l'honorable Alexander T. Galt, et prépara une pétition que signèrent plus de cinquante auteurs et érudits de Québec et de Montréal. Le 24 mars 1871, l'honorable A.T. Galt présenta la pétition à la Chambre des Communes : il était demandé que soit créé un lieu où les archives historiques puissent être rassemblées, classées, et accessibles aux érudits et savants. Le Parlement consulta le comité des deux chambres chargé de la bibliothèque et le 13 avril la pétition fut transmise au ministère de l'Agriculture pour exécution. Celui-ci, comme le ministère britannique de l'Intérieur, était un « potting shed » pour les futurs ministères. Il était responsable par exemple de l'immigration, des brevets d'invention, des statistiques, et des services de quarantaine.

En 1872, le Parlement vota un crédit de $4,000 et Douglas Brymner, journaliste bien connu, fut nommé Archiviste fédéral le 20 juin. C'était là un début bien modeste. On ne donna à Brymner que trois salles vides et de très vagues instructions. Il est resté seul dans ces trois pièces de l'Édifice de l'Ouest jusqu'à 1881, époque à laquelle un employé vint unir ses efforts aux siens. Les archives fédérales n'étaient pas de la compétence du nouvel archiviste – elles relevaient par statut du Secrétaire d'État – aussi se consacra-t-il à l'acquisition de papiers privés, et à faire reproduire les documents qui se trouvaient en France et en Grande-Bretagne.

Il fit d'abord une étude sur les divers archives et documents historiques qui étaient à Halifax, Saint-Jean, Frédéricton, Québec, Montréal, et Toronto. En 1873, il se rendit à Londres où il négocia avec le ministère de la Guerre l'acquisition des archives militaires britanniques de 1760 à 1871. Celles-ci étaient alors conservées dans des dépôts à Halifax en attendant d'être expédiées à Londres. Brymner obtint gain de cause et ces documents, au nombre de 400,000, furent la première acquisition des nouvelles Archives. Brymner prépara aussi une liste des papiers concernant le Canada qui se trouvaient à la Tour de Londres, au ministère de la Guerre, au Public Records Office, et au British Museum. Il recommanda la reproduction *in extenso* des collections Haldimand et Bouquet.

De 1874 à 1880, Brymner consacra la majeure partie de son temps au classement chronologique et par matière des papiers militaires. Il se mit aussi à rassembler les publications des gouvernements fédéral et provinciaux, à classer 197 volumes

Most of Brymner's time from 1874 to 1880 was devoted to the arrangement in chronological and subject order of the military papers. Other activities included the beginning of a collection of publications of the federal and provincial governments, the arrangement of 197 volumes of records and 15 volumes of private papers, and the preparation of the first catalogues and indexes. In a trip to England in 1881, Brymner made arrangements for copying documents in the British Museum that related to Canada. Checking transcripts and payment of copyists was carried out by the newly-established office of High Commissioner for Canada in Great Britain. (Incidentally, the High Commissioner was Sir A.T. Galt, the Parliamentary sponsor of the Archives in 1872.) Returning to London in 1883, Brymner found that the rules limited the examination of most British official records to those prior to 1760. After negotiations at the Cabinet level he obtained permission to examine and copy records of the Foreign Office to 1842, but office minutes and comments could not be copied. Similar permission was extended to the records of other departments to which Brymner paid brief visits. He then proceeded to Paris where he acquired some books and maps, and met Joseph Marmette, who had been appointed Assistant Archivist on June 1 of that year. Brymner secured permission for him to select and copy documents in French archives.

The Archives report for 1883, the first one published separately as well as with the Sessional Papers, set the pattern for subsequent reports. It consisted of an introduction, a report on the work performed, a discussion of several historical subjects, and appendices which contained detailed reports, topical documents, calendars, or verbatim copies of selected documents. The 1883 report also contained the first complete listing of the holdings of the Archives Branch. There were 1,603 volumes of British military papers (C Series); 197 volumes of civil and military records, 24 volumes of miscellaneous private manuscripts, 164 volumes of copies of Haldimand papers, 25 volumes of copies of Bouquet papers, 12 volumes of maps and charts (450 items), and 2,395 books, chiefly related to the central provinces and the Dominion.

From 1884 to 1889 copies of documents continued to be received from London and Paris and also from Rome. Efforts were made to enlist the co-operation of the provinces and copies of records were obtained from Quebec and the Maritimes. Also originals and copies continued to be received from private sources. A growing number of inquiries indicated the increasing use of the Archives Branch, which was by this time attracting favourable attention. In 1889 the *Atlantic Monthly* referred to it as 'unrivalled on the Continent for materials in Western History,' and the president of the American Historical Association, Dr F.A. Poole, remarked: 'Something of the enterprise of the Canadian Government should animate the Congress of the United States in the establishment and support of a Department of Archives, which will be worthy of this nation.'

Douglas Brymner was invited to read a paper to the American Historical Association. After reviewing the work done at the Canadian Archives since its creation in 1872, he concluded with a forecast of its future development:

My ambition aims at the establishment of a great storehouse of the history of the colony and colonists in their political, ecclesiastical, industrial, domestic, in a word in every aspect of their lives ... It may be a dream, but it is a noble dream. It has often spurred me to renewed effort when the daily drudgery – for it is drudgery – was telling on mind and body. It might be accomplished, and Ottawa might become on this continent the Mecca to which historical investigators would turn their eyes and direct their steps. But who is sufficient for the task?"

Who indeed? Brymner's efforts were limited by his annual budget, which was only $6,000 at that time, and by the jurisdiction of the Archives which did not yet include records of the federal government, normally the major responsibility of a national archives.

The federal records were not being ignored, however. Shortly

d'archives gouvernementales et 15 volumes de papiers personnels, et à préparer les premiers catalogues et index. Au cours d'un voyage en Angleterre en 1881, il prit toutes les dispositions pour faire copier les documents du British Museum qui concernait le Canada, et faire payer les copistes par le bureau nouvellement créé du Haut Commissaire du Canada en Grande-Bretagne. (Coïncidence, le Haut Commissaire était alors Sir Alexander T. Galt qui, en 1872, présenta la pétition qui aboutit à la création des Archives.) De retour à Londres en 1873, Brymner découvrit que les documents postérieurs à 1760 n'étaient pas accessibles. Après des négociations, il lui fut accordé le droit de faire reproduire les archives des Affaires étrangères jusqu'à 1842, à l'exception des rapports et commentaires ministériels. D'autres ministères lui accordèrent les mêmes droits après qu'il leur eut rendu visite. Il se rendit ensuite à Paris où il acquit des cartes et livres, et rencontra Joseph Marmette qui avait été nommé Archiviste adjoint le 1er juin de cette même année. Grâce à l'autorisation obtenue par Brymner, Marmette put choisir et reproduire les archives françaises qu'il jugeait utiles.

Le rapport des Archives de 1883, le premier à être publié séparément en plus d'être inclus dans les Documents de la Session, servit de modèle à ceux des années suivantes: introduction, compte rendu des travaux effectués, discussions sur divers sujets historiques, appendices contenant des rapports détaillés, des documents pertinents ou des copies *in extenso* de documents. Le rapport de 1883 contenait en outre la première liste complète de tout ce que possédaient les Archives: 1,063 volumes de papiers militaires britanniques (Série C), 197 volumes de documents civils et militaires, 24 volumes de manuscrits privés divers, 164 volumes des Papiers Haldimand reproduits, 25 volumes des Papiers Bouquet reproduits, 12 volumes de cartes (450 documents) et 2,395 livres se rapportant surtout aux provinces centrales et au Canada tout entier.

De 1884 à 1889, des copies de documents continuèrent à parvenir des Londres, de Paris, et même de Rome. On s'assura aussi le concours des provinces: le Québec et les Provinces maritimes envoyèrent copies de documents; en outre des personnes privées firent parvenir des copies et des originaux. A cette époque la Division des archives attirait l'attention du public et le nombre de renseignements demandés ne cessait de croître. En 1889, l'*Atlantic Monthly* en parlait comme « unrivalled on the Continent for materials in Western History », et F.A. Poole, président de l'American Historical Association, remarquait: « Something of the enterprise of the Canadian Government should animate the congress of the United States in the establishment and support of a Department of Archives, which will be worthy of this nation ».

L'American Historical Association invita Douglas Brymner à faire une conférence. Après avoir retracé le travail accompli depuis la création des Archives canadiennes en 1872, il conclut:

Mon ambition est d'établir un vaste dépôt qui servira à l'histoire des colonies et des colons dans leur vie politique, religieuse, industrielle, domestique, en un mot sous tous les aspects de leur existence comme sociétés ... Mon ambition peut être un rêve, mais c'est un noble rêve. Elle m'a souvent stimulé à redoubler d'efforts, quand le travail pénible de chaque jour – car c'en est un – me harassait de corps et d'esprit. L'objet de cette ambition pourrait être accompli, en sorte qu'Ottawa pourrait devenir sur ce continent la Mecque vers laquelle les chercheurs en matières historiques tourneraient leurs yeux et dirigeraient leurs pas. Mais qui suffira à la tâche?

Qui en effet? Les efforts de Brymner étaient limités par son budget annuel ($6,000 à cette époque) et les règlements qui excluaient tout ce qui touchait au gouvernement fédéral, alors que c'est là normalement la tâche principale d'archives nationales.

On ne laissa cependant pas de côté les archives fédérales. Peu après la nomination de Brymner au poste d'Archiviste attaché au ministère de l'Agriculture, le secrétaire d'État obtint que Henry J. Morgan soit choisi comme Conservateur. Celui-ci s'occupa en premier lieu de sauver de l'oubli les vieilles

after the appointment of Brymner as Archivist in the Department of Agriculture, the Secretary of State obtained the appointment of Henry J. Morgan as Keeper of the Records. His first task was to rescue from oblivion the old government records in the vaults in Montreal. They were transferred to Ottawa in 1874 but little was done with them. Once more the Literary and Historical Society of Quebec intervened. In April 1878 its President, J.M. LeMoine, presented a memorial to Parliament through the Honourable G. Baby, praying that:

the Dominion Government of the day will complete the measure of progress of 1870 [sic] by providing the necessary legislation to create a Public Record Office under a responsible head at Ottawa and take the necessary steps to have copied and gathered there the archives of Canada scattered in Canada as well as in other lands.

In 1882 the sum of $2,000 was voted for the arrangement and indexing of the records of the old Province of Canada. The following year the position of Keeper of the Records became vacant with Morgan's promotion to the position of Chief Clerk of the Correspondence Branch in the Department of the Secretary of State. Alphonse Audet, already on the staff of that department, was appointed to fill the vacancy.

In 1889 the Post Office Department asked for authority to dispose from time to time of vouchers and other useless documents of a routine character. The subject was referred to the Minister of Finance, and correspondence followed with the British government relating to the destruction of public records in Great Britain. About six months after the question was raised by the Post Office Department, the problem as it applied to all departments was considered in Council. An Order passed on 5 July 1890 provided that comprehensive schedules of destruction be prepared for each department, with the collaboration of the Treasury Board and the sanction of the Privy Council. This progressive arrangement did not become effective for more than half a century.

In 1895 Dr Brymner sent to the Prime Minister, Sir Mackenzie Bowell, a memorandum on record keeping in Europe. He urged the necessity for a new building and recommended that all documents prior to 1867 be transferred to the Archives. In 1897 the Archives was forced to move when fire broke out in the West Block of the Parliament Buildings (fortunately there was no loss of archival documents but some water damage was done to bindings and catalogues). The move was to equally small rooms in the Langevin Block, the Department of Agriculture's building on Wellington Street.

Finally the Privy Council appointed a Departmental Commission to report to the Treasury Board on the state of the Public Records. It consisted of the Deputy Minister of Finance (John M. Courtney), the Auditor General (John L. McDougall) and the Under-Secretary of State (Joseph Pope). The Commission published its report in 1898. It pointed to the lack of uniformity and systems in arranging and preserving records in the several departments, and it suggested the centralization of public documents under the care of a Dominion Archivist and Keeper of the Records. It recommended the removal to a central office not only of all the documents found in the Archives and in the Records Branch of the Secretary of State, but also of specific groups of records in several other departments.

Before the recommendations of the committee were implemented, Douglas Brymner died, after a long illness. In the thirty years since his appointment he had done a great deal to establish a storehouse of Canadian history. If he had lived for a few more months he would have seen it become at last a real national archives. In 1903 the government decided to follow the recommendations made in 1898. An Order in Council directed that all archival material 'be assembled in one place and put into the custody of one person, and so arranged and classified as to be easily accessible to all persons interested in them.' It provided further:

archives fédérales qui dormaient dans des dépôts à Montréal. Elles furent transférées à Ottawa en 1874, mais l'opération n'eut pas de suite. Une fois de plus la Société Littéraire et Historique de Québec intervint: en avril 1878 son président, J.M. Le Moine, par l'intermédiaire de l'honorable G. Baby, présenta un mémoire au Parlement souhaitant que:

the Dominion Government of the day will complete the measure of progress of 1870 [*sic*] by providing the necessary legislation to create a Public Record Office under a responsible head at Ottawa and take the necessary steps to have copied and gathered there the archives of Canada scattered in Canada as well as in other lands.

En 1882, un crédit de $2,000 fut voté pour que les archives de l'ancienne Province du Canada puissent être inventoriées et classées. L'année suivante, Alphonse Audet, qui appartenait déjà au ministère du secrétaire d'État, remplaça H.J. Morgan qui venait d'être promu au poste de Directeur de la Division correspondance du secrétariat d'État.

En 1889, le ministère des Postes demanda l'autorisation de se débarrasser périodiquement des quittances, récépissés et autres documents du même genre. Ce problème fut soumis au ministre des Finances qui se mit en rapport avec le gouvernement britannique pour savoir quelle était la politique suivie par la Grande-Bretagne en matière de destruction de documents officiels. Comme cette question intéressait aussi les autres ministères, le 5 juillet 1890, six mois plus tard, un arrêté en Conseil fut voté stipulant que, en collaboration avec le Conseil du Trésor et sous l'autorité du Conseil privé, serait élaboré un programme de destruction d'archives pour chaque ministère.

En 1895, Brymner envoya au premier ministre, Sir Mackenzie Bowell, un mémoire sur la tenue des archives en Europe. Il préconisait la construction d'un nouveau bâtiment et recommandait que tous les documents antérieurs à 1867 soient transférés aux Archives. En 1897 un incendie qui se

déclara dans l'Édifice de l'Ouest du Parlement obligea les Archives à déménager. (Fort heureusement aucun document appartenant aux Archives ne fut détruit; seuls quelques reliures et catalogues furent endommagés par l'eau.) Elles s'installent alors dans les locaux aussi exigüs du ministère de l'Agriculture (Édifice Langevin), rue Wellington.

Finalement le Conseil privé chargea une commission ministérielle de faire rapport au Conseil du Trésor sur l'état des archives fédérales. Cette commission était composée du sousministre des Finances (John M. Courtney), de l'Auditeur général (John L. McDougall), et du sous-secrétaire d'État (Joseph Pope). Le rapport parut en 1898. Il faisait ressortir que les normes et méthodes de classement et de conservation des documents différaient d'un ministère à l'autre, et suggérait la centralisation de tous les documents fédéraux qui seraient confiés à un Archiviste fédéral et Conservateur des Archives; ce bureau central regrouperait toutes les archives fédérales: celles des Archives, du Cabinet du secrétaire d'État, et des autres ministères.

Douglas Brymner mourut à la suite d'une longue maladie avant que les mesures préconisées par le comité soient exécutées. Pendant les trente années qu'il passa aux Archives, il fit beaucoup pour que les documents se rapportant à l'histoire du Canada soient rassemblés en un même lieu. Eût-il vécu quelques mois de plus, il aurait assisté enfin à la création de véritables archives nationales. En 1903, le gouvernement décida de suivre les recommandations faites en 1898. Un décret du Conseil ordonna que les documents d'archives « be assembled in one place and put into the custody of one person, and so arranged and classified as to be easily accessible to all persons interested in them »; en outre:

That it shall be the duty of the said Dominion Archivist and Keeper of the Records, under the direction of the Minister of Agriculture, to keep and preserve the Archives of Canada and such other documents, records and data as may tend to promote a knowledge of the history of Canada and furnish a record of

That it shall be the duty of the said Dominion Archivist and Keeper of the Records, under the direction of the Minister of Agriculture, to keep and preserve the Archives of Canada and such other documents, records and data as may tend to promote a knowledge of the history of Canada and furnish a record of events of historical interest therein.

Here were the chief elements of the Archives Act of 1912, which is still in effect: a single archival agency to be responsible not only for the reception of government records which have historical value but also for the collection of historical material of all kinds and from any source which can help in a significant way to reveal the truth about every aspect of Canadian life. It was the formal endorsement of Brymner's 'noble dream.'

The year 1904 brought a new archivist and – at last – a new building. The archivist was Arthur Doughty, literary critic, historian, and former assistant librarian of the Legislative Library in Quebec. He was appointed Dominion Archivist and Keeper of the Records in May 1904. The Archives building was to be on Sussex Street opposite the General Hospital. Construction commenced in 1904 and was completed in 1906.

Doughty reviewed the work of his predecessor and proposed to expand it in a systematic manner. He recognized that historical study must be based on ample documentary evidence; he suggested that a systematic examination be made of the collections of documents to be found in the Dominion and that a guide to existing documentary sources in Canada be prepared. He announced co-operative arrangements with the provincial archivists of Quebec and Ontario, and he appointed agents to survey and report on historical sources: P.M. O'Leary in Quebec, Dr James Hannay in the Maritime Provinces, and Robert Laidlaw in Ontario, assisted by Dr James Bain of Toronto Public Library. Doughty was greatly concerned with the need to classify and arrange all the material which had already been acquired and which would soon be arriving at a more rapid rate. To encourage civil servants to use the Archives for research, he announced he would keep the office open until 8 or 10 pm at least once a week during the winter months. This was the first step towards the unique twenty-four-hour service to researchers.

During 1904 the Archives received the first consignment of records from the departments, the most extensive (half a million documents) coming from that of the Secretary of State. The Governor General was instrumental in having transferred from the British government over 1,400 volumes of original despatches and other material which were described as 'the most valuable collection of original documents in the possession of the Archives.' By 1907 all holdings had been transferred to the new building. There were three divisions: the Manuscript Division, which had added no less than 11,077 volumes since 1903 in ten lettered series; the Map Division, which had 4,285 maps and charts, for which 7,000 catalogue cards had been prepared; and the Prints Division, which had around 5,000 books and pamphlets, supplemented by card indexes to articles on Canadian history and the nucleus of a collection of prints and engravings reflecting Canadian life. The volume of enquiries reached 1,700 in 1908, and 35,000 volumes were consulted in 1910. Meanwhile the collections continued to grow by transfers from departments, copies from London and Paris, private papers, and museum pieces such as a large model of Quebec constructed by Colonel By and Lieutenant Duberger.

In 1907 the Historical Manuscripts Commission was established to advise on acquisitions and publications and to examine translations of Archives reports. In the same year the first volume, 1759-91, of *Documents relating to the Constitutional History of Canada* was published, having been edited by Adam Shortt and Arthur Doughty.

An Act of Parliament in 1912 transformed the Archives Branch of the Department of Agriculture into a separate department or office, the Public Archives of Canada. The Dominion Archivist, appointed by the Governor General in Council, was to have, under the direction of his minister, the care,

events of historical interest therein.

Telles sont les principales stipulations de la Loi sur les Archives de 1912, toujours en vigueur: un bureau unique d'archives sera chargé non seulement de recueillir les archives fédérales ayant une valeur historique, mais aussi de réunir les documents historiques, de toute sorte et de toute origine, qui reflètent tous les aspects de la vie au Canada. Le « noble rêve » de Brymner était en voie de réalisation.

L'année 1904 vit un nouvel Archiviste et, enfin, un nouveau bâtiment. L'Archiviste était Arthur Doughty, critique littéraire, historien, et précédemment bibliothécaire adjoint à la Bibliothèque législative de Québec. En mai 1904 il fut nommé Archiviste fédéral et Conservateur des archives. Le nouveau bâtiment devait être situé rue Sussex en face de l'Hôpital général. Sa construction dura de 1904 à 1906.

Doughty étudia le travail accompli par son prédécesseur et se proposa d'élargir ses activités. A son avis, toute étude historique doit s'appuyer sur une documentation extensive; il suggéra un examen systématique de toutes les collections de documents se trouvant au Canada, et la rédaction d'un guide dans lequel seraient classées toutes les ressources documentaires du pays. Il obtint la collaboration des archivistes du Québec et de l'Ontario, et certains de ses agents se consacrèrent spécialement à l'étude des sources historiques: P.M. O'Leary à Québec, James Hannay dans les provinces Maritimes, et Robert Laidlaw en Ontario, secondé par James Bain de la Bibliothèque publique de Toronto. Il paraissait important à Doughty de classer toute la documentation existante dont le volume ne cesserait de croître rapidement. Il voulait encourager les fonctionnaires à utiliser les Archives: ces dernières restèrent ouvertes jusqu'à 8 ou 10 heures du soir au moins une fois par semaine pendant les mois d'hiver. C'était le premier pas vers un service de consultation ouvert 24 heures sur 24.

En 1904, eut lieu le premier versement d'archives ministérielles, venant surtout du ministère du secrétaire d'État (un demi million de documents). Grâce aux bons soins du gouverneur général, le gouvernement britannique fit don de 1,400 volumes de dépêches et originaux divers que l'on décrivit comme étant la collection d'originaux la plus précieuse de toutes celles conservées par les Archives. En 1907 tous les documents se trouvaient installés dans le nouvel immeuble. Il existait trois divisions: la Division des manuscrits qui depuis 1903 s'était accrue de 11,077 volumes (apartenant à 10 séries); la Division des cartes qui possédait 4,285 cartes classées et 7,000 fiches; la Division des imprimés qui détenait 5,000 livres et brochures auxquels venaient s'ajouter des fichiers d'articles sur l'histoire canadienne et les premiers éléments d'une collection de gravures inspirées par la vie au Canada. Les demandes de renseignements atteignirent le chiffre de 1,700 en 1908, et 35,000 volumes furent consultés en 1910. Entre temps les versements des ministères, les copies en provenance de Paris et Londres, les papiers privés, et les pièces de musée, comme une grande maquette de Québec, construite par le colonel By et le lieutenant Duberger, venaient accroître les différentes collections.

La Commission des manuscrits historiques fut créée en 1907; elle devait être consultée avant l'acquisition ou la publication de documents, et devait procéder à l'examen des traductions des rapports des Archives. La même année, Adam Shortt et Arthur Doughty firent paraître le premier vo   me des *Documents relatifs à l'histoire constitutionnelle du Canada, 1759–91.*

En 1912, une loi du Parlement transforma la Direction des archives du ministère de l'Agriculture en un organisme autonome: les Archives publiques du Canada. L'Archiviste fédéral, nommé par le gouverneur général en Conseil avait, sous la direction de son ministre, le soin, la garde, et la régie des archives publiques. Il avait le droit d'accepter les dons, d'acquérir et de faire reproduire les documents historiques de toute nature et de tout genre; en outre les archives fédérales devaient lui être remises. Il avait le devoir de les rendre accessibles en les classant, les publiant, ou les faisant reproduire.

Le 9 novembre 1912, une commission royale fut nommée

custody, and control of the Public Archives. He had power to acquire by gift, purchase, or by copying historical material of 'every kind, nature and description,' in addition to receiving records from government departments. He was to make them available through indexing, publishing, or copying.

On 9 November 1912 a Royal Commission was appointed to enquire into the state of public records. After four hundred visits and inspections it reported on the generally unsatisfactory care of records more than ten years old. Its recommendations were intended to achieve concentration and unity of control of records at the Public Archives, to which all records older than twenty-five years would be transferred for examination and the destruction of all those deemed useless. The Commission also proposed the creation of a reference library of government publications in connection with the suggested Public Record Office. An Order in Council in 1914 authorized the transfer of historically valuable material to the Public Archives and prevented destruction of records unless authorized by the Treasury Board.

Little progress in records management was made during the war. Doughty seized every opportunity to urge new projects: the building of a special building for records of Confederation as a memorial for the fiftieth anniversary in 1917; the construction of a fire-proof Record Office to avoid another disaster such as the fire that destroyed the Parliament Buildings in 1916; the need to collect war trophies and survey military records abroad. Doughty was given the rank of colonel and appointed comptroller of war trophies and later director of a survey of war records in Europe, in which he was assisted by Major Gustave Lanctot; Archives staff in Canada also worked on the survey and on the collection, exhibition, and eventual distribution of war trophies. Doughty proposed the erection of a large complex of buildings adjoining the Archives to house a war museum and the National Gallery with its war pictures, but the only result eventually was the construction of a shed to house several of the war trophies. More successful was his attempt to increase the size of the Archives. It was evident that the existing building could not hold more accessions and a new wing was planned that would double the available area.

In 1923, a half century after the appointment of Douglas Brymner, an imaginative project was undertaken abroad. Sir Campbell Stuart, a Canadian who had become General Manager of the *Times* of London, conceived the idea of uniting in one association all the important families connected with Canada since its discovery. He enlisted the co-operation of Lady Minto, the Duke of Connaught, the Duke of Devonshire, and others, and the Society of Canadian History was inaugurated in London at a dinner given to the Right Honourable W.L. Mackenzie King on 7 November 1923. It had eighty members, descendants of Wolfe, Murray, and subsequent contributors to Canadian history. Its object was to locate historical documents for the Public Archives and to publish historical works relating to Canada. A similar society was inaugurated in France at a luncheon in the Hall of Mirrors at Versailles on 28 October 1924, under the chairmanship of the President of the Republic. The Duke of Lévis-Mirepoix was president of the society, and the Marquis of Montcalm was president of the Council of Families. Every two months until 1932 the French society published a historical journal called *Nova Francia*, open to Canadian and French contributors.

Also in 1923 Sir Leicester Harmsworth presented to the Archives a famous collection of original documents relating to the Seven Years' War as a memorial to his brother, Lord Northcliffe.

In 1925 construction commenced on the new wing of the Archives. It seemed an opportune time to publicize the holdings of the Archives. Doughty published a small book, *The Canadian Archives and its Activities*, which was chiefly an account of the creation of the societies in Britain and France. H.P. Biggar wrote an article in the *Bulletin of the Institute for Historical Research*, and Gustave Lanctot wrote a pamplet, *Les Archives Canadiennes*, in 1926.

The article by Biggar was particularly interesting because it listed all the collections of manuscripts, grouped according

pour enquêter sur l'état des archives fédérales. Quatre cents visites et inspections permirent de conclure à l'état insatisfaisant des archives datant de plus de dix ans. Les recommandations visaient à les réunir toutes sous l'autorité et le contrôle des Archives publiques où seraient automatiquement transférés tous les documents datant de plus de vingt-cinq ans afin d'être conservés ou détruits. La commission proposa aussi la création d'une bibliothèque de référence pour les publications gouvernementales. En 1914, un arrêté en Conseil autorisa le transfert de tous les documents ayant une importance historique aux Archives publiques et interdit toute destruction d'archives sans l'autorisation expresse du Conseil du Trésor.

La gestion des archives ne fit guère de progrès pendant la guerre. Doughty profita de toutes les occasions pour préconiser de nouvelles mesures: construction d'un immeuble spécial pour les archives de la Confédération, qui servirait de monument commémoratif à l'occasion de son Cinquantenaire en 1917; construction d'un bureau d'archives à l'épreuve du feu pour éviter un incendie comme celui qui détruisit le Parlement en 1916; nécessité de rassembler les trophées de guerre et d'étudier les archives militaires à l'étranger. Doughty fut promu au rang de colonel; il fut chargé d'administrer les trophées de guerre et de faire l'inventaire des archives de guerre canadiennes en Europe; en cela il fut aidé par le major Gustave Lanctot. Pendant ce temps au Canada le personnel des Archives travaillait aux trophées de guerre en vue de les répertorier, les collectionner, les exposer, et éventuellement les distribuer. Doughty proposa la construction d'un ensemble de bâtiments attenants aux Archives publiques qui serviraient de musée de la guerre et de musée national de peinture. Le seul résultat fut un entrepôt pour abriter les trophées. Il eut plus de succès en voulant agrandir l'immeuble des Archives: il était évident que celui-ci était devenu trop étroit, et on envisagea la construction d'une nouvelle aile qui doublerait la surface utile.

En 1923, un demi siècle après la nomination de Douglas Brymner, un projet attrayant prit naissance à l'étranger. Sir Campbell Stuart, Canadien alors Directeur général du *Times* à Londres conçut l'idée de former une association comprenant toutes les familles importantes qui auraient des liens avec le Canada. Il s'assura le concours de Lady Minto, du Duc de Connaught, du Duc de Devonshire, et d'autres; la Société d'histoire canadienne fut inaugurée à Londres le 7 novembre 1923 lors d'un dîner donné en l'honneur du très honorable W.L. Mackenzie King. Elle comprenait quatre-vingts membres, descendants de Wolfe, de Murray, et d'autres qui prirent part à l'histoire du Canada. Son objectif était de rechercher les documents d'importance historique pour les Archives publiques, et de publier des ouvrages historiques sur le Canada. Une société similaire fut inaugurée en France le 28 octobre 1924 au cours d'un déjeuner dans la Galerie des Glaces à Versailles sous la présidence du président de la République. Le duc de Lévis-Mirepoix était président de la société, et le marquis de Montcalm président du Conseil des familles. La société française publia tous les deux mois jusqu'en 1932 un journal historique *Nova Francia* auquel collaborèrent Français et Canadiens.

En 1923 également, Sir Leicester Harmsworth fit don aux Archives publiques, en mémoire de son frère Lord Northcliffe, d'une célèbre collection de documents originaux se rapportant à la guerre de Sept Ans.

En 1925 commença la construction de la nouvelle aile. En vue de renseigner le public sur les activités des Archives publiques, Doughty publia un petit livre, *Les Archives canadiennes et leur champ d'action*, qui se rapportait surtout à la création des sociétés en France et en Grande-Bretagne; H.P. Biggar écrivit un article dans le *Bulletin of the Institute for Historical Research*, et Gustave Lanctot fit paraître une brochure, *Les Archives Canadiennes*, en 1926.

L'article de Biggar présente un intérêt particulier car il donne la liste de toutes les collections de manuscrits, groupés par types, (qu'ils soient privés ou officiels, des originaux ou des copies, qu'il proviennent du Canada, de France, ou de Grande-Bretagne). Lanctot mentionna certains des documents

to type, whether private or public, original or transcript, and whether originating in Canada, France, or Britain. Lanctot listed some of the most interesting documents and indicated the extent of the holdings: the Manuscript Division had 30,000 volumes; the Map Section over 20,000 maps and charts; the Picture Section about 25,000 items, engravings comprising the majority; the Library contained more than 30,000 volumes; and the Museum Section had a wide range of historical objects including furniture, portraits, flags, and the Quebec model.

The new wing was opened in December 1926. The ground floor was occupied by the Museum, and the second floor by the Manuscript Division and the Library, between which a comfortable room had been furnished for researchers. The Map and Picture Sections and the war pictures occupied the third floor. There was still, however, insufficient space for public records. In 1929 a group of historians presented a memorial to the Minister urging the creation of a Public Record Office and the transfer to it of old records of the government departments. Two years before a bill had been drafted for presentation by the Prime Minister, which would have extended the role of the Archives in the field of public records, but it had been dropped, as was a later bill in 1936.

In fact, the Depression was a time of retrenchment, not expansion. In 1930 the Archives was obliged to refuse to accept the transfer of one million files of first world war records from the Department of National Defence. The next year the offices in Nova Scotia and New Brunswick were closed and the Board of Historical Publications was allowed to dissolve with the death of its chairman, Adam Shortt.

In March 1935 Dr Doughty retired, at the age of seventy-five years. The government conferred on him the title of Dominion Archivist Emeritus and he was knighted in June. Dr J.F. Kenney was designated acting Dominion Archivist.

In his first report Dr Kenney pleaded for more staff and more space. He pointed out that between 1931 and 1935 no fewer than twelve members of the staff, six in senior positions, had left the Archives because of death or retirement, and only

one, a copyist, had been employed. As for the building,

Until further storage accommodation is provided, the Department is ... precluded from the full discharge of its primary duty of taking over the departmental records in normal process as these are no longer required in the service of their respective departments. May I express the hope that Canada may not lose the eminence in archival circles she once attained by reason of her care of her older public records and of her policy of concentrating them in one building and under one control.

The *Canadian Historical Review* deplored more vigorously 'the persistent failure in Canada to show any adequate appreciation of the importance of such institutions as a national library and a national archives.'

Gustave Lanctot, a recognized scholar and noted historian, and a member of the staff since 1913, was appointed the third Dominion Archivist in November 1937. He undertook some reorganization of the staff, decided to stop the preparation of calendars in favour of a complete catalogue of manuscripts, and created a new Technical Auxiliary Services Division that included the bindery, photography and restoration sections, and the Museum. His term too, however, was plagued by continued lack of resources. With the outbreak of war the budget was cut from $173,435 to $144,410, while the staff, already depleted by the death of H.P. Biggar and the retirement of F.-J. Audet in 1938, was further reduced when archivists left for service in the armed forces and were not replaced. The Paris office was closed and key files were placed in the U.S. Embassy. In 1941 the war trophies which had been collected with so much effort twenty years before were sold as scrap metal. The Archives building housed branches of the Wartime Prices and Trade Board.

In 1948 Dr Lanctot retired, after thirty-five years' service, and Norman Fee, the Assistant Dominion Archivist, became acting head. In September Dr William Kaye Lamb, former Provincial Archivist and Librarian of British Columbia and

les plus intéressants et donna des chiffres: la Division des manuscrits avait 30,000 volumes; la Division des cartes plus de 20,000 cartes; la Division des gravures à peu près 25,000 documents, surtout des gravures; la Bibliothèque possédait plus de 30,000 volumes, et le Musée avait une très grande variété d'objets divers: meubles, portraits, drapeaux, et la maquette de Québec.

La nouvelle aile fut inaugurée en décembre 1926. Le rez-de-chaussée était occupé par le musée, le premier étage par la Division des manuscrits et la Bibliothèque; entre ces deux salles avait été aménagée une salle de travail pour les chercheurs. La Division des cartes et celle des gravures et les peintures de guerre occupaient le deuxième étage. Il manquait toujours de la place pour les archives publiques. En 1929, un groupe d'historiens présenta un mémoire au Ministre demandant la création d'un bureau des archives publiques et le transfert de tous les documents ministériels anciens. Deux ans auparavant, on n'avait pas donné suite à un projet de loi tendant à élargir le rôle des Archives publiques quant aux archives officielles; il en fut de même d'un autre projet de loi en 1936.

En fait la Dépression freina toute expansion. En 1930, les Archives publiques durent refuser, faute de place, un million de dossiers sur la première guerre mondiale en provenance du ministère de la Défense nationale. L'année suivante on dut fermer les bureaux de la Nouvelle-Écosse et du Nouveau-Brunswick, et dissoudre le Bureau des publications historiques à la mort de son président, Adam Shortt.

En mars 1935, Doughty prit sa retraite à l'âge de soixante-quinze ans. Le gouvernement lui conféra le titre d'Archiviste fédéral *Emeritus* et on l'éleva au rang de chevalier en juin. J.F. Kenney fut alors nommé Archiviste fédéral intérimaire.

Dans son premier rapport, Kenney réclama un personnel plus nombreux et plus d'espace. Il fit remarquer qu'entre 1931 et 1935 pas moins de douze personnes, dont six cadres, avaient quitté les Archives (à la suite de décès ou de mise à la retraite), et qu'une seule personne, un copiste, avait été engagée. Quant au bâtiment,

Jusqu'à ce qu'on lui accorde plus d'espace pour le dépôt d'archives, le département ne peut donc s'acquitter parfaitement de son premier devoir de recevoir les archives départementales qui finissent, avec le temps, par ne plus être utilisées par les divers départements. Puis-je exprimer le voeu qu'on remédie à cette situation afin que le Canada ne perde pas, dans le monde des archives, le haut rang qu'il a conquis par suite de sa vigilance dans la conservation d'anciens documents publics et de la politique qu'il a suivie en les réunissant tous dans un seul édifice et sous une direction unique?

La *Canadian Historical Review* déplorait avec encore plus de vigueur « the persistent failure in Canada to show any adequate appreciation of the importance of such institutions as a national library and a national archives ».

En novembre 1937, Gustave Lanctot, érudit et historien bien connu qui travaillait aux Archives publiques depuis 1913, fut le troisième Archiviste fédéral. Il entreprit de réorganiser le personnel, décida d'arrêter la préparation des inventaires analytiques, de consacrer ses efforts à la rédaction d'un catalogue complet des manuscrits, et créa une nouvelle Division des services auxiliaires et techniques comprenant les services de reliure, de photographie et de restauration, et le Musée. Lui aussi souffrit d'un manque de ressource. Avec le début de la guerre, son budget fut réduit de $173,435 à $144,410; après la mort de H.P. Biggar et le départ de F.-J. Audet qui avait pris sa retraite en 1938, il vit le nombre de son personnel diminuer encore lorsque les archivistes s'engagèrent dans les forces armées et ne furent pas remplacés. Le bureau de Paris fut fermé et les dossiers importants remis à l'Ambassade américaine. En 1941, les trophées de guerre qui avaient été réunis avec tant de peine vingt ans auparavant furent vendus au poids du métal. Le bâtiment des Archives publiques abrita des sections du ministère du Commerce et de la Commission des prix et du commerce en temps de guerre.

En 1948, Monsieur Lanctot prit sa retraite après trente-cinq ans de service et Norman Fee, qui était Archiviste adjoint,

Chief Librarian of the University of British Columbia, was appointed the fourth Dominion Archivist and charged with the setting up of a National Library.

Dr Lamb's term as Dominion Archivist, 1948-68, was a period of remarkable achievement. His appointment coincided with the creation of the Royal Commission on National Development in the Arts, Letters, and Sciences (the Massey Commission), which pointed out, among other things, the need for a new building as a Public Record Office, as had the Commissions of 1903 and 1914. This time the proposal bore fruit. When he reviewed his first decade in office during his presidential address to the Canadian Historical Association in 1958, Dr Lamb correctly identified as the chief accomplishment of that period 'the transformation of the Archives into a full-fledged public record office.' In his first report he had suggested that a large 'half-way house' be constructed to store departmental files that were not required for day-to-day use. Such a building was completed in December 1955 and staffed by the Public Archives. The opening of this Public Archives Records Centre was an important step in the development of a comprehensive management program for public records, based on the preparation of disposition schedules which identify periods of administrative usefulness, the use of records centres for dormant records, the prompt destruction of useless records, and the orderly transfer to the Archives of records which have historical value. In its first three years the Records Centre accessioned over 110,000 cubic feet of records and its staff provided valuable assistance to departmental records officers. In 1961 the first of a series of records-management courses was organized. Following the recommendations of the Glassco Commission, the first regional records centre was opened in Toronto in 1965, followed by one in Montreal the next year.

In 1956 the government's Central Microfilm Unit was also transferred to the Public Archives, a recognition of the integral relationship between microfilm, records management, and archives. In its first year more than one million feet of

film were processed.

By Order in Council in 1966, an integrated program of records management was entrusted to the Dominion Archivist, who was given complete authority, under the direction of the Treasury Board, over the scheduling, destruction, and transfer of public records, as well as responsibilities for reviewing and assessing records-management practices in the several departments and establishing standards and guides. These new duties were reflected in the transformation of the Records Centre into the Records Management Branch in the same year.

The second major development initiated by Dr Lamb was a special effort to acquire government records and private papers dated after 1867. In 1950 a large room equal in size to the then-existing Manuscript Division was set aside for post-Confederation records and papers. Large transfers were made from the Privy Council Office, the Governor General's Office, the Department of the Secretary of State, and other departments. Even more impressive was the number and volume of private political papers of prime ministers, governors general, party leaders, cabinet ministers, and political parties. In the decade 1959–69 acquisitions of public and private records equalled the total acquired between 1872 and 1958.

A third important development was the introduction in 1950 of a microfilming program in Canada and Europe. Millions of pages of documents had been copied by hand in Britain and France since 1881, but transcription was incomplete, sometimes unreliable, slow, and expensive. What would once have been the work of many years could now be done with complete accuracy in a relatively short time. One of the first major microfilming projects involved the records of the Hudson's Bay Company for the period 1670–1870 (more than one million pages), followed by records of missionary societies and the Colonial Office and by many other bodies of papers, large and small. In addition to being a means of obtaining copies of documents otherwise not available, microfilm is a valuable security measure against the loss or destruction of originals. Furthermore, through interlibrary loans it has provided a

assuma l'intérim. En septembre Monsieur William Kaye Lamb, précédemment Archiviste et bibliothécaire de la Colombie-Britannique, et bibliothécaire en chef de l'université de cette province, fut nommé Archiviste fédéral (le quatrième) et fut chargé de créer une Bibliothèque nationale.

Le temps que passa Monsieur Lamb à la tête des Archives publiques (1948–68) fut une période de réalisations remarquables. Sa nomination coïncida avec la création de la Commission royale sur l'avancement national des Arts, des Lettres, et des Sciences (Commission Massey). Celle-ci fit remarquer, entre autres, la nécessité de construire un nouvel édifice pour les Archives publiques et, contrairement aux commissions de 1903 et 1914, elle obtint gain de cause. En 1958, Monsieur Lamb, dans le discours qu'il fit à la Société historique du Canada au titre de président, passa en revue ce qui avait été accompli au cours de ses dix premières années à la tête des Archives publiques et mit l'accent sur la transformation des Archives en un « full-fledged public record office ». Dans son premier rapport, il avait préconisé la construction d'une dépôt intermédiaire où seraient conservés les dossiers ministériels qui n'étaient pas consultés quotidiennement. Le bâtiment fut achevé en décembre 1955 et les Archives publiques fournirent le personnel nécessaire. L'ouverture de ce dépôt d'archives administratives a été une étape importante dans le développement d'un programme de gestion des archives publiques: détermination de la période d'utilité des dossiers, utilisation de dépôts intermédiaires pour les dossiers fermés, destruction immédiate des dossiers sans valeur, et versement aux Archives publiques des dossiers ayant une valeur historique. Au cours des trois premières années, le dépôt des archives publiques absorba plus de 110,000 pieds cubes d'archives, et son personnel conseilla utilement les fonctionnaires chargés des archives dans les différents ministères. Conformément aux recommandations de la Commission Glassco, un dépôt régional d'archives fut ouvert à Toronto en 1965, et à Montréal l'année suivante.

En 1956, le service central du microfilm fut aussi transféré aux Archives publiques; ainsi était reconnu le rapport étroit existant entre microfilm, gestion des dossiers, et archives. Au cours de cette première année fut produit plus d'un million de pieds de films.

Un décret du Conseil, en 1966, plaça l'Archiviste fédéral à la tête d'un programme intégré de gestion des archives: sous la direction du Conseil du Trésor il avait tout pouvoir pour décider de la garde, de la destruction, et du transfert des archives publiques; il lui incombait de superviser la gestion des documents dans les différents ministères et d'établir des critères et des guides; comme conséquence, cette même année de Dépôt des archives publiques devint la Direction de la gestion des documents.

La deuxième réalisation importante due à Monsieur Lamb est l'acquisition d'archives gouvernementales et de papiers personnels postérieurs à 1867. En 1950 une grande pièce, aussi grande que celle occupée par la Division des manuscrits, fut consacrée aux documents et papiers postérieurs à la Confédération, provenant du Conseil privé, du Cabinet du Gouverneur général, du ministère du secrétaire d'État, et d'autres ministères. La quantité de papiers personnels était encore plus impressionnante: ils provenaient des premiers ministres, des gouverneurs généraux, des chefs de parti, des ministres, des partis politiques. Le nombre de documents officiels et privés acquis entre 1959 et 1969 était le même qu'entre 1872 et 1958.

La troisième réalisation importante fut la mise en place en 1950 au Canada et en Europe d'un programme visant à microfilmer les documents. Depuis 1881, des millions de pages avaient été copiés à la main en Grande-Bretagne et en France, mais les transcriptions étaient incomplètes, quelquefois incertaines, lentes, et coûteuses. La microfilm était le moyen le plus sûr, le plus rapide et le plus économique de reproduire les documents. On entreprit d'abord de microfilmer les archives de la compagnie de la Baie d'Hudson de 1670 à 1870 (plus d'un million de pages), puis les archives des sociétés missionnaires, du Colonial Office, et diverses autres collections plus ou moins considérables. Le microfilm permet d'avoir la

new dimension in reference service by making research possible at any distance from the Archives.

The problem of classification which had concerned the Archives from the beginning was settled at last. Brymner had felt it necessary to arrange documents by chronological order within subjects. Forty years later Doughty was familiar with the *principe de la provenance* which had been accepted internationally as the best system of classifying archives. In 1950 the Public Archives adopted for its official records a system of classification by Record Groups, each group consisting of the records of a department or agency. This was followed by the adoption of artificial groups of related units of manuscripts known as Manuscript Groups. The reorganization in the Manuscript Division was followed by the publication of a series of preliminary inventories to enable research workers at a distance to tell the nature and extent of relevant material. Cataloguing systems were also developed for maps and pictorial materials.

In 1967 the Public Archives moved from the old building on Sussex Drive into a new building on Wellington Street which was large enough to be shared with the National Library. The move was accomplished in mid-winter without closing the reading room which remained available twenty-four hours a day. The building was opened on 20 June 1967 by the Prime Minister, the Right Honourable Lester B. Pearson. It is a magnificent building, in fact one of the best of its kind in the world. It offers improved facilities for preservation and re-search, including temperature and humidity controls which are essential for the proper care of documents, maps, plans, drawings, tape, records, and film, and equipment for microfilming, reprography, and restoration that is the most modern and effective available. Two hundred researchers can be accommodated in a variety of search rooms including individual study rooms. These facilities, together with the new exhibition areas, auditorium, and meeting rooms, permit a level and range of activities that was not possible in the old building.

A great deal has happened since the appointment of the first

Archivist a century ago and the assignment to him of three small rooms in the West Block with very vague instructions. Brymner could not have imagined a national archives with a staff of 450 and a budget of $5,500,000, requiring a multistorey building to hold up to 150,000,000 documents on fifteen miles of shelving and many million more on thousands of reels of microfilm; half a million maps, charts, and architectural and engineering drawings; some 2,250,000 photographs, nearly 10,000 paintings, drawings, and water-colours; more than 75,000 lithographs and engravings; a nucleus of around 10,000,000 feet of motion picture film and several thousand hours of sound recordings; more than 80,000 books and 5,000 medals, in addition to holdings of more than half a million cubic feet of dormant records of government departments in a network of records centres across Canada on which more than one thousand reference requests are answered each day. Nor could he have foreseen technical changes which would make normal practice the production of millions of images as output from a computer and the storage of records in machine-readable form, the use of computers to produce finding aids with amazing rapidity, and the development of a film archives to preserve a selection from hundreds of millions of feet of videotape as well as thousands of reels of film.

But Brymner would have no difficulty in recognizing the continuing devotion to his 'noble dream' to preserve records of all aspects of Canadian life, of every type and from every source; and he and his successors would rejoice at the eventual success of the long attempts to develop a unified archives and records management system.

Many of the activities and plans of the Public Archives are encompassed by two concepts which were presented as desirable goals at an international archives conference a few months ago. The first is 'total archives.' This involves more than the desirability of preserving all types of archival material. It means that the archives system should integrate control over the management of current records, the provision of records

copie de documents qui autrement ne sont pas disponibles; c'est également une garantie contre la perte ou la destruction des originaux. Grâce aux prêts entre institutions les chercheurs ont à leur disposition les documents nécessaires même s'ils sont très éloignés des Archives publiques.

Le problème du classement fut enfin résolu. Brymner avait jugé utile de classer les documents par matière et par ordre chronologique. Quarante ans après, Doughty adopta le « principe de la provenance » qui, déjà à l'époque, était généralement reconnu. En 1950, les Archives publiques adoptèrent comme cadre de classement le système des groupes, chaque groupe réunissant les archives d'un ministère ou agence. Il fut créé par la suite des groupes artificiels pour des ensembles de collections, connus sous le nom de groupes de manuscrits. La réorganisation des archives conservées par la Division des manuscrits donna lieu à la publication d'inventaires préliminaires pour faire connaître aux chercheurs les archives susceptibles de les intéresser. Les cartes, gravures et dessins furent également répertoriés et catalogués.

En 1967 les Archives publiques quittèrent la rue Sussex et emménagèrent dans un nouveau bâtiment rue Wellington, suffisamment vaste pour abriter aussi la Bibliothèque nationale. Malgré ce déménagement au milieu de l'hiver, les salles de lecture restèrent ouvertes tous les jours 24 heures sur 24. L'inauguration eut lieu le 20 juin 1967 en présence du premier ministre, le très honorable Lester B. Pearson. C'est un immeuble spacieux et très bien aménagé: en fait l'un des meilleurs du genre au monde; tout a été prévu pour faciliter la conservation des documents et les recherches: température et humidité contrôlées (conditions essentielles pour la bonne préservation des documents, cartes, plans, dessins, et bandes enregistrées), équipement moderne prévu pour la restauration et la reproduction par photographie et microfilm; deux cents chercheurs peuvent travailler dans des salles de travail comportant même des bureaux individuels. A ce qui précède, il faut ajouter des salles d'exposition, un auditorium, des salles de conférences. L'ancien bâtiment était de toute évidence

trop exigü pour permettre des activités aussi variées.

La situation a bien changé depuis la nomination il y a un siècle du premier Archiviste fédéral qui occupait alors trois petites pièces de l'Édifice de l'Ouest. Brymner aurait-il pu imaginer des archives nationales avec un personnel de 450 personnes, un budget de $5,500,000, un vaste immeuble pouvant abriter 150,000,000 documents occupant 15 miles de rayonnages ainsi que des millions de documents conservés sur des milliers de bobines de microfilms; un demi million de cartes géographiques et de plans d'architectes et d'ingénieurs; quelque 2,250,000 de photographies; près de 10,000 peintures, dessins et aquarelles; plus de 75,000 lithographies et gravures; quelque 10,000,000 de pieds de films et plusieurs milliers d'heures d'enregistrement; plus de 80,000 livres et 5,000 médailles; plus d'un demi million de pieds cubes d'archives ministérielles réparties dans un réseau de centres d'archives à travers le pays et qui ont à répondre à plus de mille demandes de renseignement par jour. Aurait-il pu prévoir les progrès techniques qui permettent la production normale de millions d'images par un ordinateur, l'accumulation d'archives sous une forme qui puisse être lue par la machine, l'utilisation des ordinateurs pour localiser les documents et renseignements à une vitesse surprenante, le développement d'archives du film qui représenteront une sélection faite parmi des centaines de millions de pieds de bandes télévisées et des milliers de bobines de films.

Mais Brymner n'aurait aucune difficulté à reconnaître là son « noble rêve », lui qui voulait préserver tout ce qui reflétait la vie canadienne dans ses aspects multiples. Ce système intégré de gestion des archives historiques et administratives aurait provoqué son enthousiasme.

Deux concepts régissent une bonne partie des activités présentes et futures des Archives publiques, concepts qu'une conférence internationale sur les archives a fait valoir il y a quelques mois. Il s'agit d'abord de la notion « d'archives totales » qui signifie non seulement la conservation des docu-

centres for dormant records, and the operation of central microfilm services, as well as the conventional archival functions of acquiring, preserving, and making available for use materials which have permanent value as a cultural resource and national heritage. The Public Archives of Canada is perhaps the most prominent example of 'total archives' in practice. In the past it has been considered unusual, if not unique, among national archives, but it seems now to illustrate the trend of world developments in its field.

A second concept is that of 'total utilization of archives.' By this is meant the use of archival materials by or for the benefit of the greatest possible number of persons. This is a revolutionary concept, since conventionally the use of archives has been limited to a relatively small number of researchers. The Public Archives of Canada is particularly well adapted to the implementation of a policy of popularization of archives because of the variety and wealth of its holdings, particularly of audio-visual materials such as paintings, prints, photographs, motion picture films, and sound recordings, which are suitable for dissemination by various media. Recent developments at the Public Archives can be considered in the context of the concepts of total archives and total utilization.

Acquisition programs of most national archives are relatively passive, often being limited to the transfer of selected records of government departments. While such records constitute the major portion of our annual accessions (more than 5,000 cubic feet in 1970) the Public Archives has always been active in seeking out and acquiring or copying other archival material in Canada and abroad. Recently a more aggressive and systematic acquisition program has been initiated, designed to ensure the preservation of all archival materials which have national value and to emphasize the acquisition of records of aspects of Canadian life which have been inadequately represented in archival holdings. Two aspects of this program are particularly important. First is an approach to living persons and active associations to forestall much of the destruction of significant records which in the past has left many gaps in our history.

Often the results are not shown in immediate transfers but in arrangements for subsequent donations. The second is a large-scale involvement of the public in co-operative projects to preserve our cultural heritage. Examples are the National Architectural Archives project in co-operation with the Royal Canadian Architectural Institute: the Labour Archives project in co-operation with labour organizations and historians; the Ethnic Archives project in co-operation with the Citizenship Branch and most ethnic organizations in Canada (several of which have in formal agreements designated the Public Archives as the repository of their documentary records); the Medical and Scientific Archives project in co-operation with the Canadian Medical Association and other associations and individuals; the Sports Archives project in co-operation with the Sports Directorate of the Department of National Health and Welfare, the Canadian Olympic Association, and Halls of Fame; and various projects relating to the acquisition of historical photographs with the co-operation of the Professional Photographers of Canada, Inc., major newspapers, and other sources.

The wealth and variety of accessions in the last year or so can be indicated by reference to the Coverdale-Manoir Richelieu Collection of more than 2,000 paintings, prints, and maps; the famous collection of historical paintings and drawings by Charles Jefferys; the collections of 50,000 photographs of Expo '67 and of 90,000 photographs by Duncan Cameron; the films which now total nearly 15,000,000 feet; the sound recordings which now total more than 2,700 hours; the papers of two prime ministers, Louis St. Laurent and Lester B. Pearson, of the former Governor General, Georges P. Vanier, of distinguished public servants such as Sir Joseph Pope, Sir Lyman Duff, and A.D.P. Heeney, of military figures such as Gen H.D.G. Crerar, educators such as George M. Grant and H.M. Tory, authors such as Catharine Parr Traill, Stephen Leacock, Frank Packard, and Madge MacBeth, artists such as David Milne and J.E.H. MacDonald, and leaders in broadcasting such as Gladstone Murray and E.A. Weir; the records of such

ments de toutes sortes, mais aussi un système unifié de contrôle qui s'exerce sur la gestion des archives vivantes, les dépôts intermédiaires pour les dossiers fermés et un service central de microfilm. Ceci s'ajoute aux fonctions traditionnelles des archives: recherche et préservation de documents qui ont une valeur permanente et constituent l'héritage culturel de la nation. Les Archives publiques, dans leur conception actuelle, regroupent toutes ces caractéristiques. Précédemment la notion « d'archives totales » était peu répandue mais c'est la tendance qui prédomine maintenant à travers le monde entier.

Le deuxième concept est celui de « l'utilisation totale des archives », c'est-à-dire l'utilisation des archives par le plus grand nombre de personnes. C'est une idée révolutionnaire car jusqu'à présent elles étaient réservées à un petit nombre de chercheurs. Les Archives publiques sont particulièrement bien placées pour mettre leurs documents à la disposition du grand public en raison de leur abondance et de leur diversité, notamment les documents audio-visuels (peintures, gravures, photographies, films, enregistrements) qui peuvent être reproduits et diffusés de diverses manières. Les récentes activités des Archives publiques prennent une nouvelle signification à la lumière de ces deux concepts.

Dans la plupart des archives nationales, le programme des acquisitions suit une routine assez passive, consistant surtout dans le versement des dossiers ministériels. Même si ceux-ci constituent la majorité des documents reçus chaque année (plus de 5,000 pieds cubes en 1970), les Archives publiques se sont toujours préoccupées activement d'acquérir les originaux ou des copies d'archives au Canada ou à l'étranger. Récemment un programme plus dynamique a été mis sur pied, dont le but est d'acquérir et de préserver systématiquement tous les documents d'intérêt national, surtout ceux qui reflètent les aspects de la vie canadienne qui sont assez mal représentés dans les Archives. Deux aspects sont à souligner: il s'agit d'abord d'entrer en contact avec des personnes et des associations encore en pleine activité, et prévenir ainsi la destruc-

tion d'archives significatives comme c'est arrivé dans le passé; souvent d'ailleurs il en a résulté non un transfert immédiat d'archives mais des donations ultérieures. Il s'agit ensuite d'éveiller l'intérêt du grand public et de s'assurer de son aide pour préserver notre héritage culturel; citons quelques exemples: le projet d'archives nationales d'architecture en collaboration avec l'Institut royal d'Architecture; le projet d'archives du monde du travail en collaboration avec les unions ouvrières et les historiens spécialistes de cette question; le projet d'archives ethniques en collaboration avec la Direction de la citoyenneté et la plupart des communautés culturelles au Canada (plusieurs de ces organisations ont déjà accepté de déposer leurs archives aux Archives publiques); le projet d'archives des sciences et de la médecine en collaboration avec l'Association médicale du Canada et d'autres personnes et organisations; le projet d'archives des sports en collaboration avec la Direction des sports du ministère de la Santé nationale et du Bien-être, l'Association olympique du Canada et les Temples de la Renommée; et divers projets se rapportant à l'acquisition de photographies historiques en collaboration avec les Photographes professionnels du Canada, les journaux les plus importants, et d'autres sources.

L'importance et la variété des acquisitions récentes des Archives publiques sont éloquentes: la Collection Coverdale-Manoir Richelieu (plus de 2,000 peintures, gravures et cartes); la fameuse collection de peintures et dessins historiques par Charles Jefferys; les 50,000 photographies de l'Expo 67 et les 90,000 prises par Duncan Cameron; les films (dont le total s'élève maintenant à 15,000,000 de pieds); les enregistrements sonores qui atteignent maintenant 2,700 heures; les papiers de deux premiers ministres (Louis St-Laurent et Lester B. Pearson), ceux de l'ancien gouverneur général Georges Vanier, de hauts fonctionnaires comme Sir Joseph Pope, Sir Lyman Duff, et A.D.P. Heeney, de personnalités militaires comme le général H.D.G. Crerar, de pédagogues comme George M. Grant et H.M. Tory, d'auteurs comme Catharine Parr Traill, Stephen Leacock, Frank Packard et Madge Mac-

associations as the Canadian Congress of Labour (200 feet), the Canadian Teachers Association (150 feet), Frontier College (135 feet), and the YMCA; as well as public records such as those of the Departments of External Affairs (400 feet), Labour (952 feet), Trade and Commerce (794 feet), the National Research Council (113 feet), and the Royal Commission on Bilingualism and Biculturalism (1,215 feet).

There has been a recent increase in the preparation of exhibitions and particularly the sending of exhibitions to other parts of the country such as the centennial exhibitions for Manitoba in 1970 and for British Columbia in 1971. This is proving to be an effective method of bringing selected archival material to the general public, while the related publicity and exhibition catalogues inform a still broader public of the resources of their national archives and help to promote a better knowledge and understanding of Canadian history. We intend to increase the number of exhibitions and the volume of publicity within the limits of available resources. More attention is being given to popular publications. We are also exploring other methods of dissemination and popularization in an attempt to bring the Archives to the large proportion of the population which is not engaged in serious research but, according to all indications, has an active or latent interest in our history. Several series of coloured slides have been prepared to inform the public of the activities and resources of the Public Archives. The appreciation of the thousands of students and adults who have seen them has encouraged us to plan an extension of the program accompanied by published catalogues and to explore the feasibility of producing facsimiles of significant items and audio-visual kits for educational purposes. An increased interest in the use of archival material by television networks is evident.

The relationships which link the Public Archives with other archival repositories, associations, and individuals in Canada and abroad continue to expand. The annual meetings with provincial archivists, commenced in 1970, have proved to be a valuable medium for discussion, co-ordination of policies and practices, and planning of joint projects. The close association with the Archives Section of the Canadian Historical Association continues to be fruitful and is represented by the Union List of Manuscripts, the sub-committee on oral history, the work of other committees, and the annual training courses on archives administration. There is close co-operation with the Canadian Association of Map Librarians. Courses are given in records management and microfilm technology, archivists from developing countries are given various types of training in Canada, and there is an increasing demand for the employment of Canadian archivists and records managers (especially francophones) in developing countries and international organizations. In 1970 the Dominion Archivist was appointed to the Unesco International Advisory Committee on Documentation, Libraries and Archives and became the Canadian representative on the Archives Committee of the Pan American Institute on Geography and History. The Assistant Dominion Archivist was chairman of the Archives Section of the Canadian Historical Association; he attended a meeting of the International Council on Archives in Jerusalem and a meeting of the Commission Mixte Franco-Canadienne in Paris to develop plans for co-operative projects in archives and history between France and Canada. The Chief of the Technical Division was appointed corresponding member of the Microfilm Committee of the International Council on Archives, president of the Canadian Microfilm Association, and chairman of the Program Committee of the International Council on Reprography.

It will be evident from this brief historical survey that we are dedicated to the same goals as were our founding fathers – to acquire and preserve for use by historians all significant evidence relating to our national history. We would also like to boast a little after a hundred years that we have been active and so far, on the whole, successful. We wish to go even further in sharing the treasures of the Archives in every possible way with as many persons as possible.

We are grateful to the many persons who have donated

Beth, d'artistes comme David Milne et J.E.H. MacDonald, de journalistes de la radio comme Gladstone Murray et E.A. Weir; les archives d'associations comme le Congrès canadien du Travail (200 pieds), l'Association des enseignants canadiens (150 pieds), le Frontier College (135 pieds), et le YMCA; des archives officielles comme celles du ministère des Affaires extérieures (400 pieds), du Travail (952 pieds), du Commerce (794 pieds), celles du Conseil national de recherche (113 pieds) et de la Commission royale sur le Bilinguisme et le Biculturalisme (1,215 pieds).

Les Archives publiques s'occupent aussi activement de préparer et d'expédier à travers tout le pays le matériel nécessaire à des expositions; celles-ci sont de plus en plus fréquentes: celle du Centenaire du Manitoba en 1870, et de la Colombie-Britannique en 1971. C'est la meilleure façon de présenter un choix de documents au public et les catalogues qui accompagnent ces expositions, tout en faisant connaître les ressources des Archives publiques, servent à mettre à la portée de tous l'histoire de notre pays. Dans la mesure où nos crédits nous le permettront, nous avons l'intention d'accroître le nombre de ces expositions, la publicité qui s'y rapporte, et les ouvrages de vulgarisation. Nous étudions tous les moyens et méthodes qui permettent d'intéresser le public aux Archives, un public que des recherches spécialisées n'attirent pas mais qui, selon toute indication, ne demande qu'à s'intéresser à l'histoire du Canada. Plusieurs séries de diapositives ont été préparées pour le renseigner sur les activités et les ressources des Archives publiques; l'accueil enthousiaste des milliers de jeunes et d'adultes qui les ont vues nous a poussés à élargir ce programme, et à étudier la possibilité de reproduire les documents les plus intéressants et de créer tout un matériel audio-visuel dans un but éducatif. Les réseaux de télévision s'intéressent de plus en plus aux matériaux que peuvent leur fournir les Archives.

Les Archives publiques cherchent à renforcer et à étendre les liens qui les unissent aux autres centres d'archives, aux associations et personnes au Canada et à l'étranger. Les réunions annuelles avec les archivistes des provinces (la première a eu lieu en 1970) permettent de discuter des problèmes, coordonner la politique générale, et élaborer des projets en commun. La collaboration étroite avec la section archives de la Société historique du Canada continue à être fructueuse et s'exprime par le catalogue collectif des manuscrits, le sous-comité sur l'histoire orale, les travaux d'autres commissions, et des cours annuels sur l'administration des archives. Les Archives publiques travaillent aussi en collaboration avec l'Association canadienne des cartothécaires. Des cours sont donnés sur la gestion des dossiers, les techniques de reprographie; des archivistes de pays en voie de développement viennent se former au Canada; les organisations internationales et les pays en voie de développement recherchent les conseils des archivistes canadiens, surtout francophones. En 1970, l'Archiviste fédéral fut nommé au Comité international consultatif de Documentation, des Bibliothèques et Archives de l'UNESCO, et représenta le Canada au Comité des archives de l'Institut pan-américain de Géographie et d'Histoire. L'Archiviste fédéral adjoint était président de la Section des archives de la Société historique du Canada; il se rendit à la réunion du Conseil international des Archives qui s'est tenu à Jérusalem, ainsi qu'à une réunion de la Commission mixte franco-canadienne à Paris dont le but était de promouvoir des projets communs sur l'histoire et les archives. Le directeur de la Division des services techniques fut nommé correspondant du Comité du Microfilm du Conseil international des Archives, président de l'Association canadienne du Microfilm et président du Conseil internationale de la Reprographie.

Il ressort de ce bref aperçu historique que nous cherchons à atteindre les mêmes buts que nos prédécesseurs: acquérir et préserver tout ce qui se rapporte à notre histoire nationale. Après une centaine d'années, nous pouvons dire que cette entreprise a été dans l'ensemble une réussite. Nous voudrions maintenant aller un peu plus loin, et que le plus grand nombre de personnes vienne puiser dans les trésors que contiennent les Archives publiques. Nous souhaitons remercier tous ceux

archival material and to the individuals and associations who have co-operated in the development of our acquisition programs; to all archivists in Canada and abroad who have helped us in so many ways; to the records managers and others in government departments whose enthusiasm for records management and microfilm programs is so important to an effective operation. And finally we appeal to all Canadians to join in a co-operative effort with us to prevent the destruction of material which should be a part of our national heritage, and to assist as donors or friends or interested citizens in the important work to which the Public Archives is dedicated.

On the occasion of the centennial of the Public Archives of Canada it seemed appropriate to prepare an exhibition and to publish this volume, and so to reveal to the Canadian public at least a sample of the countless items which have been acquired over the years. We might have selected a number of our most significant treasures: the Charter of the Hundred Associates, Champlain's *Voyages*, the la Cosa map of 1500, La Vérendrye's journal, John A. Macdonald's draft of the Quebec Resolutions, the first treaty signed by Canada on her own behalf in 1923, the first Indian Treaty, letters from Riel; or we might have selected a number of attractive items: material from DesBarre's *Atlantic Neptune*, the Van Loo portrait of Louis xv, Lawrence's portrait of Lord Durham, or Orpen's of Borden, a selection of water-colours, photographs, and medals. Instead we decided to show a small cross section of typical items which would permit some understanding of the *range of materials* that we have – documents old and new, copies and originals of private papers and government files, maps and plans and charts, books, pamphlets and reports, paintings, drawings and prints, photographs, sound recordings, motion-picture film, and medals.

This posed a selection problem of fantastic proportions. How can one select, say, twenty-five typical items of public records out of more than one hundred million? Or ten photographs out of more than two million? And how could so small a sample conceivably convey an accurate impression of the vast quantity and amazing richness of the archival resources which we have acquired in a century? It was decided that the most useful approach would be to indicate the range of subjects which our material covers. Accordingly we listed various aspects of Canadian life, and arrived at a total of thirty-seven themes. This is not exhaustive but if it were less it would not do justice to our holdings. We do not pretend that the Archives is equally strong in all subject areas and we are particularly anxious to strengthen those areas in which we are relatively weak. Having identified the themes we then faced the problem of selecting items of all types – public records, private papers, maps, drawings, photographs, and so on – relating to each. Because of limitations of time we were unable to assign the entire task to one person. Instead we embarked on an ambitious co-operative project in which responsibility for selecting items and writing the introduction to each section was assigned to twenty-five archivists and librarians under five co-ordinators, aided by numerous patient typists, all members of the Historical Branch. Since each theme contained examples from several media, the technical descriptions of each item had to be checked for accuracy by the appropriate specialists in the four divisions of the Branch.

All of us involved in the project have been repeatedly surprised and delighted by items seen for the first time, after long concealment behind stark entries in lists and catalogues. We hope that, in some measure, we have been able to share our excitement with those who read this book.

Wilfred I. Smith
Dominion Archivist

qui nous ont fait don de documents; les associations et personnes qui ont pris part à l'élaboration de notre programme d'acquisition; les archivistes au Canada et à l'étranger qui nous ont apporté leur concours; les directeurs des services d'archives et d'autres fonctionnaires dont l'enthousiasme pour la gestion des dossiers et les programmes de microfilms est si nécessaire à la bonne marche des opérations. Nous voulons enfin inviter tous les Canadiens à joindre leurs efforts aux nôtres pour prévenir la destruction de documents, et à participer en tant que donateurs, amis ou citoyens éclairés, à l'important travail auquel se consacrent les Archives publiques.

A l'occasion du centenaire des Archives publiques du Canada, il semblait approprié de préparer une exposition et de publier un volume qui donneraient au public un échantillon de tout ce qui a été acquis au cours des années. Nous aurions pu choisir les documents les plus précieux: la Charte des Cent Associés, les *Voyages* de Champlain, la carte de la Cosa de 1500, le journal de la Vérendrye, le projet Macdonald sur les Résolutions de Québec, le premier traité signé par le Canada pour son propre compte en 1923, le premier traité indien, les lettres de Riel. Nos aurions pu choisir les documents les plus séduisants: l'*Atlantic Neptune* de DesBarres, le portrait de Louis xv par Van Loo, le portrait de Lord Durham par Lawrence, celui de Borden par Orpen, une sélection d'aquarelles, de photographies, de médailles. Nous avons préféré exposer un choix limité mais qui illustre bien la grande variété des matériaux que possèdent les Archives publiques: documents anciens et récents, copies et originaux de papiers personnels et dossiers gouvernementaux, cartes et plans, livres, brochures, rapports, peintures, dessins et gravures, photographies, enregistrements sonores, films, et médailles.

Le choix a été difficile. Parmi plus de cent millions de documents publics, comment en trouver vingt-cinq qui soient vraiment représentatifs, ou dix photographies parmi deux millions? Comment, au moyen des quelques documents exposés, donner une idée exacte de la richesse extraordinaire et de la quantité de matériaux amassés au cours d'un siècle? Il fut décidé que la meilleur façon d'aborder le problème serait d'illustrer la variété des thèmes documentés aux Archives publiques: nous avons dressé une liste des divers aspects de la vie au Canada et sommes arrivés à un total de trente-sept. Cette liste n'est pas exhaustive et les Archives ne prétendent pas avoir une documentation aussi complète sur chacun de ces thèmes; elles souhaitent d'ailleurs combler ces lacunes. Il a fallu ensuite procéder à un choix parmi chaque type de document: archives officielles, papiers personnels, cartes, dessins, photographies, etc. Faute de temps, il était impossible à une seule personne d'assumer l'entière responsabilité de ce projet. Ce fut une tâche commune à laquelle participèrent vingt-cinq archivistes et bibliothécaires sous la direction de cinq coordonnateurs, assistés de dactylos nombreuses et patientes, tous appartenant à la Direction des archives historiques. Les spécialistes des quatre divisions des archives historiques vérifièrent les descriptions techniques qui apparaissaient sous les différentes rubriques.

Tous ceux qui participèrent à ce projet ne cessèrent de découvrir des documents nouveaux et passionnants dont l'existence n'était connue que grâce à des listes et des catalogues arides. Nous espérons avoir su communiquer un peu de notre enthousiasme à ceux qui lisent ce livre.

Wilfred I. Smith
Archiviste fédéral

No phase of Canadian history has attracted more international scholarly interest than the discovery pattern of our eastern shoreline during the sixteenth century. All the nations of the European Atlantic community, and other countries, particularly Italy, contributed to the early mapping and geographical literature of our land and waters. From widely scattered sources, the National Map Collection has brought together virtually a complete study collection relating to the discovery of the New World and to the mapping heritage of the old world of Europe, Asia, and Africa. Only a few original items of the sixteenth century have been garnered, but amongst them are such prizes as the Rome and Strasbourg editions of Ptolemy's *Geographia*, published in 1508 and 1513 and containing the earliest printed maps of the New World, and representative works of the Dutch atlas-maker, Ortelius.

The sixteenth-century collection is well supported by a specialized reference library. It includes the Archives' own *Sixteenth Century Maps Relating to Canada: A Check-List and Bibliography*, published in 1956, which built upon the work of such internationally known Canadian scholars as William Ganong, G.R.F. Prouse, and Henry Biggar.

While the discoveries of the sixteenth century produced a recognizable eastern coastline for Canada, in giving format to our west coast the early map makers could do little more than separate us from Asia and give birth to a sea-to-sea perspective. As the great Pacific and Arctic perimeters of Canada were searched out and marked by Cook, Mackenzie, Hearne, Van-couver, and their companions, the record assumed scientific preciseness and completeness. It is available in many forms in the Archives – journals, atlases, pictures, and maps.

Parmi les événements qui marquent l'histoire du Canada, il en est un qui a retenu particulièrement l'attention des savants de tous les pays: la découverte par étapes successives de notre côte est, telle qu'elle a peu à peu été tracée au seizième siècle. Tous les pays européens bordant l'Atlantique et d'autres, en particulier l'Italie, ont laissé des cartes et des documents qui se rapportaient à sa géographie. La Collection nationale de cartes et plans a rassemblé une collection presque exhaustive de documents provenant des sources les plus diverses et qui concernent non seulement le Nouveau Monde mais aussi l'ancienne répartition du monde – Europe, Asie, Afrique – telle qu'elle ressort des cartes de l'époque. Les Archives publiques ne possèdent que quelques originaux du seizième siècle, mais parmi ceux-ci des documents extrêmement recherchés comme la *Geographia* de Ptolémée (éditions de Rome et de Strasbourg publiées en 1508 et 1513) qui contient les cartes imprimées les plus anciennes du Nouveau Monde ainsi que les oeuvres les plus représentatives du géographe hollandais renommé Ortell. Cette collection du seizième siècle s'appuie sur une bibliothèque d'ouvrages de référence touchant cette même période, y compris *Cartes géographiques du seizième siècle se rapportant au Canada, Liste de référence et bibliographie*, publié en 1956 par les Archives publiques elles-mêmes. Les études hautement spécialisées d'érudits canadiens de renommée mondiale comme William Ganong, G.R.F. Prouse et Henry Biggar, ont servi de base à ce travail.

Grâce aux découvertes du seizième siècle, la côte Est du Canada put être tracée de façon assez exacte, du moins reconnaissable; il n'en fut pas de même de la côte ouest. Les géographes ont à peine su la séparer de l'Asie et imaginer un continent qui s'étende d'un océan à un autre. Peu à peu les documents sont devenus de plus en plus nombreux et ont revêtu une précision plus scientifique à mesure que Cook, Mackenzie, Hearne, Vancouver et leurs compagnons établissaient les contours de notre pays sur le Pacifique et l'Arctique. Les Archives publiques possèdent toute une série de documents sur cette période: journaux, atlas, dessins, et cartes.

XVII

LIBRO SECONDO

DEL FLVSSO, ET REFLVSSO
DEL MARE, ET COME FV
trouata ſa Nauigatione.

C

2 Pietro da Medina *L'Arte del navegar ...* 1554

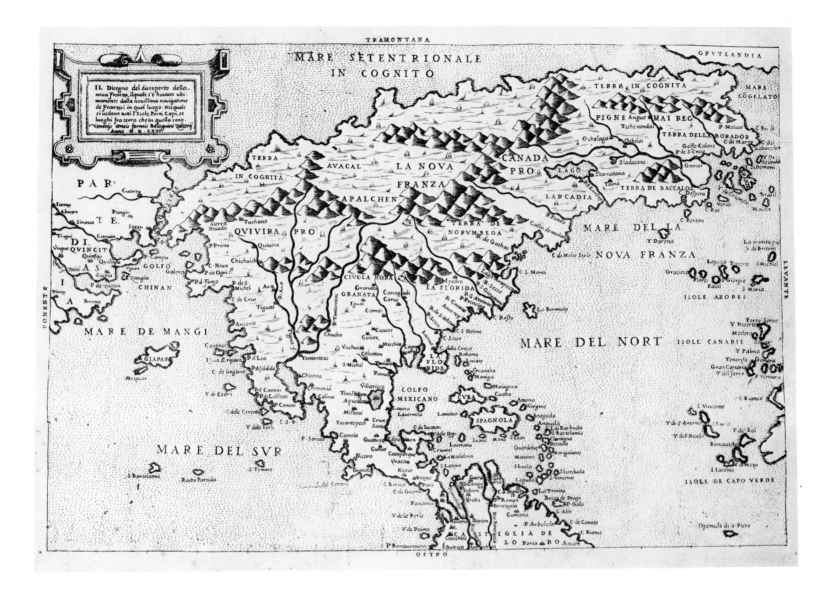

3 Bolognino Zaltieri *Il disegno del discoperto della nova Franza* 1566

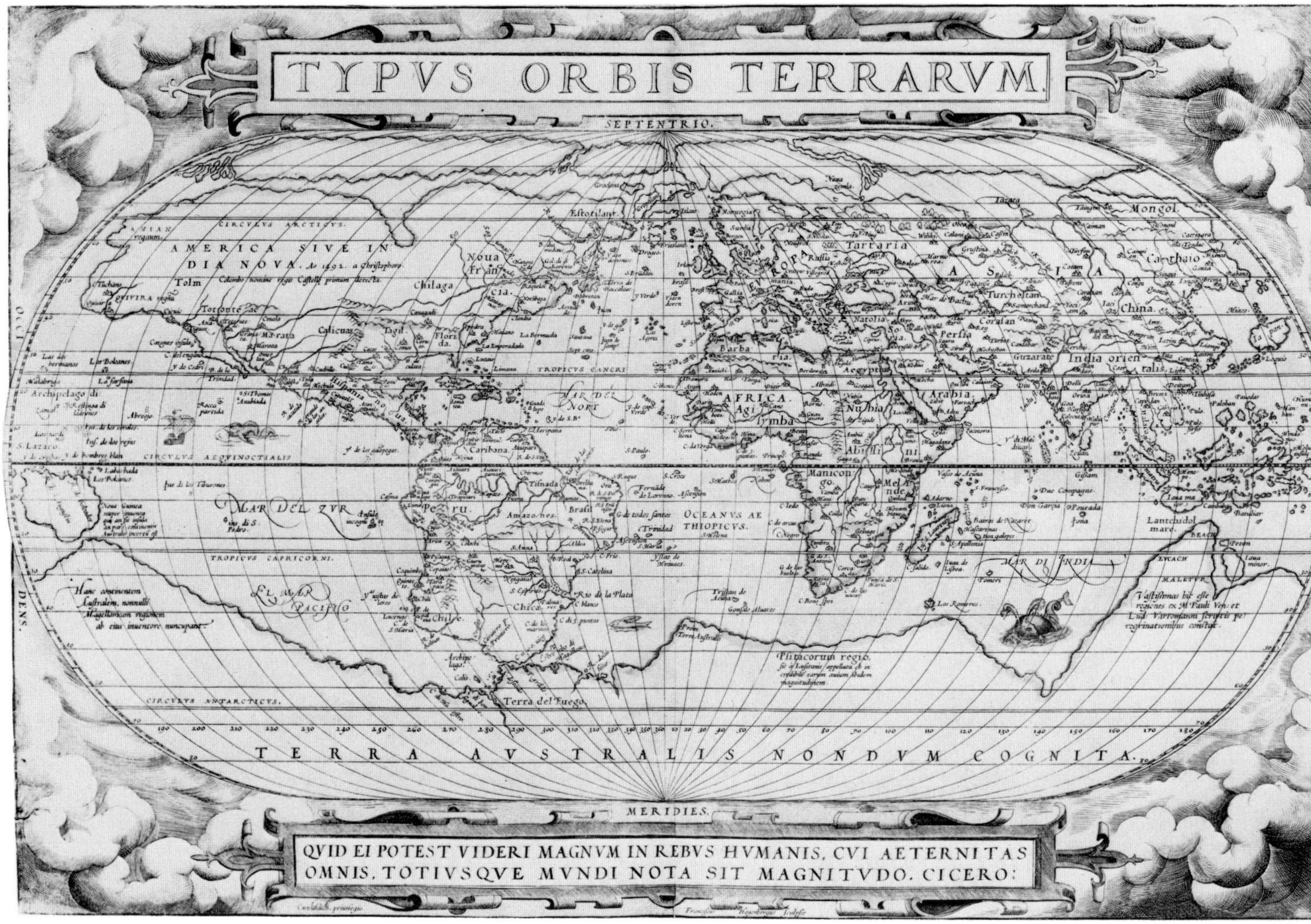

4 Abraham Ortelius 1570

The DISCOVERY on the ROCKS in QUEEN CHARLOTTE'S SOUND.

7 George Vancouver *A voyage of discovery to the North Pacific Ocean ... 1798*

1 *Universalior cogniti orbis tabula*, 1508
Print, copper engraving, 42 x 55.8
Attributed to Johannes Ruysch, this world map from
Ptolemy's *Geographia* is the second printed map to show
America. It reflected the misconception that Asia could be
reached by sailing through and past the archipelago of
islands discovered by Columbus.

2 Medina, Pietro da c1493–1567
L'Arte del navegar ... Venice, Gioanbattista Pedrezano, 1554
xii + 137 p, illustrated with wood cuts, 21.2 cm
Medina, a Spanish examiner of pilots, has been described as
the founder of the literature of seamanship. An edition of
his instructions accompanied Frobisher on his first voyage
in 1576.

3 *Il disegno del discoperto della nova Franza* ...
Bolognino Zaltieri, 1566
Print, 32 x 44
This map of New France is one of the earliest portrayals of
the legendary Strait of Anian (Bering Strait); America is
shown separated from Asia.

4 *Typus orbis terrarum* Abraham Ortelius, 1570
Coloured print, 36.5 x 52
This map was detached from a 1570 edition of *Theatrum
orbis terrarum*, the first general atlas of the world in modern
times, and indicates the extent of geographical knowledge
by that date.

5 Sieur de la Vérendrye's journal kept for the Marquis de
Beauharnois, 20 July 1783 – May 1789
MS, 2 p, 36.5 x 24, Pierre Gaultier de Varennes, Sieur de la
Vérendrye Papers
La Vérendrye speaks of the legendary 'Mer de l'Ouest' and
reveals instructions on how to discover it.

6 *Carte des nouvelles découvertes au nord de la Mer du Sud, tant
à l'est de la Siberie et du Kamtchatka, qu'à l'ouest de la Nouvelle
France* Phillippe Buache and Joseph Nicolas Delisle, 1750
Coloured print, 48.5 x 69.5
In making this map, Buache and Delisle accepted as fact

several fantasies, including the 'Mer ou Baye de l'Ouest,'
which according to Juan de Pilgrimes's story was discovered
in 1592 and which is reminiscent of Verrazzano's dream
of 1524.

7 Vancouver, George 1757–98
*A voyage of discovery to the North Pacific Ocean and round
the world* London, Printed for G.G. and J. Robinson [etc]
1798, v 1 of 3, 58 cm
In his ships, the *Discovery* and the *Chatham*, Vancouver
surveyed the coast of northwestern America; his journals
and charts provided accurate detail and helped obliterate
long-believed myths. The views include 'The *Discovery* on
the Rocks in Queen Charlotte Sound.'

8 *Cary's new terrestrial globe exhibiting the tracks and discoveries
made by Captain Cook; also those of Captain Vancouver on
the North West coast of America and M. de la Perouse, on the
Coast of Tartary, together with every other improvement collected from various navigators to the present time* London ...
1815 ... corrections to 1829
Globe, diam 51 cm

1 *Universalior cogniti orbis tabula*, 1508
Gravure en taille douce, 42 x 55.8
Attribuée à Jean Ruysch, cette carte du monde tirée de la *Geographia* de Ptolémée est la seconde carte imprimée montrant l'Amérique. On croyait à l'époque qu'on pouvait atteindre l'Asie en allant au-delà de l'archipel d'îles découvert par Christophe Colomb.

2 Medina, Pietro da   vers 1493–1567
L'Arte del navegar ... Venise, Gioanbattista Pedrezano, 1554
xii et 137 p, illustrées de gravures sur bois, 21.2 cm
Espagnol dont la fonction consistait à tester la compétence des pilotes de navire, Medina passe pour être le premier à avoir écrit un manuel sur l'art de naviguer. En 1576, Frobisher qui accomplissait son premier voyage emporta un exemplaire de ses instructions.

3 *Il disegno del discoperto della nova Franza ...*
Bolognino Zaltieri, 1566
Gravure, 32 x 44
Cette carte de la Nouvelle-France est une des premières représentations du détroit légendaire d'Anian (détroit de Béring). L'Amérique est séparée de l'Asie.

4 *Typus orbis terrarum* Abraham Ortell, 1570
Gravure en couleur, 36.5 x 52
Tirée d'une édition de 1570 du *Theatrum orbis terrarum*, premier atlas général du monde des temps modernes, cette carte montre l'étendue des connaissances géographiques de l'époque.

5 Journal du Sieur de la Vérendrye, tenu pour le Marquis de Beauharnois, 20 juillet 1783 à mai 1789
MS, 2 p, 36.5 x 24, Papiers de Pierre Gaultier de Varennes, Sieur de la Vérendrye
La Vérendrye parle de cette légendaire « Mer de l'Ouest » et révèle les instructions qui lui ont été données pour la découvrir.

6 *Carte des nouvelles découvertes au nord de la Mer du Sud, tant à l'est de la Siberie et du Kamtchatka, qu'à l'ouest de la Nouvelle France* Phillippe Buache et Joseph Nicolas Delisle, 1750
Gravure en couleur, 48.5 x 69.5
Cette carte, par Buache et Delisle, considère comme faits réels plusieurs histoires imaginaires, comme par exemple la « Mer ou Baye de l'Ouest » découverte en 1592 selon le récit de Juan de Pilgrimes et qui rappelle le rêve que fit Verrazzano en 1524.

7 Vancouver, George 1757–98
A voyage of discovery to the North Pacific Ocean and round the world London, Printed for G.G. and J. Robinson [etc] 1798, v 1 de 3, 58 cm
A voyage of discovery to the North Pacific Ocean and round the world
London, Printed for G.G. and J. Robinson [etc] 1798, v 1 de 3, 58 cm
A bord de ses navires *Discovery* et *Chatham*, Vancouver étudia la côte nord-ouest de l'Amérique; ses différents journaux et cartes, grâce à leur exactitude, aidèrent à dissiper les mythes qui prévalaient. Parmi les dessins, nous avons « The *Discovery* on the Rocks in Queen Charlotte Sound ».

8 *Cary's new terrestrial globe exhibiting the tracks and discoveries made by Captain Cook; also those of Captain Vancouver on the North West coast of America and M. de la Perouse, on the Coast of Tartary, together with every other improvement collected from various navigators to the present time*
Londres ... 1815 ... corrigé jusqu'en 1829
Globe, 51 cm de diam

It was not until centennial year that the whole of Canada was
mapped with an acceptable degree of accuracy. The carto-
graphical representation of almost four million square miles of
sparsely populated territory was a vast and intricate task which
demanded the exploration and technical advances of four and
a half centuries. The National Map Collection bears witness
to the thousands of exploratory lines which followed first our
waterways – along the St. Lawrence River and the Great Lakes
system, down the coast of the thirteen English colonies, to
the mouth of the Mississippi, out into the prairies, to the
Pacific, and north to the Arctic. The names of explorers, surveyors, hydrographers, missionaries, and fur traders combine
in the mosaic of the history of Canada's exploration and are
evident in the place names of the areas where they travelled.

In addition to maps, the Public Archives holds extensive
manuscript material, published and unpublished journals, and
sketches and photographs from various exploratory expeditions.
Many of the early items have been copied from originals
in archives of Britain and France.

LE PAYS 2 L'EXPLORATION

Il fallut attendre l'année du centenaire pour avoir une carte complète du Canada ayant une certaine exactitude. La transcription cartographique d'un territoire à peine peuplé et d'une surface de quatre millions de milles carrés présentait d'énormes difficultés; quatre siècles et demi d'exploration et de progrès techniques furent nécessaires avant d'y arriver. Grâce à la Collection nationale des cartes, nous pouvons suivre sur des milliers de documents les tracés d'explorateurs qui suivirent d'abord les voies d'eau, Saint-Laurent et région des Grands Lacs, la côte des treize colonies anglaises jusqu'à l'embouchure du Mississippi, qui s'enfoncèrent dans les prairies jusqu'au Pacifique, qui se dirigèrent vers le nord jusqu'à l'Arctique. Le nom des explorateurs, des géomètres, des hydrographes, des missionnaires, et des marchands de fourrure se mêlent dans cette mosaïque que constitue l'histoire de l'exploration du Canada; les noms des lieux portent témoignage de leur passage.

Les Archives publiques ont une collection importante non seulement de cartes mais aussi de manuscrits, journaux de voyage publiés ou non, croquis et photographies prises au cours de multiples expéditions. La plupart des documents les plus anciens ont été reproduits d'après les originaux qui se trouvent dans les archives de France et de Grande-Bretagne.

1 Samuel de Champlain *Carte de la nouvelle france ... 1632*

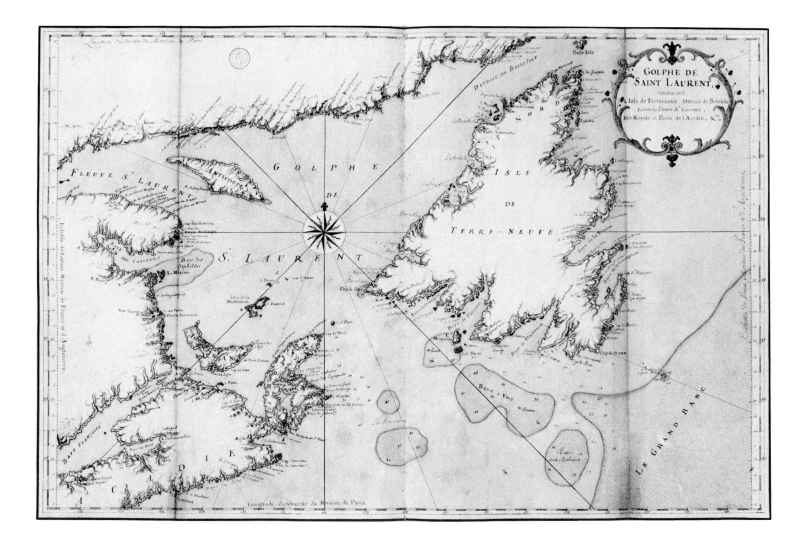

2 Jacques Nicolas Bellin « Cartes de la Nouvelle-France ou Canada ... »

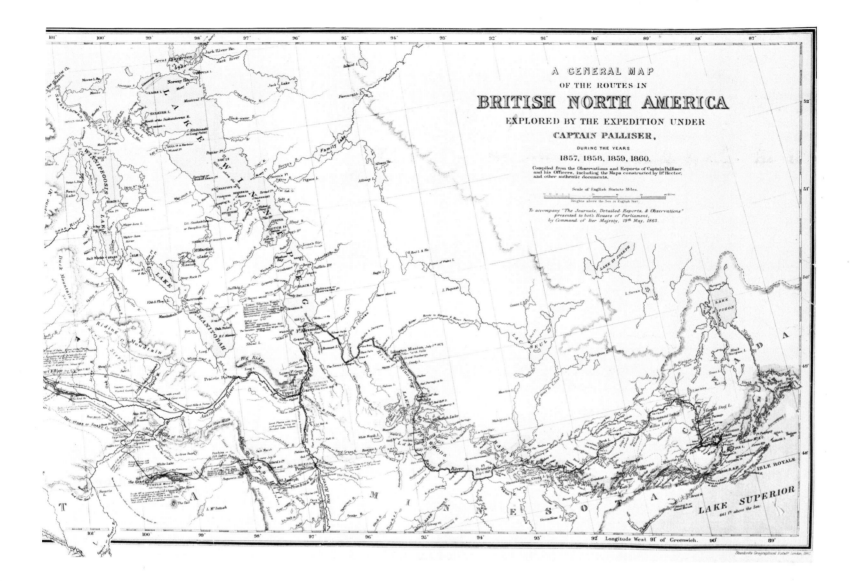

5 Map from Palliser's *Report*

5 Carte tirée du *Rapport* de Palliser

6 The prairies, looking west [1858]   6 Les prairies, regard vers l'ouest [1858]

1 *Carte de la nouvelle france* ... Samuel de Champlain, 1632
Print, 52.5 x 85.5, 1 inch to 25 leagues
This 'mother map' of New France, prepared only three years
prior to Champlain's death, reveals his unceasing explorations of the interior from his first arrival in 1603.

2 Bellin, Jacques Nicolas 1703–72
'Cartes de la Nouvelle-France ou Canada ...'
Coloured MS, 7 maps, 56.4 cm
Jacques Nicolas Bellin of the Ministry of Marine was the
author of this unique atlas. The map displayed shows the
'Golphe de Saint Laurent.'

3 Letter from Jean-François de Galaup, Comte de Lapérouse,
to his mother, Madame de Galaup, 10 September 1782
MS, ALS, 4 p, 23.5 x 18.4, Comte de Lapérouse Papers
On board the *Sceptre* off Hudson Strait, Lapérouse wrote of
the period 1778–83 when he served on the eastern coasts of
Canada and in Hudson's Bay during the war with England.

4 Map of Peter Pond's discoveries, 1785
MS, 47.6 x 71.7, 1 inch to 116 miles
This manuscript map by the American trader, Peter Pond,
indicates the hydrographic patterns of western Canada,
showing interconnections of major networks.

5 *A general map of the routes in British North America explored*
by the expedition under Captain Palliser, during the years
1857, 1858, 1859, 1860
Coloured print, 33.5 x 130.8, 1 inch to 36 miles
Published in Palliser's *Report*, this detailed map, based on
the British government expedition of 1857, shows the natural
regions of the West.

6 The prairies, looking west [1858]
Albumen print by Humphrey Lloyd Hime, 17.2 x 13, Hime
Collection
This stark prairie scene, with a bleached skull in the fore-
ground, was recorded by Humphrey Lloyd Hime, photog-
rapher with the Assiniboine and Saskatchewan Exploring
Expedition of 1858 under Henry Youle Hind.

1 *Carte de la nouvelle france* ... Samuel de Champlain, 1632
Gravure, 52.5 x 85.5, 1 pouce pour 25 lieues
Ce « prototype » cartographique de la Nouvelle-France,
tracé seulement trois ans avant la mort de Champlain, fait
ressortir les multiples explorations qu'il effectua vers l'intérieur depuis son arrivée en 1603.

2 Bellin, Jacques Nicolas 1703–72
« Cartes de la Nouvelle France ou Canada ... »
MS, couleurs, 7 cartes, 56.4 cm
Jacques Nicolas Bellin du ministère de la Marine est l'auteur
de cet atlas exceptionnel. La carte exposée est celle du
« Golphe de Saint-Laurent ».

3 Lettre de Jean-François de Galaup, comte de Lapérouse,
à sa mère, Madame de Galaup, 10 septembre 1782
MS, LAS, 4 p, 23.5 x 18.4, Papiers Lapérouse
Cette lettre, écrite à bord du *Sceptre* au large du détroit
d'Hudson se rapporte aux années 1778–83, époque à laquelle
Lapérouse patrouillait le long des côtes est du Canada et
dans la baie d'Hudson pendant la guerre avec l'Angleterre.

4 Carte des découvertes de Peter Pond, 1785
MS, 47.6 x 71.7, 1 pouce pour 116 miles
Cette carte manuscrite, établie par le marchand américain
Peter Pond, montre le système hydrographique existant
dans l'Ouest du Canada, ainsi que le réseau des grandes
voies navigables.

5 *A general map of the routes in British North America explored
by the expedition under Captain Palliser, during the years
1857, 1858, 1859, 1860*
Gravure en couleurs, 33.5 x 130.8, 1 pouce pour 36 milles
Publiée dans le *Report* de Palliser, cette carte détaillée faite
d'après les renseignements fournis par l'expédition britannique de 1857 montre les régions naturelles de l'Ouest.

6 Les prairies, regard vers l'ouest [1858]
Épreuve à l'albumine par Humphrey Lloyd Hime, 17.2 x 13,
Collection Hime
Paysage sévère avec un crâne blanchi au premier plan. Cette

photo fut prise en 1858 par Humphrey Lloyd Hime, photographe faisant partie de l'expédition pour l'exploration des
rivières Assiniboine et Saskatchewan sous la direction de
Henry Youle Hind.

Significant topographic mapping in Canada can be traced back to Samuel de Champlain, who sketched maps of small areas in his journals, noting both physical and cultural features of the landscape. The 1760s were a decade of intensive topographic mapping; the detailed plans of 'Murray's atlas' provide a thorough picture of Quebec at that time, and in the same decade Samuel Holland and Charles Morris carried out other projects in eastern Canada. A century later, under threat of attack from Fenians and soldiers from the disbanded American army, the Quartermaster General had a series of fortification surveys prepared for vital military areas such as those surrounding Quebec City and the Niagara Peninsula. In the 1880s, the Dominion Lands Survey employed photography and contour lines for the first time in a topographic mapping program of the Rocky Mountains.

Modern topographic mapping of Canada began in the 1840s with the Geological Survey of Canada and the Department of the Interior, the latter becoming involved as a result of increased immigration to the west. The Department of Militia and Defence also contributed to such mapping. The Public Archives has vast quantities of material relating to these and more recently created government departments, including files, letterbooks, surveyors' notebooks and diaries, photographs taken during surveying operations, and published maps and reports.

The great importance of waterways for communication and transportation in the early period is documented by a large collection of French and British admiralty charts, Canadian hydrographic charts, and charts from numerous other surveys such as that by Owen of the Great Lakes in 1815. These early expeditions also usually produced reports and sketches which now are held in the Archives.

The National Map Collection continues to collect all Canadian topographic mapping at scales ranging from 1:25,000 to 1:1,000,000, and representative topographic mapping from foreign nations.

On peut remonter jusqu'à Samuel de Champlain pour trouver des levés de terrains intéressants; dans ses journaux de voyage, il esquissa des cartes de régions limitées, notant leur aspect physique ainsi que leur flore. Les années qui suivirent 1760 furent marquées par une activité intense dans le domaine de la topographie; les plans détaillés du « Murray's Atlas » nous donnent un tableau complet de ce que fut le Québec à cette époque. Pendant la même décennie, Samuel Holland et Charles Morris étudièrent d'autres aspects de l'est canadien. Un siècle plus tard, en raison de la menace constituée par les Fenians et l'armée américaine qui avait été licenciée, l'Intendant général d'Armée fit effectuer des études de fortifications dans les régions stratégiques, par exemple, les environs de la ville de Québec et la péninsule du Niagara. Au cours des années 1880, le service des Arpentages des terres fédérales a employé la photographie et les courbes de niveau pour donner un représentation exacte des Montagnes Rocheuses; c'est la première fois que ces procédés furent utilisés dans un programme de recherche topographique.

Dans les années 1840–50, la cartographie prit un nouvel essor grâce à la Commission géologique du Canada et au ministère de l'Intérieur; ce dernier y participa en raison de l'immigration sans cesse croissante dans l'ouest. Le ministère de la Milice et de la Défense y contribua aussi. Les Archives publiques ont un nombre très important de documents émanant de ces deux ministères ainsi que d'autres de création plus récente: dossiers, carnets et journaux de géomètres, photographies prises sur le terrain, cartes et rapports.

Les premières études englobaient souvent les voies d'eau, utilisées alors comme moyens de communication et de transport. Nous avons une ample collection de cartes de l'amirauté française et britannique, des cartes du Service hydrographique canadien et de provenance diverses, comme par exemple l'étude faite par Owen sur les Grands Lacs en 1815. Les rapports et croquis faits à l'occasion de ces premières expéditions sont maintenant la possession des Archives publiques.

La Collection nationale de cartes continue à rassembler toutes les cartes du Canada – d'une échelle allant du 1/25,000ème au 1/1,000,000ème – ainsi que celles venant de pays étrangers et présentant un intérêt topographique certain.

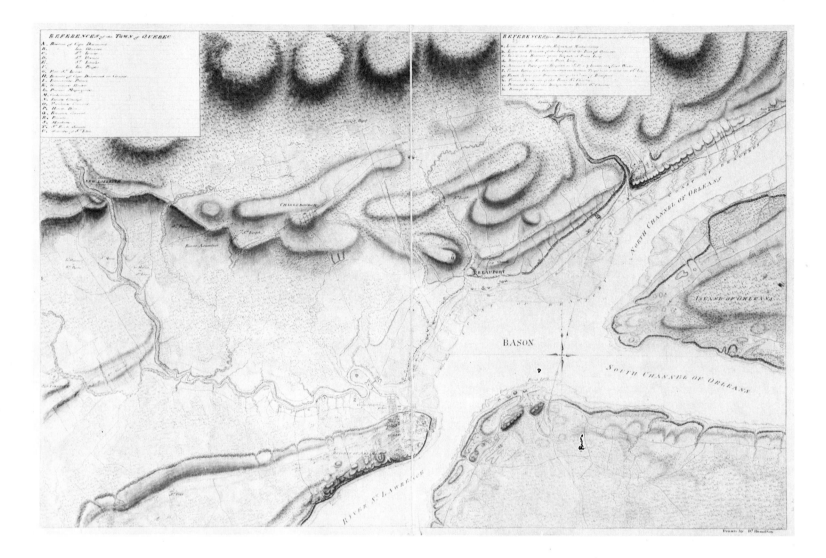

1 'Plan of Canada or the province of Quebec ...'

5 G. M. Dawson and party at Fort McLeod, British Columbia, 1879

5 G.M. Dawson et groupe de personnes à Fort McLeod, Colombie-Britannique, 1879

1 'Plan of Canada or the province of Quebec from the upper-most settlements to the Island of Coudre as survey'd by order of His Excellency Governor Murray in the year 1760, 61 & 62 ...'
MS, one sheet of 44, 64.6 x 100.6, 1 inch to approximately 2,100 feet
After the British victory at Quebec, James Murray, who was appointed Governor, ordered a topographical survey of the settled portions of the colony.

2 'The Ruins of the Fort at Cataraqui ... June 1783'
Water-colour by James Peachey (active 1774–97), 37.5 x 57.1, James Peachey Collection
During a survey of the Great Lakes area, James Peachey, who was appointed Deputy Surveyor General of Canada about 1784, sketched numerous sites, including these ruins at what is now Kingston.

3 Bouchette, Joseph 1774–1841
The British dominions in North America London, Longman [etc], 1832, 2 v, 29 cm
Joseph Bouchette, Surveyor General, prepared numerous maps and descriptions of Lower and Upper Canada which are unexcelled for their period, including this topographical and statistical description.

4 *Index to the contoured plan of the environs of Quebec, Canada East*, 1867
Coloured print, 103 x 69, 1 inch to 2,100 feet
In the latter part of the nineteenth century the military prepared detailed topographical plans of many of the important military centres. This plan is an index to the survey of the environs of Quebec prepared at a scale of one inch to 210 feet.

5 G.M. Dawson and party at Fort McLeod, British Columbia, 14 July 1879
Photograph from the original collodion negative, 21.6 x 16.5, Geological Survey of Canada Collection
George Mercer Dawson, third from the left in this photograph, carried out extensive work in the western part of Canada. He contributed not only to the field of geology, but also to ethnography and natural history.

6 *Topographic map*, *Ontario–Quebec*, *Ottawa sheet*, 1908
Coloured print, 60.5 x 75, 1 inch to 1 mile
The Canadian government has been mapping Canada at various scales for many years. This was one of the earliest series initiated and one of the earliest maps within that series, with the now superseded scale of one inch to the mile (1:63,360).

7 'A plan of the River St. Lawrence from Green Island to Cape Carrouge' James Cook, c1759
Coloured MS, 57.2 x 300, 1 inch to 1¼ miles
Cook was a hydrographer with the British fleet that moved against Quebec in 1759. This is one of several maps used in the English ships, and represents a hydrographic survey by depth soundings as well as a topographic survey of the shoreline.

1 « Plan of Canada or the province of Quebec from the upper-most settlements to the Island of Coudre as survey'd by order of His Excellency Governor Murray in the year 1760, 61 & 62 ... »
MS, 1 p de 44, 64.6 x 100.6, 1 pouce pour 2,100 pieds
Après la victoire des Britanniques à Québec, James Murray, gouverneur de la province, fit faire une étude topographique des régions peuplées.

2 « The Ruins of the Fort at Cataraqui ... June 1783 »
Aquarelle par James Peachey (actif 1774–97), 37.5 x 57.1, Collection James Peachey
Au cours d'une étude de la région des Grands Lacs, James Peachey, qui fut nommé arpenteur général adjoint du Canada vers 1784, fit de nombreuses esquisses, notamment ces ruines qui se trouvaient sur l'emplacement de ce qui est maintenant Kingston.

3 Bouchette, Joseph 1774–1841
The British Dominions in North America London, Longman [etc], 1832, 2 v, 29 cm
Joseph Bouchette, arpenteur général, prépara de nombreuses cartes et descriptions du Haut et du Bas-Canada absolument remarquables pour l'époque. La description topographique et statistique qui est exposée est l'une d'entre elles.

4 *Index to the contoured plan of the environs of Quebec, Canada East*, 1867
Gravure en couleurs, 103 x 69, 1 pouce pour 2,100 pieds
Durant la deuxième moitié du dix-neuvième siècle, l'armée a dressé des plans topographiques détaillés des plus importants centres militaires. Ce plan est un index du levé topographique des environs de Québec fait à une échelle d'un pouce pour 210 pieds.

5 G.M. Dawson et groupe de personnes à Fort McLeod, Colombie Britannique, 14 juillet 1879
Photographie faite à partir du négatif au collodion, 21.6 x 16.5, Collection des levés géodésiques
George Mercer Dawson, troisième à partir de la gauche, se

consacra à l'étude de l'Ouest du Canada. Il effectua des recherches non seulement sur la géologie de cette région, mais aussi sur son ethnographie et son histoire naturelle.

6 *Topographic map, Ontario–Quebec, Ottawa sheet*, 1908
Gravure en couleur, 60.5 x 75, 1 pouce pour 1 mille
Depuis de nombreuses années, le gouvernement canadien dresse des cartes du pays à différentes échelles. Celle-ci est l'une des premières cartes des toutes premières séries, celles établies à l'échelle d'un pouce pour un mile (1/63, 360ème), échelle qui n'est plus utilisée maintenant.

7 « A plan of the River St. Lawrence from Green Island to Cape Carrouge » James Cook, vers 1759
MS en couleurs, 57.2 x 300, 1 pouce pour 1 mille ¼
Cook était un ingénieur hydrographe attaché à la flotte britannique qui attaqua Québec en 1759. Nous avons ici une des diverses cartes qu'utilisèrent les navires britanniques; elle représente un levé par sondage des fonds côtiers ainsi qu'une étude topographique de la côte.

As one of the last frontiers the Canadian Arctic has attracted the interest of explorers and scientists from the eighteenth century to the twentieth. Originally motivated by the commercial advantages of a Northwest Passage to the Orient, the quest became a test of human capacity against nature. In the last decade commercial interest has been roused again by the area's vast oil reserves. The complete story of the exploration of Canada's North is available in contemporary published narratives in the Public Archives Library, a collection enhanced recently by the library of Richard J. Cyriax, the noted Arctic scholar.

Since all early major explorations were made by the British Admiralty or sponsored by other governments, the Public Archives has been obliged to seek copies of their documentation. It has, however, a wide range of original materials for this period. These include the sketchbooks executed by George Back on John Franklin's overland expeditions of 1825–7, and water-colours by Robert Hood, who did not survive the first Franklin expedition of 1819–22. The Nares Family Papers record the British expedition of 1875–6, commanded by Capt. G.S. Nares, which reached Alert on the top of Ellesmere Island, as do the water-colours and photographs of Thomas Mitchell, one of the party. Many of the messages left in the Arctic by explorers have been sent to the Archives for restoration and preservation. For more modern studies the records of the Arctic Institute of North America, a recent acquisition, are an excellent source.

Canadian government interest and activity in the Arctic began with the British Order in Council of 1871 which transferred to Canada British claims to the Arctic islands up to the North Pole. Such claims without effective occupation are not recognized by international law, but it was not until early in the twentieth century that Canadian government expeditions asserted sovereignty. Gradually, with improvements in transportation and communication and the increasing importance of economic development, Eskimo welfare, and of the Arctic in continental defence, the government has become involved in many ways. This can be seen from the voluminous records of the Department of Indian Affairs and Northern Development and its predecessors, the RCMP, the Department of National Defence, and the Department of Transport, for example. The Archives holds these departmental records, in addition to private papers such as those of Capt J.E. Bernier, Vilhjalmar Stefansson, and R.M. Anderson, and the journals of others who participated in Canadian government expeditions into the Arctic in the first quarter of the twentieth century.

LE PAYS 4 L'ARCTIQUE

Du dix-huitième siècle à nos jours, savants et explorateurs se
sont vivement intéressés à l'Arctique canadien qui demeurait
une des dernières frontières. Les explorations ont eu d'abord
un but commercial: atteindre l'Orient par le nord-ouest; elles
sont devenues par la suite une fin en soi, un défi lancé à la
nature par l'homme. Au cours des dix dernières années, la
découverte de vastes gisements de pétrole a de nouveau attiré
l'attention sur cette région. La bibliothèque des Archives
publiques possède des récits qui retracent l'histoire de
l'exploration du nord canadien; cette collection s'est enrichie
récemment de la bibliothèque de Richard J. Cyriax, savant
dont les travaux font autorité sur l'Arctique.

   Les expéditions les plus importantes ont été faites par
l'Amirauté britannique, ou ont été financées par des gouvernements étrangers; les Archives publiques ont dû reproduire
ces documents relevant d'explorations non canadiennes. Nous
possédons néanmoins une collection importante d'originaux
dont notamment tous les croquis faits par George Back au
cours des expéditions de John Franklin (1825–7), ainsi que
les aquarelles de Robert Hood qui ne survécut pas à la première
expéditions de Franklin (1819–22). Les papiers de la famille
Nares, ainsi que les aquarelles et les photographies de Thomas
Mitchell, se rapportent à l'expédition britannique de 1875–6
dirigée par le capitaine G.S. Nares qui atteignit Alert au
nord de l'île Ellesmere. Les Archives publiques sont chargées
de la restauration et de la conservation de tous les documents
que les explorateurs ont pu laisser dans l'Arctique même.

Elles ont aussi acquis récemment les archives de l'Arctic
Institute of North America, qui constituent une excellente
source de documentation sur l'histoire plus récente de
l'Arctique.

   L'arrêté en conseil britannique de 1871 transfera au
gouvernement canadien la souveraineté que le gouvernement
britannique exerçait sur les îles de l'Arctique jusqu'au pôle
nord; ce fut alors que le Canada commença à s'intéresser à
l'Arctique. Le droit international exige cependant une occupation effective des territoires, mais il faut attendre le début
du vingtième siècle pour que des expéditions canadiennes
fassent valoir les droits du Canada sur les îles de l'Arctique.
L'amélioration des moyens de transports et de communications, l'importance croissante du développement économique,
du bien-être des Esquimaux, le rôle de l'Arctique dans la défense du continent, ont poussé le gouvernement à s'intéresser
de plus en plus à cette région de notre pays. Les archives
volumineuses du ministère des Affaires indiennes et du Nord
canadien et ses prédécesseurs, du ministère de la Défense
nationale et du ministère des Transports en font foi. Les Archives publiques détiennent ces archives ministérielles, les
archives de la Gendarmerie royale, ainsi que toute une série
de papiers personnels, tels que ceux du capitaine J.E. Bernier,
de Vilhjalmar Stefansson et R.M. Anderson, et les journaux
d'autres personnes qui ont pris part à des expéditions canadiennes dans le premier quart du vingtième siècle.

2 The Hudson's Bay Company trading with the Eskimos in 1819

2 La compagnie de la Baie d'Hudson commerçant avec les Esquimaux en 1819

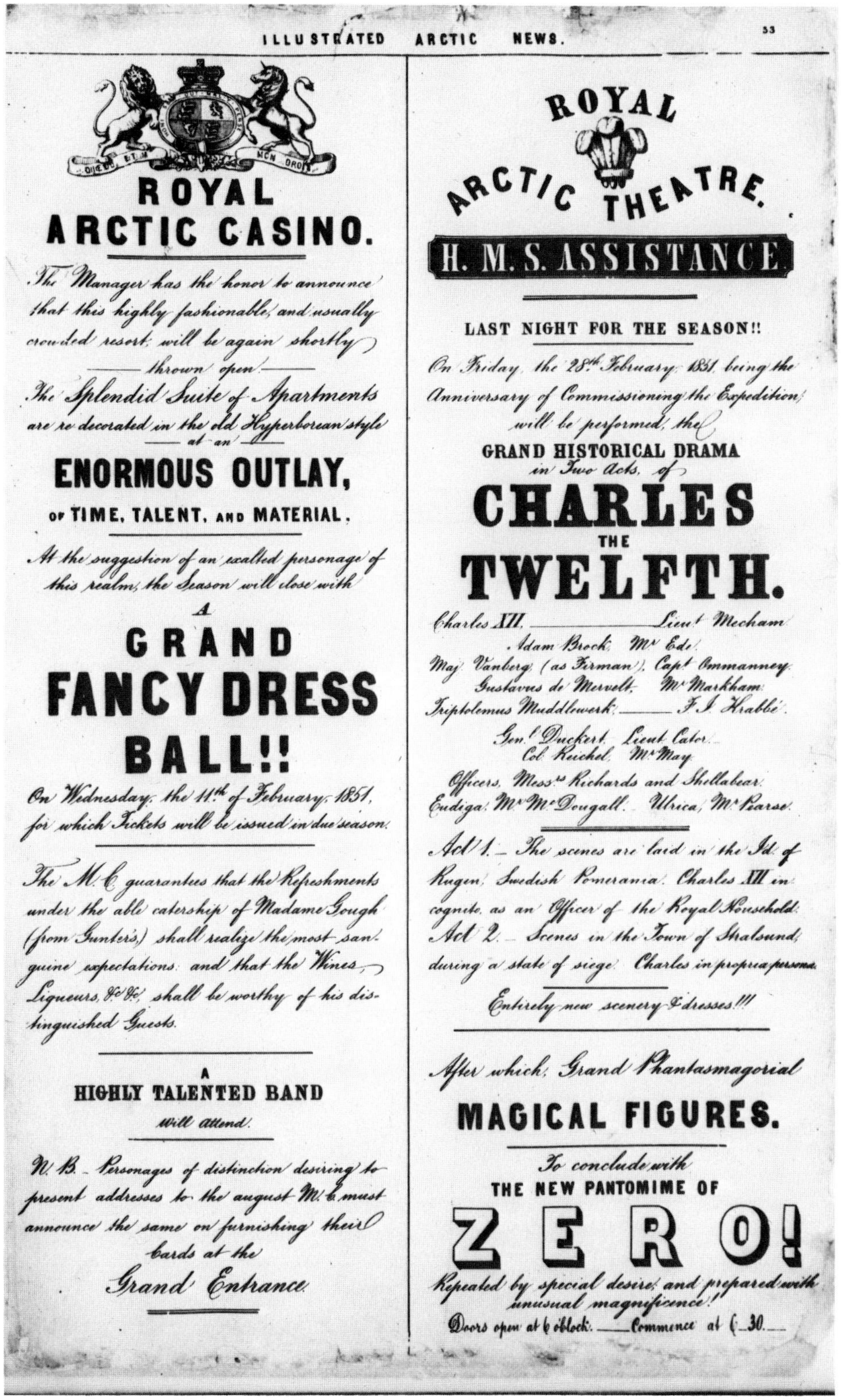

ILLUSTRATED ARCTIC NEWS. 53

ROYAL
ARCTIC CASINO.

The Manager has the honor to announce that this highly fashionable, and usually crowded resort, will be again shortly
— thrown open —

The Splendid Suite of Apartments are re-decorated in the old Hyperborean style
— at an —

ENORMOUS OUTLAY,
OF TIME, TALENT, AND MATERIAL.

At the suggestion of an exalted personage of this realm, the Season will close with

A
GRAND
FANCY DRESS
BALL!!

On Wednesday, the 11th of February, 1851, for which Tickets will be issued in due season.

The M. C. guarantees that the Refreshments under the able catership of Madame Gough (from Gunter's) shall realize the most sanguine expectations, and that the Wines, Liqueurs, &c. &c. shall be worthy of his distinguished Guests.

A
HIGHLY TALENTED BAND
will attend.

N. B. – Personages of distinction desiring to present addresses to the august M. C. must announce the same on furnishing their cards at the
Grand Entrance.

ROYAL
ARCTIC THEATRE.
H. M. S. ASSISTANCE.

LAST NIGHT FOR THE SEASON!!

On Friday, the 28th February, 1851, being the Anniversary of Commissioning the Expedition, will be performed, the

GRAND HISTORICAL DRAMA
in Two Acts, of

CHARLES
THE
TWELFTH.

Charles XII. ——— Lieut. Mecham
Adam Brock. Mr. Ede.
Maj. Vanberg, (as Firman), Capt. Ommanney.
Gustavus de Mervelt, Mr. Markham.
Triptolemus Muddlework. ——— F. I. Krabbé.
Genl. Duckert, Lieut. Cator.
Col. Reichel, Mr. May.
Officers, Messrs. Richards and Shellabear.
Eudiga, Mr. McDougall. Ulrica, Mr. Pearse.

Act 1. – The scenes are laid in the Id. of Rugen, Swedish Pomerania. Charles XII incognito, as an Officer of the Royal Household.
Act 2. – Scenes in the Town of Stralsund, during a state of siege. Charles in propria persona.

Entirely new scenery & dresses!!!

After which, Grand Phantasmagorial
MAGICAL FIGURES.

To conclude with
THE NEW PANTOMIME OF
ZERO!

Repeated by special desire, and prepared with unusual magnificence!!
Doors open at 6 o'clock. — Commence at 6–30. —

5 *Illustrated Arctic News*, 1852

Grants Land.

↑
Just round this cape
"Alert" wintered

Cape Lupton ↑
Thank God Harbour
Where Capt. Hall in R "Polaris" wintered

Sketched when crossing from Bessels Bay to

6 The Nares expedition crossing Hall Basin, looking north, 1876

Cape Tyson.   Halls Land.   Peterman Fiord.   Joe Isld   C. Lucie Marie.

y Franklin Sound — looking North —

6   L'expédition Nares traversant le bassin de Hall, regard vers le nord, 1876

8 The Canadian government expedition, Bylot Island, 1906

8 L'expédition scientifique du gouvernement canadien, île Bylot, 1906

This is to certify, that on this day a party from the
Canadian Government Steamer "ARCTIC" landed here to take
soundings of Bridgeport Inlet, and it's surroundings.

The "ARCTIC" is at Winter Harbour since the 28th,
Inst., having gone sixty miles west of Cape Providence."
and returned here a %per istructions.

We have taken possession of all the Northern Islands
except Banks Land and Prince of Wales. We are wintering
here to take Banks Land in the spring.

We are all well onbpard and our party consists of forty
three men.

The following are the names of those who landed here;-
Captain J. E. Bernier, Commander.

W. E. W. Jackson,   Scientist.

J. G. McMillan.   Geologist.

J. V. Koenig.   Chief Engineer.

W. H. Weeks,   Purser.

F. Hennessey.   Naturalist.

R. Pike.   Waiter.

N. Chasse.   Qrt. Master.

B. Lessard.   "   "

G.L.Bernier (signature)

                       Commander.

C. G. S. "ARCTIC.

Winter Harbour,

August, 31st, 1908.

9 The Canadian government expedition takes possession of
   the Arctic islands, 1908

9 L'expédition scientifique canadienne prend possession des
   îles de l'Arctique, 1908

1 *Tabula Nautica … anno 1612*
  Print, 28 x 55.4
  Henry Hudson's chart was first published by Hessel Gerritsz
  in 1612. It shows his attempt to find a northerly route to
  China, during which he explored the eastern shore of
  Hudson Bay before being cast adrift by his mutinous crew.

2 The Hudson's Bay Company
  1819, trading with the Eskimos in
  Upper Savage Islands, Hudson Strait
  Water-colour by Lieut Robert Hood (1796–1821),
  25.7 x 39.4, Coverdale-Manoir Richelieu Collection
  Inscribed verso in ink, upper edge: 'The Hudsons Bay
  companys ships *Prince of Wales*, and *Eddystone* bartering
  with the Esquimeaux off the Upper Savage Islands,
  Hudsons Straits. The large boat in the fore ground is filled
  with the Women and an Old Man steering. The canoe in
  the fore ground is laden with blubber & bladders of oil.
  The naked Esquimeaux, has sold all his cloaths. Robert
  Hood. Aug. 13.ᵗʰ 1819.'
  Hood accompanied the first overland expedition to determine
  the position of the polar shore of North America, led by
  Capt John Franklin in 1819. Hood's water-colours were
  used to illustrate the published account of the expedition.

3 A Labrador Eskimo, 1821
  Water-colour and pen and ink drawing by Peter Rindisbacher
  (1806–34), 16 x 22, Rindisbacher Collection
  Inscribed recto on bottom edge in brown ink in German
  (illegible); previously translated as 'A Labrador Eskimo in
  his Canoe, drawn from nature.'

4 Fort Franklin on Great Bear Lake, 1825–6
  Water-colour on pencil with some scraping
  by Capt George Back (1796–1878);
  the Back sketchbook measures 13.7 x 21.7 x 2.5,
  leatherbound with metal clasp
  Inscribed in ink on facing page of the sketchbook: 'Winter
  View of Fort Franklin – from the Little Lake. shewing
  where the Boats were stowed. and the distant Land in Great
  Bear Lake.'
  George Back was Capt John Franklin's second-in-command
  on the second overland expedition to determine the position
  of the polar shores of North America, 1825–6.

5 *Illustrated Arctic News*, 1852
  Facsimile of the *Illustrated Arctic News*
  published on board HMS *Resolute:*
  Captn. Horatio T. Austin, CB, in search of the
  expedition under Sir John Franklin … London, Ackerman,
  1852, 57 p, 48 cm
  Sir John Franklin's disappearance in the Arctic in 1847
  motivated several search expeditions, of which this was one;
  the quest for Franklin caught the popular imagination in
  the middle of the century. Vast public and private resources
  were devoted to the search for the noted Arctic explorer.

6 The Nares expedition crossing Hall Basin, looking north,
  1876
  Water-colour by Thomas Mitchell (1833–1924),
  15.7 x 103.8, Thomas Mitchell Collection
  Thomas Mitchell made this record of the British government expedition to the Arctic under Capt G.S. Nares, which
  in 1876 reached the farthest point north up to that time –
  Alert, at the top of Ellesmere Island. Essentially a coastal
  profile, the picture grasps the vastness of the Arctic terrain.

7 Logbook of the vessel *Alert* of the British government expedition of 1876 under the command of Capt G.S. Nares
  MS, 40.5 x 27.3, Nares Family Papers

8 The Canadian government expedition taking possession of
  Bylot Island, Arctic Archipelago, August 1906
  Photograph from an original negative, probably taken by
  George Lancefield in 1906, 10.2 x 12.7, Joseph Elzéar
  Bernier Collection

9 The Canadian government expedition takes possession of
  the Arctic islands for the government of Canada, 31 August,
  1908

1 *Tabula Nautica ... anno 1612*
Gravure, 28 x 55.4
Cette carte tracée par Henry Hudson fut publiée pour la première fois par Hessel Gerritsz en 1612. Henry Hudson essaya de trouver un passage par le nord vers la Chine; durant son expédition, il put explorer la côte est de la baie d'Hudson avant qu'une mutinerie n'éclatât à bord.

2 La compagnie de la Baie d'Hudson faisant du commerce avec les Esquimaux en 1819, Upper Savage Islands, Détroit d'Hudson
Aquarelle par le lieutenant Robert Hood (1796-1821), 25.7 x 39.4,
Collection Coverdale-Manoir Richelieu
Écrit à l'encre au verso, en haut de la page: « The Hudsons Bay companys ships *Prince of Wales*, and *Eddystone* bartering with the Esquimeaux off the Upper Savage Islands, Hudsons Straits. The large boat in the fore ground is filled with the Women and an Old Man steering. The canoe in the fore ground is laden with blubber & bladders of oil. The naked Esquimeaux, has sold all his cloaths. Robert Hood. Aug. 13.ᵗʰ 1819 ».
Cette aquarelle de Hood a été faite au cours de la première expédition par l'intérieur dirigée par le capitaine John Franklin en 1819; elle avait pour but de tracer la côte polaire de l'Amérique du Nord. Les aquarelles de Hood furent publiées en même temps que le compte rendu de l'expédition et lui servirent d'illustration.

3 Un esquimau du Labrador, 1821
Dessin à la plume et au crayon retouché à l'aquarelle par Peter Rindisbacher (1806–34), 16 x 22, Collection Rindisbacher
Inscription à l'encre brune au recto en bas de page en allemand (illisible) précédemment traduite ainsi: « A Labrador Eskimo in his Canoe, drawn from nature ».

4 Fort Franklin sur le Grand Lac de l'Ours, 1825–6
Aquarelle sur dessin au crayon par le capitaine George Back (1796–1878); l'album de croquis mesure 13.7 x 21.7 x 2.5, relié en cuir avec fermoir de métal
Écrit à l'encre au revers de la couverture: « Winter View of Fort Franklin – from the Little Lake. shewing where the Boats were stowed. and the distant Land in Great Bear Lake ».
George Back était le second du capitaine John Franklin au cours de la deuxième expédition par l'intérieur ayant pour but de tracer la côte polaire du continent nord-américain (1825–6).

5 *Illustrated Arctic News*, 1852
Fac-similé des *Illustrated Arctic News*, publiés à bord de la *Resolute:* le capitaine Horatio T. Austin à la recherche de l'expédition de Sir John Franklin ... London, Ackerman, 1852, 57 p, 48 cm
Sir John Franklin fut porté disparu dans l'Arctique en 1847. Plusieurs expéditions, dont celle-ci, partirent à sa recherche. A l'époque, la disparition de Franklin enflamma l'imagination populaire et des moyens énormes, provenant de fonds publics et privés, furent mis en oeuvre pour essayer de le retrouver.

6 L'expédition Nares traversant le bassin de Hall, regard vers le nord, 1876
Aquarelle par Thomas Mitchell (1833–1924), 15.7 x 103.8, Collection Thomas Mitchell
Thomas Mitchell fit cette aquarelle de l'expédition scientifique du gouvernement britannique commandée par le capitaine G.S. Nares, qui parvint en 1876 à Alert, situé à l'extrémité de l'île Ellesmere. C'était alors la latitude la plus élevée jamais atteinte. Cette aquarelle, qui est surtout une vue de la côte, donne une idée de l'immensité des terres arctiques.

7 Journal de bord du vaisseau *Alert* de l'expédition scientifique du gouvernement britannique de 1876 commandée par le capitaine Nares
MS, 40.5 x 27.3, Papiers de la famille Nares

8 Expédition scientifique du gouvernement canadien prenant

Typescript, signed by J.E. Bernier, Commander, 21.5 x 35.5,
J.E. Bernier Papers
The Canadian government expeditions under Capt J.E.
Bernier in 1904–5, 1906–7, 1908–9, and 1910–11 assured
Canadian sovereignty over the Arctic Archipelago.

possession de l'île Bylot, Archipel polaire, août 1906
Photographie faite à partir du négatif original, probablement
prise par George Lancefield en 1906, 10.2 x 12.7, Collection
Joseph-Elzéar Bernier

9 L'expédition scientifique canadienne prend possession des
îles de l'Arctique au nom du gouvernement canadien, 31
août 1908
Document dactylographié, signé par J.-E. Bernier, Commandant, 21.5 x 35.5, Collection J.-E. Bernier
Les expéditions arctiques du gouvernement canadien sous
la direction du capitaine J.-E. Bernier en 1904–5, 1906–7,
1908–9 et 1910–11 garantirent la souveraineté du Canada
sur l'archipel arctique nord-américain.

The Canadian Indians, the original inhabitants of the country, the guides and companions of explorers and voyageurs, are still with us today and do much more than add a picturesque element to the national culture. They were the first to tame and civilize the vast spaces and the harsh climate of Canada, and from them we can learn to rediscover the simple, genuine life of nature.

Indians have played such an integral part in the development of the country that information about them can be found in nearly all the series of commercial, religious, and military records of the French and British regimes. One factor that is still not very well recognized is the important military contribution made by Indians in the American Revolution, the War of 1812, and the two world wars. The papers of Joseph Brant, which the Archives has recently acquired, will make a vital contribution to research on this subject. The records of the Department of Indian Affairs and Northern Development and its predecessors contain information on current questions and are complemented by numerous maps of reservation areas.

Many private collections, and accounts and journals of travellers, both published and manuscript, mention Indians, and they are also represented in a large number of photographs, engravings, water-colours, and drawings. It is regrettable that relatively little has survived of records created by Indians themselves. The Archives would be grateful for any assistance in the acquisition of speeches, reports, and other Indian papers that would allow more detailed study of this essential aspect of our history.

LA POPULATION 5 LES INDIENS

Premiers habitants du pays, guides et compagnons des explorateurs, des voyageurs, les Indiens du Canada sont encore présents, et font beaucoup plus qu'ajouter un élément folklorique à la culture nationale.

Les Indiens furent les premiers à apprivoiser, à humaniser les vastes espaces et le climat rude du Canada. Ils nous apprennent à redécouvrir la vie simple et vraie de la nature.

Les Indiens font tellement partie du développement du pays qu'on trouve des renseignements sur eux dans presque toutes les séries de documents, commerciaux, religieux et militaires, de la période coloniale, tant française qu'anglaise. La contribution militaire importante des Indiens du Canada à la Révolution américaine, à la guerre de 1812 et aux guerres mondiales n'est pas tellement bien connue. Les papiers de Joseph Brant, reçus récemment par les Archives, seront d'un apport précieux pour la recherche. Pour d'autres matières récentes, les dossiers du ministère des Affaires indiennes sont complétés par de nombreuses cartes géographiques des territoires qui leurs sont réservés.

Les Indiens sont aussi mentionnés dans maintes collections privées, dans les récits de voyages, relations, descriptions, manuscrits ou publiés. Ils sont représentés dans un grand nombre de photographies, gravures, aquarelles et dessins. Il faut regretter que relativement peu de documentation créée par les Indiens eux-mêmes ait survécu. Les Archives seraient heureuses de toute aide dans l'acquisition de discours, de rapports et d'autres papiers d'Indiens pour permettre une étude plus fouillée de cet aspect essentiel de notre histoire.

Sauvage Iroquois

1 Jacques Grasset de Saint-Sauveur *Moeurs, loix et costumes des sauvages du Canada* [1788 ?]

7 Micmac Indians near Halifax in Nova Scotia, 1808   7 Indiens Micmacs près d'Halifax en Nouvelle-Écosse, 1808

3 Indian treaty No 2, 1790
   Traité indien No 2, 1790

9 Medal presented to Head Chiefs, 1901
   Médaille offerte à des Chefs indiens, 1901

1 Grasset de Saint-Sauveur, Jacques 1757–1810
Moeurs, loix et costumes des sauvages du Canada [Paris]
[1788 ?], 25 cm
Grasset de Saint-Sauveur was born in Montreal in 1757. He
published this pamphlet when he was French Vice-Consul
posted to Hungary. This copy seems to be the only one in
existence.

2 Canada. *Indian treaties and surrenders, from 1680 to* [*1903*]
Ottawa, Printed by S.E. Dawson, King's Printer, 1905–12,
3 v in 2, 26 cm
The most extensive collection of treaties made with Indians.
It includes the complete texts of 483 treaties and restitutions.

3 Indian treaty No 2, 1790
MS, 76.3 x 73.8
This treaty was ratified under the British regime.

4 Letter from Joseph Brant to William Halton, 11 May 1807
MS, ALS, 23 x 18.5
Letter from Joseph Brant to William Halton, Lieutenant
Governor, thanking him for his good intentions regarding
the Indians of Head-of-the-Lake.

5 Lafitau, Joseph François 1681–1746
*Moeurs des sauvages amériquains, comparées aux moeurs des
premiers temps* Paris, Saugrain l'aîné [etc], 1724, 2 v,
26 x 20
A very detailed and accurate history of *mores*, customs,
and religions of the Indians of North America, especially
those of Canada.

6 [Le Mercier, François Joseph] 1604–90
*Relation de ce qui s'est passé de plus remarquable aux missions
des peres de la Compagnie de Iesus, en la Nouvelle France, aux
années mil six cens soixante-sept & mil six cens soixante-huit*
A Paris, Chez Sebastien Mabre-Cramoisy, imprimeur du
Roy, 1669, 219 p, 17.5 cm
Relation in which Father Le Mercier shows the good results
of the peace with the Iroquois of the Five Nations.

7 Micmac Indians near Halifax in Nova Scotia, 1808
Water-colour drawing by John G. Toler (active 1797–1821),
32.7 x 43.5, Coverdale-Manoir Richelieu Collection

8 'Plan of the Indian Agency Reserve no. 30 at Sabbaskahsing,
Lake of the Woods ... 1879'
Coloured MS, 31.6 x 33, 1 inch to 40 chains
In addition to showing the exact boundaries of this reservation in treaty No 3, this plan prepared by Charles Miles for
the Department of the Interior locates several houses, a
garden, and a camping ground.

9 Medal presented to Head Chiefs in commemoration of the
Assembly of Indian Tribes, 1901
Medal, bronze, diam 6.5 cm. Reverse
Head Chief's bronze medal with original watered tricolour
ribbon and special clasp for presentation by the Duke and
Duchess of Cornwall and York in connection with the 1901
Calgary Assembly of Indian Tribes.

1 Grasset de Saint-Sauveur, Jacques 1757–1810
Moeurs, loix et costumes des sauvages du Canada [Paris]
[1788?], 25 cm
Grasset de Saint-Sauveur naquit à Montréal en 1757. Il
publia cette brochure lorsqu'il était vice-consul de France
en Hongrie. Il ne semble pas exister d'autres exemplaires.

2 Canada. *Indian treaties and surrenders, from 1680 to* [*1903*]
Ottawa, Printed by S.E. Dawson, King's Printer, 1905–12,
3 v en 2, 26 cm
La collection la plus importante de traités avec les Indiens.
Elle comprend le texte de 483 traités et restitutions.

3 Traité indien No 2, 1790
MS, 76.3 x 73.8
Traité ratifié sous le régime anglais.

4 Lettre de Joseph Brant à William Halton, 11 mai 1807
MS, LAS, 23 x 18.5
Lettre de remerciement de Joseph Brant à William Halton,
lieutenant gouverneur, pour ses bonnes intentions envers
les Indiens de Head-of-the-Lake.

5 Lafitau, Joseph François 1681–1746
*Moeurs des sauvages amériquains, comparées aux moeurs des
premiers temps* Paris, Saugrain l'ainé [etc], 1724, 2 v,
26 x 20
Histoire très détaillée et exacte des moeurs, coutumes, religions des Indiens d'Amérique, principalement ceux du
Canada.

6 [Le Mercier, François Joseph] 1604–90
*Relation de ce qui s'est passé de plus remarquable aux missions
des peres de la Compagnie de Iesus, en la Nouvelle France, aux
années mil six cens soixante-sept & mil six cens soixante-huit*
A Paris, Chez Sebastien Mabre-Cramoisy, imprimeur du
Roy, 1669, 219 p, 17.5 cm
Relation du Père Le Mercier qui indique les bienfaits de la
paix avec les Iroquois des Cinq Nations.

7 Indiens Micmacs près d'Halifax en Nouvelle-Écosse, 1808
Dessin rehaussé d'aquarelle par John G. Toler (actif 1797–
1821), 32.7 x 43.5, Collection Coverdale-Manoir Richelieu

8 « Plan of the Indian Agency Reserve no. 30 at Sabbaskahsing, Lake of the Woods ... 1879 »
MS en couleurs, 31.6 x 33, 1 pouce pour 40 chaînes
On peut voir sur ce plan préparé par Charles Miles pour le
ministère de l'Intérieur, les limites de cette réserve prévue
par le traité No 3, ainsi que plusieurs maisons, un jardin,
et un terrain de campement.

9 Médaille offerte à des Chefs indiens en commémoration de
l'Assemblée des Tribus indiennes, 1901
Médaille en bronze, 6.5 cm de diam, revers
Médaille en bronze avec son ruban tricolore original et son
fermoir particulier, remise par le duc et la duchesse de
Cornouaille et d'York lors de l'Assemblée des Tribus
indiennes qui se tint à Calgary en 1901.

Although the history of settlement has not been neglected, much important research still needs to be carried out before the story is complete. Much of the evidence requiring examination is in the collections of the Public Archives.

Manuscript holdings are extensive. Documents in France and England relating to Canada's first centuries of settlement have been copied. Original diaries of settlers, records of land companies, correspondence, account books, and other items, including the minutes of Upper Canada land boards, land petitions, and census rolls, provide detailed settlement information. The records of government departments such as Agriculture and Interior (Immigration Branch) are especially relevant for a study of the settlement of the West.

General secondary works on Canadian settlement and regional or county histories, along with a large collection of pamphlets, posters, and other promotional materials, are also located in the Public Archives. Photographic prints and drawings of various periods help to illustrate the theme.

The large collection of maps is invaluable in any study of this kind. The various patterns of settlement which developed across the country often reflect the ethnic, cultural, and national character of the various peoples who came to Canada. Maps showing individual lot-owners' names, although used mostly for genealogical research, are also useful in detailed studies.

Bien que l'histoire du peuplement du Canada n'ait pas été négligée, de nombreuses recherches restent cependant à faire dans ce domaine. Les Archives publiques possèdent une bonne partie des documents qui sont encore à étudier.

Les documents originaux sont très nombreux et les Archives publiques ont fait reproduire les originaux qui se rapportent à ces premiers siècles de peuplement et se trouvent en France et en Angleterre. Toute personne intéressée aura à sa disposition un matériel abondant: journaux originaux des colons, archives des sociétés immobilières, correspondance, livres de compte, et autres documents dont les procès-verbaux des Commissions des Terres (Haut-Canada), les demandes de terres, et les recensements. Les archives des ministères comme l'Agriculture, l'Intérieur, et la direction de l'immigration, conviennent particulièrement à une étude sur le peuplement de l'Ouest.

Les Archives publiques ont aussi toute une série d'ouvrages sur le peuplement et l'histoire des régions et comtés, des brochures, des affiches et des prospectus, ainsi que des reproductions photographiques et des dessins qui se rapportent à diverses époques.

L'importante collection de cartes est inestimable dans toute étude de ce genre. Les caractéristiques ethniques, culturelles, et nationales de ceux qui sont venus au Canada se reflètent souvent dans la façon dont s'est fait le peuplement à travers tout le pays. Les cartes indiquant le nom des propriétaires de terrains sont aussi très utiles, bien qu'elles soient générale-ment utilisées pour des recherches généalogiques.

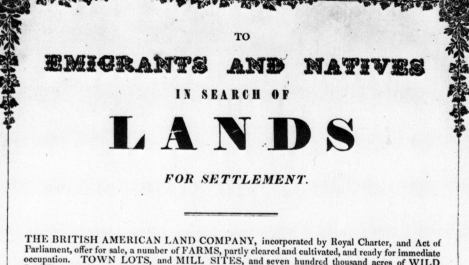

TO
EMIGRANTS AND NATIVES
IN SEARCH OF
LANDS
FOR SETTLEMENT.

THE BRITISH AMERICAN LAND COMPANY, incorporated by Royal Charter, and Act of Parliament, offer for sale, a number of FARMS, partly cleared and cultivated, and ready for immediate occupation. TOWN LOTS, and MILL SITES, and seven hundred thousand acres of WILD LAND, in portions of any extent from fifty acres, upwards. These properties are situated in the District of Saint Francis, in the Eastern Townships on the SOUTH SIDE OF CANADA, one of the most beautiful, fertile, healthy portions of British America. They are held under the Soccage Tenure, direct from the Crown, and free of all Feudal burden whatsoever.

These Townships are centrally situated at a distance of from Fifty to Eighty miles, from Quebec and Montreal. They are well watered every where, possessed of excellent roads, and diversified with pretty lakes and fishy streams and rivers. The soil is equal in fertility to that of any part of the Continent, the appearance of the Country is highly picturesque, and the climate is eminently salubrious. There are Saw and Grist Mills, Mechanic's Shops, Smiths, Foundry, Woolen Manufactory, Acadamies, Schools, Churches of all denominations, and a College is being built. Every description of Grain and Root Crops cultivated in Great Britain is found to succeed well in this district, and Corn, Cattle, Horses, Sheep and Pigs, are raised with great advantage, as articles of export to the neighbouring sea port Towns.

The Company sell their lands at very reasonable prices, and on an indulgent credit, six years being allowed to pay up the annual instalments. To such persons as can prepay thirty dollars, the first instalment of a lot or farm of 100 acres, they grant A FREE TRANSPORT for their FAMILIES and LUGGAGE not (exceeding 8 cwt.,) from MONTREAL, QUEBEC, or the ST. LAWRENCE to SHERBROOKE; and, if on arrival there, they think they can do better than purchase from the Company, they will return them the money, retaining only the proportion of it actually expended on themselves. To such persons of respectable character as have come out under the present depression and have no money, they grant permission on credit to settle on new land, and to form at once an independent family home, in which case NO MONEY IS REQUIRED DOWN; they sell most excellent settling land at about ten shillings per acre, and when the price is paid, they give at the Company's expense, a warranted freehold Title, which, when enregistered, becomes the most free and sure holding under the Crown.

There is, generally, a fair demand for hired labour in these Townships, at good wages both for men and women, the Gosford road affords present employment for destitute emigrants; and parents blessed with large families, can generally subsist themselves and half their children by the hire of the other half, during the first winter, while they are clearing and preparing for crop, the lot which they may have selected, from the Company on Credit, as their future family home.

The Company's property is accessible by the roads from Quebec, Montreal and Sorel, but the route most easily travelled at present is that from Port Saint Francis through Drummondville to Melbourne and Sherbrooke, &c. The stage fare is about 3d. per mile, and the cartage of furniture is 3s. 9d. per cwt. to Sherbrooke or nearly a half-penny per mile for each cwt. The Company have Agents in the several sections of the District itself, as well as at the ports of landing, for the convenient local sale of land, and for the advice, protection, and encouragement of their settlers. Further particulars may be learned on application at the Company's head office in Sherbrooke, or to the Company's Agents, Mr. C. M. Hyndman, Quebec; Mr. James Court, Commissioner Street, Montreal; Mr. Hayden, Sorel; Mr. Smith Leith, Port St. Francis; Mr. G. L. Marler, Nicolet and Drummondville; Mr. Tait, Melbourne; Mr. Wood, Shefford; Mr. Lyman, Granby; Mr. Foss, Eaton; and Mr. Hubbard, Stanstead.

Quebec Emigrant Agency Office of
The British American Land Company,
20th June, 1842.

3 British American Land Company poster, 1842
Affiche de la British American Land Company, 1842

1 *Map of the Island of St. John in the Gulf of St. Lawrence ...* 1775

5 'Encampment of the Loyalists at Johnston ... June 6th, 1784 ...'

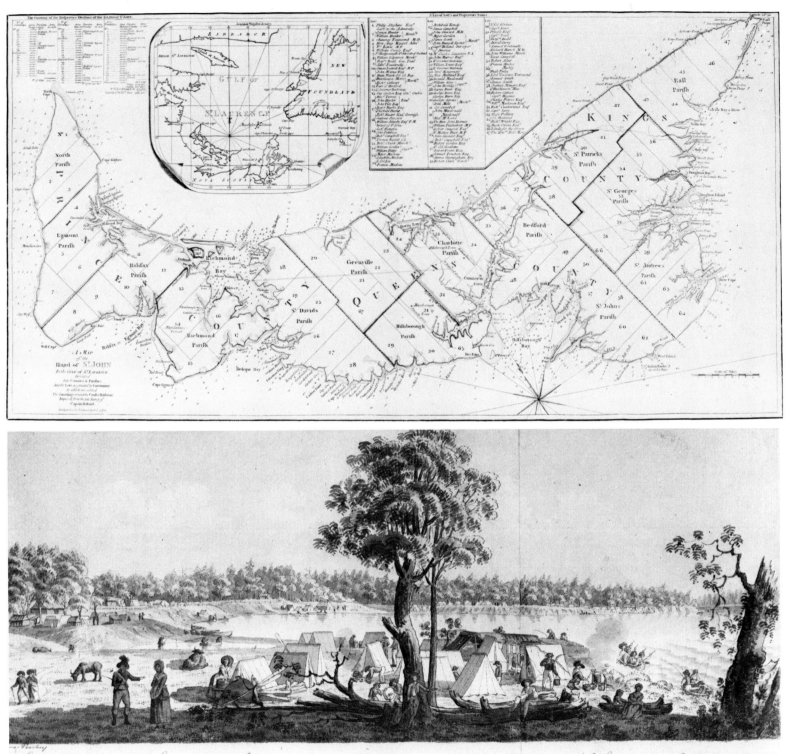

Encampment of the Loyalists at Johnstown, a New Settlement, on the Banks of the River St. Laurence in Canada, taken June 6th 1784. taken from △ marked in the Plan

1 *Map of the Island of St. John in the Gulf of St. Lawrence ...* 1775
   Print, hand-coloured, 41.5 x 72.5, 1 inch to 4¼ miles
   The original land grants are shown on this map of what is
   now known as Prince Edward Island. It was based on the
   surveys of Samuel Holland in 1764–5.

2 *... Topographical map of the province of Lower Canada ...*
   Joseph Bouchette, 1815
   Print, section only, 73 x 69, 1 inch to 3½ miles
   This map indicates land divisions – districts, counties,
   seigniories, and townships – and the method of subdividing
   land for settlement in long narrow lots fronting on the river.

3 British American Land Company offers land in the District
   of Saint Francis, Quebec, 1842
   Broadside, 30 x 18.9
   An opportunity for emigrants and Canadians to purchase
   land with no down payment. Such land companies owned
   large blocks of eastern Canadian provinces.

4 Schedule comprehending the lots under certificates in the
   District of Mecklenburg and Lunenburg, 1790
   MS, 193 p, 49.5 x 33, Land Board Records, Upper Canada,
   1791–1867
   This volume is opened to show lists of lot numbers, proprietors' names, and the number of acres granted to ex-military
   officers and men in the Township of Cornwall.

5 'Encampment of the Loyalists at Johnston ... June 6th, 1784 ...'
   Water-colour by James Peachey (active 1774–97), 14 x 34.9,
   James Peachey Collection
   Temporary settlement by the United Empire Loyalists at
   Cornwall is revealed in James Peachey's water-colour.

6 Selkirk, Thomas Douglas 1771–1820
   A letter to the earl of Liverpool from the earl of Selkirk ...
   London, 1819, 224 p, 23 cm
   This is one of a limited printed edition, and is a defence of
   the Red River colony founded by Selkirk.

7 *Map of part of the British possessions to the west of the Rocky
   Mountains,* c1869
   Print, 56 x 92.5, 1 inch to 23 miles

This map was prepared and published by the Royal Engineers. Topographical notes, and notations as to possible
croplands and to game and fishing areas, provided valuable
information for the settler-to-be.

1 *Map of the Island of St. John in the Gulf of St. Lawrence ...* 1775
Gravure, couleurs à la main, 41.5 x 72.5, 1 pouce pour
4 milles ¼
Cette carte montre l'attribution des premiers lotissements.
Elle fut faite d'après les études de Samuel Holland en
1764–5.

2 *... Topographical map of the province of Lower Canada ...*
Joseph Bouchette, 1815
Gravure, section, 73 x 69, 1 pouce pour 3 milles ½
On y voit les divisions administratives – districts, comtés,
seigneuries et cantons – et la façon dont furent répartis les
terrains (en lotissements étroits donnant sur le fleuve).

3 La British American Land Company met en vente des terrains dans le district de St-Francois, Québec, 1842
Affiche, 30 x 18.9
Une occasion pour les immigrants et les Canadiens d'acheter
des terrains sans accompte. De telles sociétés possédaient
des terres immenses dans les provinces de l'est.

4 Inventaire comprenant les lots certifiés dans le District de
Mecklenburg et Lunenburg, 1790
MS, 193 p, 49.5 x 33, Archives de la Commission des Terres
(Haut Canada) 1791–1867
Les pages exposées donnent la liste des lots, le nom des pro-
priétaires, et le nombre d'acres attribués à d'anciens officiers
de l'armée ainsi qu'à des habitants du canton de Cornwall.

5 « Encampment of the Loyalists at Johnston ... June 6th,
1784 ... »
Aquarelle par James Peachey (actif 1774–97), 14 x 34.9,
Collection James Peachey
Aquarelle montrant l'établissement temporaire des Loya-
listes de l'Empire Uni à Cornwall.

6 Selkirk, Thomas Douglas 1771–1820
A letter to the earl of Liverpool from the earl of Selkirk ...
London, 1819, 224 p, 23 cm
Exemplaire provenant d'une édition limitée, cette lettre
prend la défence de la colonie de la Rivière Rouge fondée
par Selkirk.

7 *Map of part of the British possessions to the west of the Rocky
Mountains*, vers 1869
Gravure, 56 x 92.5, 1 pouce pour 23 milles
Préparée et publiée par les Ingénieurs royaux, ces renseignements sur la topographie et les possibilités de chasse, de
pêche, et de culture furent très utiles à ceux qui avaient
l'intention de venir s'installer comme colons.

Women do not constitute a specific subject among the holdings of the Public Archives but they are well represented – both as companions or confidantes and as individuals making their own distinctive contributions to Canadian history from the sixteenth century to the present.

The participation of women in charitable and educational institutions has been characteristic of Canadian public life since the French regime. Documents relating to the first hospitals in Canada and to the early teaching congregations have been copied by the Archives. The contributions of women who came with the early pioneers are less well documented, for, as might be imagined, they had little time for reflection and writing. Women with more leisure, often coming from middle- and upper-class families in Europe, were the most likely to leave impressions of the country, in correspondence or diaries, sketches, and drawings. The Archives has recently acquired the papers of Catharine Parr Traill and Susanna Moodie. The Picture Division has collected some of the vivid impressions left by Mrs Ellice, Mrs Chaplin, and others.

The end of the nineteenth century saw the rise of women's associations in Canada as in other countries. The National Council of Women was founded in 1893, and women's institutes and clubs started to emerge. The movement to obtain the right of suffrage for women gained ground, and some women entered politics. The Public Archives has the papers of Agnes MacPhail, first woman ever elected to the House of Commons, Cairine Wilson, the first woman senator, and other prominent politicians. It has also collected papers of women journalists, poets, and novelists such as Lucy Maud Montgomery and Pauline Johnson. In many of the collections there are letters to and from fiancées, wives, or friends.

The papers of the Royal Commission on the Status of Women, recently deposited, will provide an interesting picture of the condition of Canadian women in the second half of the twentieth century.

Les femmes ne font pas l'objet de collections particulières dans les Archives publiques mais elles y sont bien représentées en tant que compagnes ou confidentes ou en raison du rôle important qu'elles ont eu dans l'histoire du Canada du seizième siècle à nos jours.

Depuis le début de notre histoire, elles ont activement participé à la vie publique du pays par l'intermédiaire des institutions charitables ou d'enseignement. Les Archives publiques possèdent les reproductions de documents qui se rapportent aux premiers hôpitaux et aux congrégations qui se consacrèrent à l'enseignement. Nous avons moins de renseignements sur les femmes qui arrivèrent avec les premiers colons car elles avaient fort peu de temps à consacrer à la réflexion et la rédaction de lettres. En revanche, les Archives détiennent des lettres, correspondance, journaux, esquisses, et dessins fort expressifs provenant de femmes appartenant à un milieu aisé, telles Mme Ellice, Mme Chaplin, et plusieurs autres. Les Archives ont récemment acquis les papiers de Catharine Parr Traill et de Susanna Moodie.

A la fin du dix-neuvième siècle, il se forma des associations féminines au Canada et ailleurs. Le Conseil national des Femmes fut fondé en 1893 et divers clubs et instituts furent créés par la suite. En même temps le mouvement en faveur du suffrage féminin prit de l'importance et certaines femmes entrèrent dans l'arène politique. Les Archives publiques possèdent les papiers d'Agnes MacPhail, première femme élue à la Chambre des Communes, de Cairine Wilson, première femme sénateur, et d'autres qui ont joué un rôle important dans la vie politique. Elles ont aussi recueilli les papiers de femmes journalistes, poètes, romancières, comme Lucy Maud Montgomery et Pauline Johnson. La correspondance échangée avec des fiancées, des épouses, des amies, est fréquente dans les collections privées.

Les papiers de la Commission royale sur le Statut des Femmes, qui ont été récemment déposés aux Archives, donnent un tableau vivant de la condition des femmes au Canada au cours de ces dernières années.

York 11th May 1827

I do hereby Certify that on the 22nd day of June 1813, Mrs Secord, Wife of James Secord, Esqr, then of St David's, came to me at the Beaver Dam after Sun Set, having come from her House at St Davids by a circuitous route, a distance of twelve Miles, and informed me that her Husband had learnt from an American Officer the preceding night that a Detachment from the American Army then in Fort George would be sent out on the following morning (the 23rd) for the purpose of surprising and capturing a Detachment of the 49th Regt then at the Beaver Dam under my Command. In consequence of this information I placed the Indians under Norton together with my own Detachment in a Situation to intercept the American Detachment; and we occupied it during the night of the 22nd — but the Enemy did not come until the morning of the 24th when his Detachment was captured. —

Colonel Boerstler their Commander, in a conversation

2 Statement by James FitzGibbon about the action taken by Mrs Laura Secord in June 1813

ll45662

conversation with me confirmed fully the information communicated to me by Mrs Secord, and accounted for the attempt not having been made on the 23d. as at first intended.

The weather on the 22d. was very hot and Mrs Secord whose person was slight and delicate appeared to have been and no doubt was very much exhausted by the exertion she made in coming to me, and I have ever since held myself personally indebted to her for her conduct upon that occasion, and I consider it an imperative duty on my part humbly and earnestly to recommend her to the favorable consideration of His Majesty's Provincial Government.

I beg leave to add that Mrs Secord and her family were entire strangers to me before the 22d of June 1813, her exertions therefore could have been made from public motives only.

James FitzGibbon

2 Rapport de James FitzGibbon sur
les mesures prises par
Mme Laura Secord en juin 1813

3 Lady Emily and Lady Mary Lambton, daughters of
Lord Durham
Lady Emily et Lady Mary Lambton, filles de Lord Durham   6 'Advanced guards crossing a Portage' 1877

1 Marie de l'Incarnation, mère 1599–1672
Lettres de la vénérable mère Marie de l'Incarnation, première supérieure des ursulines de la Nouvelle France Paris, Chez Louis Billaine, 1681, 675 p, 26 cm
Marie Guyart, widow of Claude Martin, in religion Mère Marie de l'Incarnation, founded the monastery of the Ursuline Sisters in Quebec City in 1639. During her life in New France, she kept up a voluminous correspondence estimated at twelve or thirteen thousand letters. This selection was published in 1681 by her son, the Benedictine monk, Claude Martin, of the Congregation of Saint-Maur, France.

2 Statement made on 11 May 1827 by James FitzGibbon about the action taken by Mrs Laura Secord in June 1813
MS, 2 p, 31.8 x 20.3
In June 1813 Laura Secord warned Lieut James FitzGibbon, the commander of a British outpost at Beaver Dams (six miles north of Niagara Falls), of a projected attack by the Americans. Fourteen years later FitzGibbon, recommending Laura Secord to the favourable consideration of the government, relates her exploit.

3 Lady Emily and Lady Mary Lambton (later Countess of Elgin), daughters of Lord Durham
Water-colour by Mrs Edward Ellice (1814–64), 18.8 x 13.3, Ellice Album
Mrs Edward Ellice, *née* Catherine Jane Balfour, was the wife of Edward Ellice, the younger, who came to Canada in 1838 as private secretary to Lord Durham. Mrs Ellice kept a diary of her trip, completed by a book of water-colours.

4 Traill, Mrs Catharine Parr (Strickland) 1802–99
Canadian Wild Flowers Painted and lithographed by Agnes Fitzgibbon, with botanical descriptions by C.P. Traill, Montreal, J. Lovell, 1868, 86 p, 37.5 cm
One plate showed the drawings of the smaller Lady's slipper, the larger yellow Lady's slipper, the larger blue flag, and the small cranberry. The colours are different from the ones in the second edition of 1869.

5 Holograph manuscript of a short story, 'The Tossing of a Rose,' signed by Pauline Johnson
MS, 15 pages with signature on the last page, 21 x 26.8
Pauline Johnson (1861–1913) was a poet and writer of Indian origin.

6 Expedition to the Red River in 1870 under Sir Garnet Wolseley: 'Advanced guards crossing a Portage'
Oil painting by **Mrs Frances Anne Hopkins (1838–1918)**, 91.5 x 152.4, Hopkins Collection
Frances Anne Beechey was born in England. In 1858 she married Edward Martin Hopkins, the private secretary of Sir George Simpson of the Hudson's Bay Company. She accompanied the Wolseley or Red River expedition of 1870 and executed this painting in 1877.

7 Page of the journal of Lady Aberdeen, 21 August 1890, illustrated with four sketches
MS, 50.8 x 25.4
Ishbel Maria Marjoribanks (1857–1939) married the seventh Earl of Aberdeen in 1877. In 1890 the Aberdeens took a long trip to Canada. They left England aboard the *Parisian* and arrived in Quebec City on 23 August 1890. This page of the journal relates the trip on the Gulf of St. Lawrence. Lord Aberdeen was appointed Governor General of Canada in 1893.

8 Letter from Queen Victoria to Lady Macdonald, dated at Windsor Castle, 2 July 1891
MS, LS, 3 p, 22.7 x 17.7
The Queen wrote to express her sympathy on the death of Sir John A. Macdonald (6 June 1891).

9 Letter from Lucy Maud Montgomery to Ephraim Weber, dated at Cavendish, Prince Edward Island, 10 September 1908
MS, ALS, 20 p, 16.7 x 21.6
Lucy Maud Montgomery (1874–1942) was a Canadian novelist, best remembered for *Anne of Green Gables*, published in 1908, the reception of which she discussed in this letter. She entertained a correspondence for years with

1 Marie de l'Incarnation, mère 1599–1672
Lettres de la vénérable mère Marie de l'Incarnation, première supérieure des ursulines de la Nouvelle France Paris, Chez Louis Billaine, 1681, 675 p, 26 cm
Marie Guyart, veuve Claude Martin, en religion Mère Marie de l'Incarnation, fonda en 1939 le monastère des Ursulines à Québec. Au cours de sa vie dans la Nouvelle-France, elle a échangé une volumineuse correspondance (évaluée à douze ou treize mille lettres). Ce choix de lettres fut publié en 1681 par son fils, Dom Claude Martin, moine bénédictin de la Congrégation de Saint-Maur, France.

2 Rapport fait le 11 mai 1827 par James FitzGibbon sur les mesures prises par Mme Laura Secord en juin 1813
MS, 2 p, 31.8 x 20.3
En juin 1813 Laura Secord prévint le lieutenant James FitzGibbon, commandant à Beaver Dams (six milles au nord des chutes de Niagara), d'un projet d'attaque par les Américains. Quatorze ans plus tard, FitzGibbon attira l'attention du gouvernement sur son exploit.

3 Lady Emily et Lady Mary Lambton (par la suite comtesse d'Elgin), filles de Lord Durham
Aquarelle par Mme Edward Ellice (1814–64), 18.8 x 13.3, Album Ellice
Mme Edward Ellice, née Catherine Jane Balfour, était la femme d'Edward Ellice fils qui vint au Canada en 1838 comme secrétaire privé de Lord Durham. Au cours de son voyage, Mme Ellice tint un journal, auquel s'ajouta une série d'aquarelles.

4 Traill, Mme Catharine Parr (Strickland) 1802–99
Canadian Wild Flowers Peintures et lithographies d'Agnes Fitzgibbon, descriptions botaniques de C.P. Traill, Montreal, J. Lovell, 1868, 86 p, 37.5 cm
Planche représentant le plus petit sabot de la Vierge, le plus grand sabot de la Vierge jaune, le plus grand iris bleu et la petite canneberge. Les couleurs de cette première édition diffèrent de la seconde de 1869.

5 Manuscrit olographe d'une nouvelle, « The Tossing of a Rose », signé par Pauline Johnson
MS, 15 pages avec la signature sur la dernière page, 21 x 26.8
Pauline Johnson (1861–1913) fut un poète et un écrivain d'origine amérindienne.

6 Expédition à la Rivière Rouge dirigée par Sir Garnet Wolseley: « Advanced guards crossing a Portage »
Peinture à l'huile par Mme Frances Anne Hopkins (1838–1918), 91.5 x 152.4, Collection Hopkins
Frances Anne Beechey est née en Angleterre. En 1858, elle épousa Edward Martin Hopkins, secrétaire particulier de Sir George Simpson de la compagnie de la Baie d'Hudson. Elle accompagna l'expédition Wolseley (ou expédition de la Rivière Rouge) de 1870 et exécuta ce tableau en 1877.

7 Page du journal de Lady Aberdeen, 21 août 1890, 4 croquis
MS, 50.8 x 25.4
Ishbel Maria Marjoribanks (1857–1939) épousa le septième comte d'Aberdeen in 1877. En 1890 ils firent un long voyage au Canada. Ils quittèrent l'Angleterre à bord de la *Parisian* et arrivèrent à Québec le 23 août 1890. La page exposée retrace leur voyage dans le golfe du Saint-Laurent. Lord Aberdeen fut nommé gouverneur général du Canada en 1893.

8 Lettre de la reine Victoria à Lady Macdonald, Château de Windsor, 2 juillet 1891
MS, LS, 3 p, 22.7 x 17.7
Lettre de condoléances écrite à la suite de la mort de Sir John A. Macdonald (6 juin 1891).

9 Lettre de Lucy Maud Montgomery à Ephraim Weber, Cavendish, Ile-du-Prince-Édouard, 10 septembre 1908
MS, LAS, 20 p, 16.7 x 21.6
Lucy Maud Montgomery (1874–1942) fut un écrivain canadien; dans cette lettre elle parle de l'acceuil qui a été réservé à son livre *Anne of Green Gables* publié en 1908 et qui reste la plus connue de ses oeuvres. Elle entretint une correspondance suivie avec Ephraim Weber, qui enseignait dans l'Alberta en 1908. Ce dernier s'intéressa à la littérature et écrivit à Lucy Maud Montgomery après avoir lu certaines

Ephraim Weber, a school teacher working in Alberta in 1908 who developed a serious interest in literature and began corresponding with Lucy Maud Montgomery after seeing some of her work in magazines.

10 Hémon, Louis 1880–1913

Maria Chapdelaine Paris, Éditions Mornay, 1933, 205 p, 25 cm

This work by the French writer, Louis Hémon, was published in instalments in 1914 and was regarded for years as the stereotype of the French-Canadian woman. This beautiful edition was illustrated by the Canadian artist, Clarence Gagnon. The Public Archives has one of the nineteen hundred numbered copies produced on 'papier blanc de Rives.'

de ses oeuvres dans des revues.

10 Hémon, Louis 1880–1913

Maria Chapdelaine Paris, Éditions Mornay, 1933, 205 p, 25 cm

Ce roman de l'écrivain français Louis Hémon parut en fascicules en 1914; son héroïne fut longtemps considérée comme la Canadienne-française typique. Cette magnifique édition, tirée sur papier blanc de Rives, a été illustrée par l'artiste canadien Clarence Gagnon. Les Archives publiques possèdent un des dix-neuf cents exemplaires numérotés.

From the discovery of the New World to the present day, Canada has attracted the attention of many nationalities. Five hundred years ago Scandinavians, Portuguese, and many others came to fish off the shores of Newfoundland. During and after the American and French Revolutions many came to settle in the Canadian colonies, among whom were 'loyalists' of Dutch and German origin. Additional German settlers came from disbanded military units and in peace-loving farming groups such as the Mennonites. The flow of immigrants of many origins thus began before Confederation, but the real influx of ethnic variety has occurred since 1867.

Immigrants have come to Canada for many and varied reasons: circumstances at home, the opportunities of a new country, personal ambitions and interests. No one reason has been dominant for any nationality, class, or period. Some came to farm the prairies, others to fell the forests, many to find religious or political freedom, a number to found new businesses and industries, and a few to fulfil artistic aspirations. Until recently most were channelled into the agricultural or extractive industries. Whatever their motives in coming, and regardless of their manner of earning a livelihood, all have contributed to the enrichment of Canada socially and culturally. The steadily mounting evidence of their presence and influence is preserved in the Public Archives. The relevant material, like their cultural contribution itself, is impossible to quantify since multi-ethnicity permeates our entire society. This enriching influence has affected every Canadian individual and institution.

Des gens de tous pays ont été attirés par le Canada depuis la découverte du Nouveau Monde. Il y a cinq siècles, Scandinaves, Portugais, et bien d'autres vinrent pêcher au large des côtes de Terre-Neuve. Pendant et après les révolutions française et américaine, beaucoup vinrent s'installer dans les colonies canadiennes, y compris des « loyalists » hollandais et allemandes. Des militaires qui venaient d'être licenciés et des fermiers pacifistes (Mennonites) accrurent le nombre des groupes d'origine allemande. Les immigrants d'origines diverses commencèrent à arriver avant la Confédération ; 1867 marque cependant la date à partir de laquelle s'est produite une augmentation très sensible du nombre et de la diversité ethnique des immigrants.

De multiples raisons les poussèrent à venir s'installer au Canada : les circonstances, les possibilités offertes par un pays neuf, l'ambition, les intérêts personnels. Aucune raison ne paraît prévaloir, quelles que soient la nationalité la classe sociale, et l'époque. Certains vinrent pour faire de la culture dans les prairies ; d'autres pour abattre les forêts ; beaucoup pour des raisons de liberté politique et religieuse ; quelques-uns pour créer de nouvelles affaires et de nouvelles industries, et d'autres en raison d'aspiration artistique. Jusqu'à ces dernières années, on les orientait vers l'agriculture ou l'industrie minière. Tous ont contribué à l'enrichissement social et culturel du pays, quelles qu'aient été les raisons qui les ont poussés à venir et leur occupations. Leur présence et leur influence sans cesse croissante se reflètent dans les Archives publiques. Il est cependant difficile de déterminer quels sont les documents vraiment pertinents puisque la multiplicité des ethnies constitue l'essence même de notre société. Il n'est pas de Canadien ni d'institution canadienne qui ne subisse cette influence enrichissante.

1 'Colonists on the Red River in North America' c1822

4 Poster in Dutch published by the
Canadian Pacific Railway
Affiche en hollandais publiée par
le Chemin de fer canadien
du Pacifique

1 'Colonists on the Red River in North America' c1822
Pen and ink sketch by Peter Rindisbacher (1806–34),
16.3 x 22.3, Rindisbacher Collection
Peter Rindisbacher was only fifteen years old when he
emigrated with his family from Switzerland to Canada, but
he was already quite adept at recording his experiences
with ink or paints. Below this drawing he wrote a German
description which was translated, and reads: '1.2.A Swiss
colonist with with [*sic*] wife and children from the Canton of
Berne. 3.A German colonist from the disbanded Meuron
Regt. 4.A Scottish Highland colonist. 5.An immigrant
colonist from French Canada.'

2 Upper Canada. *The Statutes of the province of Upper Canada;
together with such British statutes, ordinances of Quebec, and
proclamations, as related to the said province* Kingston, U.C.,
Printed by Francis M. Hill, 1831, 692 p, 30 cm
Laws such as chapter 6 of *The Statutes of Upper Canada*,
1809, were passed to assure recent or prospective immigrants that they could be exempted from certain other
laws in order to grant them full religious liberty.

3 Canada, Order in Council PC 2747, 1898
MS, 4 p, 20.3 x 33
Whenever necessary, statutes granting specific exemptions
from general laws were reaffirmed or interpreted by means of
an Order in Council, such as that passed on 6 December
1898 which granted Doukhobors unconditional exemption
from militia service.

4 'Lees dit! Het beste Tarweland en Weideland der Wereld
...' nd   Poster, 51.5 x 36.8
Much literature in many languages was distributed in
Europe during the latter part of the nineteenth century, and
the twentieth, to inform prospective emigrants about the
advantages of settling in Canada. This multi-coloured poster
published in Dutch by the Canadian Pacific Railway invited
readers to learn about the availability of the best land in the
world for wheat and grazing.

5 *Map of Western Canada ... Districts Selected by Foreign
Settlers*, 1907

Print, hand-coloured, 37.4 x 82.7
Many immigrants tended to settle near people who knew
their language and shared many of their ethics and ideals,
thus creating compatible communities which could be
identified by national origin and plotted on maps. Maps such
as this one of the prairies, made in 1907, are useful for
sociological, linguistic, and ethnic studies.

6 Letter from Victor Podoski, Consul General of Poland, to
F.C. Blair, Director of Immigration, dated at Ottawa, 8 July
1941
MS, LS, 20.4 x 29.2
During the twentieth century Canada became the new home
for many political refugees, especially after 1936. As this
letter from the Polish Consul General shows, quotas were
usually set for the number of such refugees to be taken in
and these quotas were revised continually.

7 Contract, Sir Casimir Stanislaus Gzowski and partners with
the International Bridge Company, 1871
MS, 15 p, 24.2 x 48.3
Some immigrants, such as Sir Casimir Stanislaus Gzowski,
1813-98, gained fame and fortune while they helped to
build the nation. A Polish-born soldier, civil servant, engineer, and railway contractor, Gzowski immigrated to Upper
Canada in 1841. One of Canada's outstanding engineers of
the nineteenth century, and the first president of the Canadian Society of Civil Engineers, he built the bridge across
the Niagara River at Buffalo for the International Bridge
Company. This bridge, opened in 1873, was a major engineering work.

8 [Gzowski, Sir Casimir Stanislaus] 1813-98
Description of the International Bridge ... Toronto, Copp,
Clark & Co., 1873, 65 p, 132 x 32.5
This 1:480 scale drawing of the International Bridge from
the above volume, dedicated by Gzowski to Lord Dufferin,
indicates the size and nature of the structure.

1 « Colonists on the Red River in North America » vers 1822
Esquisse à l'encre et à la plume par Peter Rindisbacher
(1806–34), 16.3 x 22.3, Collection Rindisbacher
D'origine suisse, Peter Rindisbacher n'avait que quinze ans
quand sa famille émigra au Canada, mais il excellait déjà à
traduire ses impressions sur la toile et le papier. Sous ce
dessin, il écrivit en allemand les phrases suivantes qui furent
traduites ainsi: « 1.2. A Swiss colonist with with [*sic*] wife
and children from the Canton of Berne. 3. A German colonist from the disbanded Meuron Regt. 4. A Scottish Highland
colonist. 5. An immigrant colonist from French Canada ».

2 Upper Canada. *The Statutes of the province of Upper Canada;
together with such British statutes, ordinances of Quebec, and
proclamations, as related to the said province* Kingston, U.C.,
Printed by Francis M. Hill, 1831, 692 p, 30 cm
Des lois, comme le chapître 6 des *Statutes of Upper Canada*,
1809, furent votées pour assurer aux nouveaux ou futurs
immigrants une entière liberté religieuse, en les exemptant
de certaines lois contraires à leur religion.

3 Canada, Décret du Conseil CP 2747, 1898
MS, 4 p, 20.3 x 33
Chaque fois que cela a été nécessaire, un décret accordait un
statut particulier en dérogation à la loi commune ou par une
interprétation spécifique; le décret du 6 décembre 1898
exemptait sans condition les Doukhobors du service
militaire.

4 « Lees dit! Het beste Tarweland en Weideland der Wereld
... » nd   Affiche, 51.5 x 36.8
Pendant la dernière partie du dix-neuvième siècle et au
vingtième siècle, des documents divers imprimés dans
toutes les langues furent distribués en Europe pour infor-
mer les émigrants éventuels des avantages dont ils béné-
ficieraient au Canada. Cette affiche polychrome, publiée en
hollandais par le Chemin de fer canadien du Pacifique, in-
vitait le lecteur à se renseigner sur la possibilité d'acquérir
les meilleures terres du monde pour l'élevage et la culture
du blé.

5 *Map of Western Canada ... Districts Selected by Foreign
Settlers*, 1907
Gravure, couleurs à la main, 37.4 x 82.7
Beaucoup d'immigrants ont eu tendance à s'établir près de
ceux qui parlaient leur langue et partageaient leur façon de
voir et de vivre. Ainsi furent créées des communautés
homogènes qui purent être identifiées grâce à leur origine
nationale, et situées sur les cartes. De telles cartes, dont
celle-ci faite pour les prairies en 1907, sont très utiles pour
toute étude sociologique, linguistique, et ethnique.

6 Lettre de Victor Podoski, consul général de Pologne, à F.C.
Blair, Directeur de l'Immigration, Ottawa, 8 juillet 1941
MS, LS, 20.4 x 29.2
Au cours du vingtième siècle et spécialement après 1936,
de nombreux réfugiés politiques vinrent au Canada. Cette
lettre émanant du consul général de Pologne montre qu'il
existait généralement des quotas et que ceux-ci étaient
constamment reconsidérés.

7 Contrat entre Sir Casimir Stanislaus Gzowski et associés
et The International Bridge Company, 1871
MS, 15 p, 24.2 x 48.3
Certains immigrants, comme Sir Casimir Stanislaus Gzowski
(1813–98), acquièrent gloire et fortune tout en participant
activement à la vie du pays. Soldat d'origine polonaise, fonc-
tionnaire, ingénieur, Gzowski immigra dans le Haut-Canada
en 1841. Un des plus remarquables ingénieurs du Canada du
dix-neuvième siècle, premier président de la Société canadienne des Ingénieurs civils, il construisit le pont sur la
rivière Niagara à Buffalo pour The International Bridge
Company. Ce pont, inauguré en 1873 constitua une réussite
technique.

8 [Gzowski, Sir Casimir Stanislaus] 1813–98
Description of the International Bridge ... Toronto, Copp,
Clark & Co., 1873, 65 p, 132 x 32.5
Ce dessin (au 1/480°) du International Bridge tiré du volume ci-dessus que Gzowski dédia à Lord Dufferin, nous
permet de nous faire une idée exacte du genre de construction et de ses dimensions.

Urban historians and planners have scarcely begun to explore the Public Archives' rich documentation of the development of Canada's cities. Urban history in Canada has only recently broadened its emphasis from civic politics to study the total urban environment, and changes in the quality of urban life. Urban planning is a relatively recent development here.

The Public Archives holds over thirteen thousand plans of Canadian urban centres. These range in time from the earliest extant plans to those current today, and in nature from general town plans to detailed plans of building sites. They depict numerous facets of the centres' character and development. Through them, cities can be studied in their larger setting.

The Library has a valuable collection of city directories, histories of individual cities, and regional and county histories. Pamphlets, journals, general works on urban history, and published government documents, such as census statistics and royal commission reports, are also available.

More recent manuscripts include the files of the Department of Public Works, the Department of the Interior, departments dealing with transport and immigration, the National Capital Commission, and the Central Mortgage and Housing Corporation.

The collections of historical photographs and prints and drawings are especially valuable in giving a visual presentation of Canadian urban centres – for instance, the dramatic growth of Dawson during the gold rush. Early film footage also contains material on urban development.

The records of the Canadian National Railways reveal a continental transportation network with extensive holdings in real estate in every major urban centre in the country. The location of these holdings has often been an important factor in determining the direction, extent, and type of growth in the centres.

Les historiens des villes et les urbanistes ont à peine commencé à explorer la documentation extrêmement riche que possèdent les Archives publiques sur le développement urbain au Canada. D'abord histoire politique des villes, l'histoire urbaine englobe maintenant un champ plus vaste dont le but est d'étudier l'ensemble de l'environnement urbain et les changements apportés à la vie dans les villes. L'urbanisme est relativement récent au Canada.

Les Archives publiques possèdent plus de treize mille plans de centres urbains. Plans d'ensemble des villes et plans très détaillés des terrains à bâtir, plans très anciens et plans très récents, leur variété est extrême; ils font ressortir les différents aspects, les caractéristiques et le développement progressif de ces agglomérations, et permettent ainsi de situer les villes dans leur cadre et de les étudier dans un contexte beaucoup plus large.

La Bibliothèque des Archives publiques a une collection remarquable d'annuaires des villes, et de livres sur l'histoire des villes, régions, et comtés. On peut également consulter des brochures, journaux et ouvrages généraux sur l'histoire urbaine, des publications gouvernementales sur les recensements, des rapports de commissions royales.

Des manuscrits plus récents comprennent les dossiers du ministère des Travaux publics, du ministère de l'Intérieur, ceux relatifs aux transports et à l'immigration, ceux de la Commission de la Capitale nationale et de la Société centrale d'hypothèques et de logement.

Les collections de photographies historiques, de gravures, et de dessins présentent un intérêt particulier car elles donnent une représentation visuelle des centres urbains, par exemple l'accroissement spectaculaire de Dawson City pendant la ruée vers l'or. Une étude des premiers films qui ont été faits fournira des renseignements les plus divers sur le développement des villes.

La façon dont se sont développées les villes, leur accroissement et leur évolution ont souvent été déterminés par les biens immobiliers considérables que possédait les Chemins de fer Nationaux de Canada dans la plupart des grands centres urbains, ainsi que le révèlent les archives de cette société.

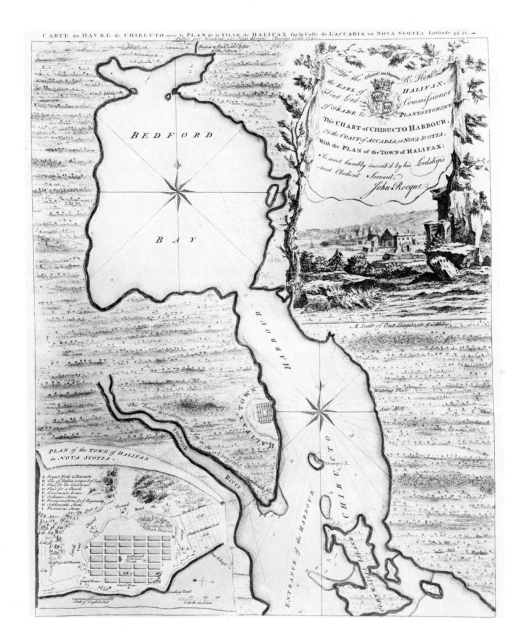

1 *Chart of Chibucto Harbour ... with the Plan of the Town of Halifax*

1 *Carte du havre de Chibucto avec le plan de la ville de Halifax*

5 Unidentified town on the Canadian Pacific Railway line in
   Manitoba, c1890

5 Ville non identifiée du Manitoba le long de la ligne du
   Chemin de fer canadien du Pacifique, vers 1890

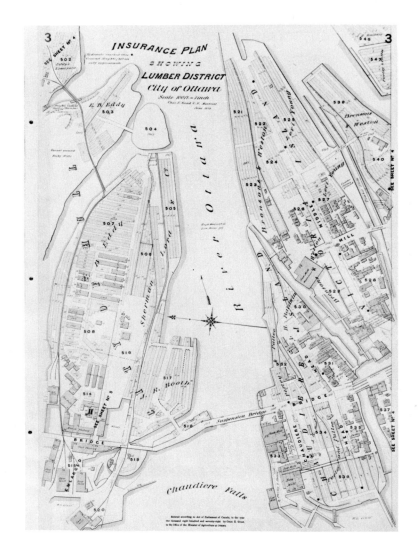

8 *Insurance plan showing lumber district, City of Ottawa, 1878*

7 *Bird's-eye view of Victoria, Vancouver Island, B.C., 1878*

1 *Chart of Chibucto Harbour ... with the Plan of the Town of Halifax ...* John Rocque, Charing Cross, 1750
Coloured print, 63.5 x 41.4
The waterfront was the centre of most activity in Halifax and largely determined the city's growth pattern.

2 *... Plan of the City of Quebec ...* Alfred Hawkins, 1845
Print, 53 x 65, 1 inch to 500 feet
As the capital of New France, Quebec's development centered largely around its military function. By 1845, the city had expanded beyond its fortifications, but the citadel and other military structures are still evident in this map.

3 'Plan of part of Manotic' 1870
Coloured MS, 47.7 x 34.8, 1 inch to 1 chain
Typical of central Canadian urban communities, Manotick, Ontario, developed as a service- and market-town for a rural population. Features of such centres were the grist mill, the saw mill, the blacksmith's shop, and the tannery.

4 'Plan of a Town and Township of Ten Miles Square proposed for an Inland Situation ... ' c1789
Coloured MS, 47.7 x 34.8, 1 inch to 80 chains
Sir Guy Carleton, first Baron Dorchester, was Governor in Chief of British North America for many years. He ordered the preparation of a number of plans to indicate the type of urban development which should occur under certain conditions. This plan bears the initials-and-arrowhead stamp of the Board of Ordnance.

5 Unidentified town on the Canadian Pacific Railway line in Manitoba, c1890
Gold chloride print, 24.1 x 19
Prairie urban centres were usually built along principal transportation routes such as railways. They acted as service-centres and market-towns where the grain elevator was, and still is, the predominant feature.

6 *An Alphabetical List of the Merchants, Traders, and Housekeepers, Residing in Montreal* (2nd edition) [Montreal, 1821]
144 p, 18 cm
A wealth of valuable data is recorded in city directories.

7 *Bird's-eye view of Victoria, Vancouver Island, B.C., 1878*
Lithograph by A.L. Bancroft and Co after a drawing by E.S. Glover, 59.7 x 89.8
One of more than fifty such 'bird's-eye' or 'panoramic' views which provide accurate visual presentations of various Canadian cities before the advent of aerial photography. Locations and styles of historic buildings can be readily determined.

8 *Insurance plan showing lumber district, City of Ottawa*
Chas. E. Goad, June 1878
Coloured print, 76.5 x 53.5, 1 inch to 100 feet
The 1878 edition of the insurance atlas of Ottawa covered most of the built-up area of the city at that date. The type of material used in construction (red for brick, blue for stone or concrete), the number of storeys, the type of roofing, and various other architectural details are given. Major insurance companies used these atlases to determine the insurance premiums; today they consitutute a rich source of historical information.

1 *Carte du havre de Chibucto avec le plan de la ville de Halifax ...*
Jean Rocque, Charing Cross, 1750
Gravure en couleurs, 63.5 x 41.4
Halifax a grandi autour de son port où se concentraient
presque toutes les activités de la ville.

2 *... Plan of the City of Quebec ...* Alfred Hawkins, 1845
Gravure, 53 x 65, 1 pouce pour 500 pieds
Québec était la capitale de la Nouvelle-France et ce sont ses
fonctions militaires qui déterminèrent en grande partie son
développement. Vers 1845, la ville s'étendait au-delà de ses
fortifications; la citadelle et d'autres ouvrages militaires
figurent encore sur cette carte.

3 « Plan of part of Manotic » 1870
MS en couleurs, 47.7 x 34.8, 1 pouce pour 1 chaîne
Comme beaucoup de communautés urbaines de l'intérieur
du Canada, Manotick, Ontario, prit de l'importance en tant
que centre commercial et ville de marché. Ces villages
avaient tous un moulin, une scierie, un tannerie, et une forge.

4 « Plan of a Town and Township of Ten Miles Square proposed for an Inland Situation ... » vers 1789
MS en couleurs, 47.7 x 34.8, 1 pouce pour 80 chaînes
Sir Guy Carleton, Baron Dorchester (premier du nom), fut
gouverneur en chef des Colonies britanniques d'Amérique
du Nord pendant de nombreuses années. Il fit préparer un
certain nombre de plans prévoyant la création de centres
urbains dans certaines conditions. Celui-ci porte le cachet
du Bureau du matériel et des dépôts (initiales et tête de
fléche).

5 Ville non identifiée du Manitoba le long de la ligne du Chemin de fer canadien du Pacifique, vers 1890
Photographie au chlorure d'or, 24.1 x 19
Les agglomérations urbaines des prairies étaient général-
ment construites le long des grandes voies de communication (chemins de fer par exemple). Il s'agissait de centres
commerciaux et de villes de marché dont le silo était, et est
encore, la caractéristique essentielle.

6 *An Alphabetical List of the Merchants, Traders, and Housekeepers, Residing in Montreal* (2ème édition) [Montréal 1821]
144 p, 18 cm
Les annuaires des villes sont une source inestimable de
renseignements.

7 *Bird's-eye view of Victoria, Vancouver Island, B.C., 1878*
Lithographie par A.L. Bancroft and Co d'après un dessin de
E.S. Glover, 59.7 x 89.8
Avant l'existence de la photographie aérienne, ces vues « à
vol d'oiseau » ou « panoramiques » permettaient d'avoir
une représentation exacte des villes. Les Archives en possèdent plus d'une cinquantaine. Elles permettent de déterminer facilement l'emplacement des bâtiments historiques
ainsi que leur style.

8 *Insurance plan showing lumber district, City of Ottawa*
Chas. E. Goad, juin 1878
Gravure en couleurs, 76.5 x 53.5, 1 pouce pour 100 pieds
Presque toutes les sections construites d'Ottawa figuraient
dans l'édition 1878 de l'atlas des assureurs d'Ottawa. On y
trouve des renseignements sur le genre de matériau utilisé
(rouge pour la brique, bleu pour la pierre ou le béton), le
nombre d'étages, le genre de toiture et bien d'autres détails
concernant l'architecture. Les grandes compagnies d'assurance utilisaient ces atlas pour déterminer la prime
d'assurance. Ces recueils constituent une source importante
de renseignements historiques.

To students of genealogy, both professional and amateur, the Public Archives of Canada has been and remains a most important resource.

Censuses constitute the official enumerations of the population. In addition to the records of federal censuses, the Archives contains all those taken during the French and British regimes.

Parish registers, including records of baptisms, marriages, and deaths, are an indispensable source of genealogical information, and the Archives holds a fairly large collection dating back to the end of the nineteenth century, relating particularly to Quebec, Nova Scotia, and Ontario. A primary source of Acadian genealogy is the notes of Placide Gaudet, the majority of which are in the possession of the Archives.

The Archives also holds a number of original documents on land grants and land grant petitions from the period before Confederation, and the most complete collection of historical county atlases for the period 1875 to 1906. These form a ready source of geneological information. Archival maps can also be used to identify particular locations and changes in place names, and to clarify questions to do with boundaries.

In addition the Archives hold military records, immigration lists, and Loyalist records, as well as a few marriage bonds, wills and municipal tax files, which together with genealogies contribute to making it one of the most important centres for genealogical research in this country.

La généalogie, occupation pour certains et passe-temps pour d'autres, a été et demeure un domaine où les Archives publiques du Canada jouent un rôle de premier ordre.

Les recensements constituent le dénombrement officiel de la population. En plus des recensements fédéraux, les Archives détiennent tous ceux qui ont été compilés aussi bien durant le régime français que durant le régime anglais.

Les registres de paroisses, incluant les enregistrements des baptêmes, des mariages, et des décès, sont une source indispensable en généalogie. Les Archives en possèdent une collection assez importante qui s'échelonne jusqu'à la fin du dix-neuvième siècle, et a trait plus spécialement au Québec, à la Nouvelle-Écosse, et à l'Ontario. Pour l'Acadie, les notes de Placide Gaudet, détenues en grande partie par les Archives, sont la source de base pour une recherche généalogique purement acadienne.

Quant aux concessions de terres et aux pétitions qui s'y rapportent, plusieurs documents originaux couvrant la période pré-confédérative se trouvent aux Archives ainsi que la collection la plus complète d'atlas historiques de comté pour la période 1875–1906. Celle-ci constitue une source directe d'information généalogique. Les cartes sont également utilisées pour identifier des emplacements définis, des changements dans le nom de certains lieux de même que pour clarifier les questions ayant trait aux frontières.

Les dossiers militaires, l'enregistrement des immigrants, les sources sur les Loyalistes, ainsi que quelques testaments, cautionnements de mariage et rôles d'évaluation, qui viennent s'ajouter aux généalogies publiées et aux sources déjà citées, font des Archives publiques du Canada un des plus importants centres pour les généalogistes.

97322
131

CROWN RESERVE.

GEORGE the THIRD, by the Grace of GOD,
of the United Kingdom of Great Britain, and Ireland, KING, Defender of the Faith.

TOWNSHIP of
Hull

Lot No. in
the range.

FIAT.

Recorded in the Register's Office of the Records at Quebec, on Monday the twenty sixth day of November 1810 in the first Register of Leases of Crown Reserves, folio 131.

Wm. Taylor
Depy Regr.

FIAT.

Entered in the Office of the Auditor at Quebec, the day of June 1811 in the first book of Dockets of Leases of Crown Reserves, folio 131

Edw. Burke
Auditor

Know Ye That in consideration of and subject to the Proviso, Conditions and Restrictions herein after contained, We have demised, leased, set and to Farm let, And by these presents Do demise, lease, set and to Farm let unto *Philemon Wright of the Township of Hull in the District of Montreal*

in Our Province of Lower Canada *Esquire* all that certain Tract or Parcel of Land situate, lying and being in the *said* Township of *Hull* in the County of *York* in the *said* District of *Montreal* in Our said Province, being the lot number *One* in the *third* range of lots, in the said Township of *Hull* as described in certain Letters Patent, deposited and remaining of Record in the Office of the Secretary of Our said Province, whereby the said Township of *Hull* was erected under the Great Seal of Our said Province, dated the *third* day of *January*, in the *forty sixth* Year of Our Reign, and in a certain Plot or Description of the said Township of *Hull* thereunto annexed, and containing about *Seventy Six* acres, and the usual allowance for highways saving and reserving to Us, our Heirs and Successors, all Mines of Gold, Silver, Copper, Tin, Lead, Iron and Coal that are now, or shall, or may be hereafter found upon the said Premises hereby demised, or any part thereof and also all white Pine Trees that do now, or may, or shall hereafter grow, or be growing on any part of the said Tract or Parcel of Land hereby demised; And also saving and reserving full and free liberty to our Surveyors and all other persons, by us our Heirs and Successors, or by our Governor, Lieutenant Governor, or other Person administering the Government of our said Province for the time being, duly authorised, at all times to come in and upon the premises hereby demised, any and every part thereof to Survey the State and Condition thereof. TO HAVE AND TO HOLD the said Tract or Parcel of Land hereby demised with the appurtenances (subject to the proviso and Reservations herein contained) unto the said *Philemon Wright, his* Executors, Curators, Administrators and Assigns from the day of the date of these Presents, for during and unto the full end and term of Twenty one Years from thence next ensuing and fully to be complete and ended Yielding and paying therefore, yearly and every year during the first seven years of the said term hereby demised, unto Us our Heirs and Successors the Rent or Sum of *Nine Shillings and Six pence* of Lawful Money of our said Province, or *three* bushels *and three Pints* of good sweet clean Merchantable *Wheat* at the option and election of Us our Heirs and Successors, the said rents respectively for the said first seven years being in money at and after the accustomed rate of twenty five shillings, like money per annum for two hundred acres, and in *Wheat* at and after the accustomed rate of *Eight* bushels per annum for two hundred acres, and also yielding and paying during the second seven Years of the said Term of Twenty one Years, hereby demised unto Us our Heirs and Successors, the yearly Rent or Sum of *Nineteen Shillings* of like Lawful Money, or *Six* bushels *and Six Pints* of like *Wheat* as aforesaid at the like option and election of Us our Heirs and Successors, the said last mentioned Rents respectively for the said second Seven Years, being in Money, at and after the accustomed rate of fifty shillings like Money per annum for two hundred acres and in *Wheat* at and after the accustomed rate of *fifteen* bushels per annum for two hundred acres, and also yielding and paying during the third seven years residue of the said Term of Twenty one years, hereby demised unto Us our Heirs and Successors, the yearly Rent or Sum of *twenty eight Shillings and six pence* of like Lawful Money or *Nine* Bushels *and Nine Pints* of like *Wheat* as aforesaid at the like Option and Election of Us, our Heirs and Successors, the said last mentioned rents respectively, for the said residue of the said term, being in Money at and after the accustomed rate of seventy five shillings, like Money per annum for two hundred acres, and in *Wheat* at and after the accustomed rate of *twenty four* Bushels for two hundred acres. All the aforesaid payments to be respectively made on the two following days or times of Payment in the year (that is to say) on the first day of January and on the first day of July in every Year, by even and equal portions *at Our*

City of Montreal, in Our District of Montreal, in Our said Province of Lower Canada,
To Our Sheriff of Our said District of Montreal for the time being.

free and clear from all and all manner of Deductions whatsoever and the first Payment thereof to begin and be made on the first Day of *July* next ensuing from the date hereof. Provided always nevertheless and if it shall happen that the said yearly Rents hereby respectively reserved in manner aforesaid or any part thereof shall be behind

or

5 Land grant to Philemon Wright, 1810 (*section*)

5 Concession de terrain à Philemon Wright, 1810 (*partie*)

6 Genealogical tree of the family of Mgr Bourget, 1899   6 Cadran généalogique de la famille de Mgr Bourget, 1899

1 'A list of the Inhabitants, House holders in the Township of Augusta in the County Granvill for the Yeare 1798'
MS, 33 x 73.7
This original census return of the Township of Augusta Grenville County, Ontario, for 1798 is an essential document in identifying the settlement of the Loyalists in this part of Canada, and is one of the oldest census returns in the custody of the Public Archives.

2 Register of baptisms (1824-43), Methodist Circuit, Rideau, Ontario
MS, 40.7 x 30.5
This manuscript church register and others like it are primary sources of information in compiling genealogical charts.

3 'List of Distribution of ¼ of the Township of Templeton' 1807
MS, 35.7 x 45.7

4 'Diagram of the Township of Templeton' 1807
MS, 30.6 x 43.2
The diagram of the Township of Templeton, Hull County, Quebec, and the corresponding list of land owners were hand-made. These rare items are very important for genealogical research in confirming the identity of settlers and their land grants in specific regions.

5 Crown Reserve land grant to Philemon Wright in the city of Hull, Lower Canada, dated 26 November 1810
MS, 40.7 x 33
This official land grant to Philemon Wright is a valuable source of information that helps to reconstruct the history of the city of Hull.

6 Genealogical tree of the family of Mgr Bourget, 1899, by Stanislas Brault
Printed illustrated form, 48.4 x 35.7
This genealogical tree is proof of the interest which has always been shown in the compilation of family derivation of well-known persons.

7 *Illustrated historical atlas of the counties of Frontenac, Lennox and Addington, Ontario* Toronto, Meacham & Co, 1878, 109 p, 43 cm
This historical atlas is just one example of the most extensive Canadian collection of such works, part of the National Map Collection of the Public Archives.

8 Account of 177 passengers on board the *Commerce* from Port Greenock, c1820
MS, 34.2 x 23.4
Such a passenger list, giving the names of passengers, their ages, sex, descriptions, occupations, former residences, destinations, and reasons for leaving Scotland, is a rare source of information for genealogists. Immigrant ships rarely kept detailed passenger lists.

1 « A List of the Inhabitants, House holders in the Township of Augusta in the County Granvill for the Yeare 1798 »
MS, 33 x 73.7
Original du recensement du canton d'Augusta, comté de Grenville, Ontario, fait en 1798. Ce document permet d'identifier les Loyalistes établis dans cette partie du Canada. Il s'agit d'un des plus anciens recensements que détiennent les Archives.

2 Circuit Méthodiste Rideau, Ontario, Registre des Baptêmes (1824–43)
MS, 40.7 x 30.5
Registre d'un pasteur ambulant, source de renseignements généalogiques de premier ordre.

3 « List of Distribution of ¼ of the Township of Templeton » 1807
MS, 35.7 x 45.7

4 « Diagram of the Township of Templeton » 1807
MS, 30.6 x 43.2
Ce diagramme, ainsi que la liste des propriétaires de terrains situés dans le canton de Templeton, comté de Hull, Québec, furent faits à la main. Ce genre de documents très rares est de première importance pour les recherches généalogiques: ils permettent d'établir l'identité des colons et de délimiter les terres qui leur ont été attribuées.

5 Réserve de la Couronne, concession de terrain à Philemon Wright dans la ville de Hull, Bas-Canada, en date du 26 novembre 1810
MS, 40.7 x 33
Cette concession officielle de terrain à Philemon Wright est un document très riche en renseignements divers qui aident à reconstituer l'histoire de la ville de Hull.

6 Cadran généalogique de la famille de Mgr Bourget, 1899, par Stanislas Brault
Formulaire illustré imprimé, 48.4 x 35.7
Ce tableau généalogique fait preuve de l'intérêt qu'ont manifesté et que manifestent encore plusieurs personnes à compiler les ramifications familiales de personnages illustres.

7 *Illustrated historical atlas of the counties of Frontenac, Lennox and Addington, Ontario* Toronto, Meacham & Co, 1878, 109 p, 43 cm
La Collection nationale de cartes possède un nombre impressionnant d'atlas historiques, dont celui-ci est un exemple.

8 Liste détaillée des 177 passagers à bord du navire *Commerce* en provenance de Port Greenock, vers 1820
MS, 34.2 x 23.4
Cette liste donne le nom des passagers, leur âge, sexe, description, occupation, précédent lieu de résidence, destination, et les raisons pour lesquelles ils ont quitté l'Écosse. On trouve peu souvent autant de renseignements dans les manifestes, car les navires d'immigrants établissaient rarement des listes aussi détaillées.

In a democratic society elections are an essential part of the political apparatus and the Public Archives has systematically collected documents illustrating the various aspects of periods of election fever. Election legislation and regulations, speeches, propaganda material, party programs, posters, correspondence, and files on electoral strategy, political parties, and election results are all to be found in the Public Archives in the form of printed matter, manuscript material, engravings, photographs, sound recordings, and films. The most valuable sources of information about elections are unquestionably the records of the federal political parties that are in the possession of the Public Archives – among them those of the CCF, the Liberal, and the Conservative parties. The topic also appears throughout the correspondence and other papers of prime ministers, party leaders, ministers, and other politicians, of which the Archives has an extensive collection.

The Library has a collection of old posters that used to be displayed on walls and in other conspicuous places. It can also provide researchers with a very large quantity of election brochures, dating back to the earliest campaigns. The Picture Division cares for visual and sound recordings of election events, while the National Map Collection looks after the preservation of charts showing voting results and electoral districts at both provincial and federal levels.

Thus, whether a researcher is concerned with political or social matters, with the development of political parties or the study of election programs, the Archives remains an important source of information by virtue of the range and comprehensiveness of its collections.

En régime démocratique, l'élection est un rouage essentiel de l'appareil politique. Les Archives publiques du Canada collectionnent systématiquement les documents illustrant les diverses facettes de ces périodes de fièvre électorale. Lois électorales, brefs d'élection, discours, brochures de propagande, programmes des partis, têtes d'affiches, correspondance et dossiers sur la stratégie électorale, sur les partis politiques, résultats de la votation, sont documentés aux Archives publiques sous formes d'imprimés, de manuscrits, de gravures, de photos, d'enregistrement sonores et de films. Les plus riches sources d'information sur les élections sont sans doute les archives des partis politiques au niveau fédéral qui sont conservées par les Archives publiques, soit celles du parti CCF, du parti libéral, et du parti conservateur. Mais ce même thème est aussi présent partout dans la correspondance et les autres papiers des premiers ministres, des chefs de parti, des ministres, et des autres hommes politiques, dont les Archives publiques ont une collection impressionnante.

La Bibliothèque possède une belle collection de ces anciennes affiches que l'on placardait sur les murs, poteaux, ou autres endroits propices. Elle peut aussi fournir aux chercheurs un très grand nombre de brochures électorales, le résultat des élections tenues depuis les débuts. La Division des gravures s'attache à retracer les aspects visuels et sonores de ces évènements alors que la Collection nationale des cartes voit à conserver les représentations graphiques du vote, des districts électoraux, tant provinciaux que fédéraux.

Ainsi, quel que soit l'orientation du chercheur, aspect politique, aspect social, évolution des partis, étude des programmes électoraux, les Archives demeurent un centre important de documentation tant par l'ampleur que par l'ancienneté de ses collections.

Aux Electeurs du Bas Canada,

Et à ceux du Comté et des Villes de Quebec en particulier.

DEPUIS l'adresse admonitoire que nous vous avons faite dans la Gazette du 17 de ce mois, on a distribué parmi le peuple diverses affiches, quelques unes recommandant certains Candidats, et d'autres ayant pour objet de les justifier. Toutes ces pièces sont innocentes et décentes, à l'exception d'une seule qu'on peut regarder comme diffamatoire, et qui abonde en mensonges. Nous allons l'examiner, et nous tâcherons de réfuter les argumens téméraires et détruire les insinuations insidieuses que contient cet imprimé.

L'auteur de l'*Avis aux Canadiens* dit,—1º Qu'il semble convenu entre les Marchands Britanniques qu'eux seuls doivent être les représentans dans la Chambre d'Assemblée.

2º Qu'en briguant conjointement les suffrages, ils ont formé une co-alition qui manifeste leur grande illibéralité (qu'il qualifie ironiquement de libéralité) envers les Canadiens.

3º Que si les marchands Anglois sont élus, les loix fondamentales des Canadiens ne retireront aucun avantage, ou peut-être qu'elles seront altérées et mutilées.

4º Que le moindre revers peut les éloigner de la province, et que conséquemment ils n'ont aucun droit de prétendre à être Représentans.

5º Qu'il doit y avoir une telle union d'intérêts entre les Electeurs et les représentans, que toutes les loix que la Législature puisse faire affectent également tous les membres de la Chambre d'Assemblée de même que la masse du peuple, au moyen de quoi il voudroit insinuer, qu'il n'y a point de liaison ni de communion d'intérêt entre les marchands Anglois et le peuple.

La première et seconde assertions sont prouvées être des mensonges grossiers par la division que tout le monde voit exister dans la basse ville, où l'intérêt Anglois est divisé par quatre ou cinq Candidats agissant chacun pour soi, n'ayant aucune liaison ensemble, et soutenus chacun séparément par ses amis. Il est aussi trop notoire que les Marchands n'ont jamais affecté de croire qu'ils ont un droit exclusif à la représentation dans la Chambre d'Assemblée. Ils ont trop de bon sens et d'équité pour désirer un monopole. Ils avouent que l'élection doit être libre et ouverte à tout le monde; et que le peuple doit choisir sans préjugé, soit parmi les marchands, ou parmi les seigneurs, ceux qu'il croit les plus capables de faire les meilleures loix tant pour l'Agriculture que pour le Commerce du païs. C'est la première fois, je pense, que le corps des Marchands a été accusé de manquer de *libéralité* envers les Canadiens, soit dans les affaires de Commerce ou dans leur conduite personelle.

Ils ont été extrêmement généreux dans les affaires de commerce avec les Canadiens, et loin de les traiter avec hauteur et mépris; ils les ont toujours considéré, comme des hommes, des amis, des voisins et des concitoyens leurs égaux aux yeux de la loi.

Pour répondre à la troisième insinuation; nous soutenons qu'il n'y a aucune preuve que les Marchands Britanniques aient jamais essayé de faire changer les loix fondamentales du Canada. Ils ont souhaité avoir des loix bonnes et salutaires pour les citoyens de toutes dénominations, afin que tout le monde put être assuré dans la jouissance de la liberté et de ses biens. Quand ils ont senti un grief, ils se sont plaints; ils ont demandé qu'il fut redressé. Quand ils ont demandé des loix pour assurer les propriétés de commerce en circulation, ils ont en même tems recommandé d'une maniere tout-à-fait claire que les droits et intérêts des Seigneurs, du Meunier, du Curé et du Cultivateur fussent assurés.

L'Auteur de "l'Avis aux Canadiens," par sa quatrième insinuation, laisse appercevoir ou une grande déloyauté ou une ignorance grossière; car si par le mot *revers* il entend le changement de souverain, on peut l'inculper de trahison envers le Roi et le peuple de la Grande Bretagne, de qui il tient une place très honorable et Lucrative; et nous osons dire qu'il est le seul traitre qu'il y ait dans le païs. Si par *revers* il n'entend que les viscissitudes de la fortune parmi les Marchands individuellement, et que s'ils ne réussissent pas dans leurs entreprises de commerce, il faut qu'ils retournent d'où ils sont venus, nous devons rire de sa stupidité; et même lorsque nous méprisons sa malignité impuissante, nous l'informerons, que sous le Gouvernement Britanique, la génération des Marchands est comme la génération des hommes, et que si par quelque sage résolution de l'auteur de l'affiche et de ses Coadjuteurs les Marchands Britaniques étoient tous expulsés du païs, il en viendroit de la Grande Bretagne le double du nombre de ceux qui y sont aujourd'hui, tant il est vrai que l'ancien proverbe *non deficit Alter*, est applicable à ce sujet. Nous voyons presque journellement, que des Revers dans le cours de la nature enlevent des Marchands de même que les Seigneurs, et cependant nous ne trouvons point de vuide dans le système mercantile. D'autres s'élevent et reprennent la place de ceux que la mort a emportés; et quoique la faulx du tems moissonne les hommes sans distinction, Marchands, Seigneurs et autres, elle ne détruit pas le commerce, car il durera autant que le tems même. Rien ne peut détruire le commerce que des principes oppressifs et arbitraires tels que l'auteur de l'affiche en question propose; et il est à espérer qu'il sera désormais encouragé aussi bien que dans toute autre partie du monde. Les Marchands Britanniques ont un Million et demi d'argent en circulation dans les deux provinces du Canada. Ils exportent annuellement plusieurs cent mille minots de bled du Bas Canada, outre plusieurs autres exportations dont le montant est considérable. Voilà certainement d'importantes entreprises et de grands risques. Ils ont fait doubler au moins la valeur des terres et des maisons d'un bout de la province à l'autre; et il y a tout lieu d'espérer que sous le Gouvernement actuel, elle augmentera encore. Le Marchand Britanique doit être regardé comme le meilleur ami du cultivateur dont il récompense l'industrie, et vis-à-vis duquel il se comporte toujours avec respect et civilité. On peut donc présumer qu'il a les titres les mieux fondés, et les plus justes prétensions à s'intéresser au bienêtre et à la législation du païs.

Ce que nous avons dit dans l'article quatrième peut être appliqué et considéré comme une réponse complète à la cinquième insinuation, " qu'il n'y a aucune communion ni lien d'intérêt réciproque " entre le peuple du Canada et les Marchands Britaniques." Rien ne peut prouver plus clairement un intérêt et une union commune que le grand avancement que le commerce a procuré dans les propriétés agricultrices et foncieres, sous la direction des Marchands Britaniques; l'un et l'autre s'avancent réciproquement. Rien ne peut manifester plus invinciblement une sympathie pour les Canadiens comme hommes et Citoyens, que le respect amical et la civilité sociale que les Marchands Britaniques leur témoignent à tous. Enfin il ne peut y avoir dans la nature un lien d'union entre des hommes de rangs différens plus intime que celui provenant de ce que le Marchand fait et prévoit qu'il ne peut donner sa sanction à aucune loi qui dans un tems ou dans l'autre ne l'affecte lui-même ainsi que ses amis, ses parens et ses descendans, aussi amplement et aussi effectivement qu'aucun cultivateur. On peut dire avec confiance que peu de seigneurs ont de pareils sentimens et font de pareilles reflexions, parcequ'ils espèrent que leurs descendans, quelques indignes qu'ils en soient, continueront d'être Seigneurs jusqu'aux siécles les plus reculés. Nous concluons de là qu'il y a une plus grande union d'intérêt, plus de sentimens de sympathie et une opération des lois plus égale entre la masse du peuple et le Marchand qu'entre le peuple et les Seigneurs. Conséquemment les Marchands ont le droit incontestable de s'offrir avec les autres Citoyens comme Candidats pour représenter le peuple, qui les trouvera dignes de sa confiance.

Les Négocians renoncent à toutes distinctions Nationales; ils ne regardent tout le peuple de la province que comme Citoyens Canadiens zélément attachés au Roi et au peuple de la Grande Bretagne. Les Négocians continueront de former une grande et respectable partie de la Société, quand le nom de Seigneur ne se trouvera plus que dans l'histoire. Afin de manifester l'ignorance de l'Auteur de l'*Avis aux Canadiens*, nous lui ferons quelques questions qui s'appliquent avec beaucoup d'aptitude à la présente occasion.

Qui est-ce qui donne du pain à l'ouvrier? Le Marchand. Qui est-ce qui donne de l'emploi aux nombreux Mécaniques, Artisans et Navigateurs, dont la ville de Québec abonde? le Marchand. Qui est-ce qui fait circuler les propriétés et répand les richesses dans tout le païs, qui donne la vie et la vigueur à l'agriculture? Le Marchand.

Qui est-ce qui a contribué à augmenter les revenus des Seigneurs, ainsi que la valeur des produits des terres de leurs cultivateurs? Le Marchand.

Citoyens Canadiens, vous savez que tout cela est vrai. Peut on vous faire croire que vous ne devez pas donner vos voix aux Marchands, dont les intérêts sont les mêmes que les vôtres? D'autres professions peuvent s'élever sur votre ruine; celle des Marchands ne peut fleurir qu'autant que vous prospérez; si vous êtes ruinés, le Marchand l'est aussi, son intérêt et le vôtre sont inséparables. Les Seigneurs ont tenu à votre égard une conduite despotique; ils se sont efforcés de la continuer; les Marchands au contraire ont uni leurs efforts aux vôtres pour vous procurer un gouvernement libre et des loix équitables, qui vous assurent le libre exercice de votre Religion.

Pour vous convaincre combien nous avons vos intérêts à cœur, pour vous montrer. notre zèle honête pour le bienêtre et la prospérité des citoyens Canadiens, au lieu d'imiter l'indigne exemple de l'auteur en question, nous nous proposons de vous indiquer la nature et les conséquences d'une élection, et quelles sont les qualifications que doivent avoir les représentans que vous élirez, soit Marchands, ou Seigneurs.

Probus.

QUEBEC, 12 MAI, 1792.

---

1 Campaign literature used during the first election in Lower Canada in 1792

1 Affiche électorale utilisée au cours de la première élection qui eut lieu dans le Bas-Canada en 1792

2 Poster used during the Quebec provincial election campaign of 1878

2 Affiche utilisée dans le Québec pendant la campagne électorale provinciale en 1878

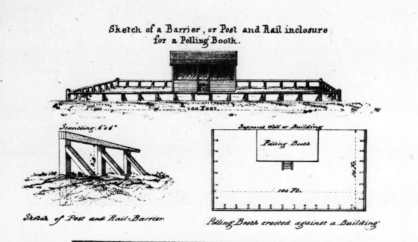

Sketch of a Barrier, or Post and Rail inclosure
for a Polling Booth.

100 Feet.

Scantling. 6"×6"

Suppose Wall or Building

Polling Booth

100 Ft.

Sketch of Post and Rail-Barrier.

Polling Booth erected against a Building.

General Description.

The above represents the plan of an Inclosure for polling Votes, similar to those constructed in some parts of England. Stout Posts (round or square) are planted in the ground six feet apart, and a rail or capping is fastened thereon by a series of Mortises and Tenons, Struts or spurs are placed against the inner sides of the Posts, as shewn in the Sketch. The scantling to be not less than 6 inches wide by 6 inches deep, the under side of the rail to be 3 Ft 9' from the Ground.

The Area inclosed will vary with circumstances, in large Towns where the Polling Booth can readily be erected against some Contiguous Building, an Area of 100 Feet frontage by 50 Feet in depth will afford ample space, and where this cannot be effected, the Hustings should stand in the middle of a square plot. In Townships or Villages, the polling Booth will probably occupy the centre of a square inclosure Four Rods or 66 Feet on every side . . . . A sufficient number of special Constables will be stationed all round the area on the inside of the railing, to prevent the Crowd from entering, and Voters will stoop and pass under the rail to the Hustings, by this means, no party can occupy and obstruct the Entrance to the exclusion of another.

The duty of the Civil Authorities will be to admit within the Barrier only a given number to poll at one time, and enforce their retiring on having Voted, to prevent crowding and confusion. The above suggestions are recommended to each Returning Officer as a quiet and secure mode of conducting the Election.

3 Manuscript plan of a voting booth
Plan manuscrit d'un isoloir

8 Cartoon from the 1891 election

Dessin humoristique de l'élection de 1891

1 'Aux Electeurs du Bas Canada, et à ceux du Comté et des Villes de Québec en particulier/To the Electors of Lower Canada, and those of the County and Towns of Quebec in particular' 1792
Broadside, 38.7 x 50.2
This campaign literature was printed at Quebec, by Samuel Neilson, for use during the first election in Lower Canada, held on 10 July 1792. Of seven hundred copies printed, only four survive.

2 'Electeurs du Comté de Lévis' 1878
Broadside, 28 x 17.7
This poster was used during the Quebec provincial election campaign of 1878. The Honourable Étienne-Théodore Paquet, born at St. Nicolas, Lévis, Quebec, on 8 January 1850, was elected to the Legislative Assembly of Quebec in 1875. This poster did not deprive him of victory; he became Provincial Secretary in 1879 and left office on the change of ministry in 1882.

3 'Sketch of a Barrier, or Post and Rail inclosure for a Polling Booth' nd
MS, 31.7 x 19.2
Manuscript plan of a voting booth.

4 Appointment of candidate's agent, 1878
MS, 10.2 x 10.9
This document was used in the 1878 provincial election in Montmorency County, Quebec. It allowed M. Landry to serve as scrutineer on behalf of the candidate, A.-R. Angers.

5 Letter from John A. Macdonald to Sidney Smith, dated at Quebec, 28 May 1861
MS, ALS, 17.8 x 22.8, Sidney Smith Papers
Typical correspondence between two political leaders before an election.

6 *Robins' Political Chart of Canada. A complete map of the Dominion by electoral districts ...* c1879
Coloured print, 73.5 x 97.5, 1 inch to 45 miles
One of the first maps to be made showing Canada's representatives, their constituencies, and their political allegiance. It was based on the 1873 and 1878 elections.

7 'To George H. Bradbury, Esq'
Broadside, 44.5 x 31.8
The Honourable George Henry Bradbury was born in Hamilton, Ontario, on 25 June 1859. He was nominated as a Conservative candidate in 1896, but owing to trouble in his own party another convention was called at which he was defeated. He was finally elected to Parliament in 1911, and summoned to the Senate on 17 December 1917.

8 'Laying out the Grit Campaign' 1891
Cartoon, 66 x 92.7, Macdonald Papers
In the 1891 elections the Liberals advocated unrestricted trade reciprocity with the United States. This cartoon illustrates how the Conservatives saw the Liberal policy. The Conservatives were returned to power.

1 « Aux Electeurs du Bas Canada, et à ceux du Comté et des Villes de Québec en particulier/To the Electors of Lower Canada, and those of the County and Towns of Quebec in particular » 1792
Affiche, 38.7 x 50.2
Cette affiche électorale, imprimée à Québec par Samuel Neilson, fut utilisée au cours de la première élection qui eut lieu dans le Bas-Canada en 1792. Il ne reste que quatre exemplaires des sept cents qui avaient été imprimés.

2 « Electeurs du Comté de Lévis » 1878
Affiche, 28 x 17.7
Cette affiche fut utilisée dans le Québec pendant la campagne électorale provinciale de 1878. L'honorable Étienne-Théodore Paquet, né à Saint-Nicholas, Lévis, Québec, le 8 janvier 1850, fut élu à l'Assemblée Législative de Québec en 1875. Cette affiche ne l'empêcha pas d'être victorieux; ils devint Secrétaire provincial en 1879 et se démit de ses fonctions lors du remaniement ministériel de 1882.

3 « Sketch of a Barrier, or Post and Rail inclosure for a Polling Booth » nd
MS, 31.7 x 19.2
Plan manuscrit d'un isoloir.

4 Billet de représentation, 1878
MS, 10.2 x 10.9
Ce document fut utilisé durant les élections provinciales dans le comté de Montmorency, Québec. Il autorisait M. Landry a être scrutateur aux lieu et place du candidat, A.-R. Angers.

5 Lettre de John A. Macdonald à Sidney Smith, Québec, 28 mai 1861
MS, LAS, 17.8 x 22.8, Papiers Sidney Smith
Correspondence typique entre deux hommes politiques importants à l'approche d'une élection.

6 Robins' Political Chart of Canada. A complete map of the Dominion by electoral districts ... vers 1879
Gravure en couleurs, 73.5 x 97.5, 1 pouce pour 45 milles
L'une des premières cartes des circonscriptions électorales indiquant les partis politiques et les députés élus, après les élections de 1873 et de 1878.

7 « To George H. Bradbury, Esq »
Affiche, 44.5 x 31.8
L'honorable George Henry Bradbury est né à Hamilton, Ontario, le 25 juin 1859. Il représenta le parti conservateur en 1896; en raison de difficultés à l'intérieur de son parti, une autre convention eut lieu qui repoussa sa candidature. Il fut enfin élu au Parlement en 1911, et appelé au Sénat le 17 décembre 1917.

8 « Laying out the Grit Campaign » 1891
Dessin humoristique, 66 x 92.7, Papiers Macdonald
Pendant la campagne électorale de 1891, les Libéraux pronèrent une réciprocité commerciale absolue avec les États-Unis. Ce dessin satirique montre comment les Conservateurs concevaient la politique des Libéraux. Les Conservateurs reprirent le pouvoir.

The official archives of the French regime in Canada were divided in 1760 between Canada and France. Those that remained in Canada, which dealt with property and the law, are now held in the National Archives of Quebec and by the Quebec courts. The remainder, dealing with government administration, are mostly in Paris.

The federal government, however, took an interest in all these records from an early date, and arranged for copies to be made in Montreal, in Quebec, and in France, sometimes of the more interesting items and sometimes of complete sets of documents. As far back as 1875, Joseph Marmette compiled for the Archives an analytical inventory of the exchange of correspondence between New France and the mother country. To this day the Archives has a representative in France who locates and makes copies of documents that have a bearing on the history of Canada. Thousands of reels of microfilm contain copies of most of the documents from the archives in France that are of interest to Canada.

In addition to these copies of official records, the Public Archives has, in original or copy, a considerable quantity of private papers, manuscript items, maps and plans, engravings, rare printed items, and studies of the French regime in America. Original documents, copies, and publications from England and the United States permit researchers to view New France from a slightly different angle.

Les archives officielles du régime français au Canada ont été partagées, en 1760, entre le Canada et la France. Celles qui sont restées au Canada, qui concernaient la propriété et les lois, sont maintenant conservées aux Archives nationales du Québec, et dans plusieurs palais de justice. Les autres, sur l'administration gouvernementale, se trouvent surtout à Paris.

Très tôt, cependant, le gouvernement fédéral s'est intéressé à toutes ces archives, et a fait copier, à Montréal, à Québec, et en France, tantôt les documents les plus intéressants, tantôt des séries complètes. Dès 1875, Joseph Marmette préparait pour les Archives des inventaires analytiques de la correspondance échangée entre la Nouvelle-France et la métropole. Encore aujourd'hui, les Archives ont un représentant en France qui s'occupe du repérage, et de la copie de documents intéressants pour l'histoire du Canada. Des milliers de bobines de microfilm reproduisent la grande majorité des documents conservés en France qui sont d'intérêt pour le Canada.

Mais en plus de ces copies d'archives officielles, les Archives publiques ont, en original ou en copie, un nombre considérable de papiers privés et de documents manuscrits, de cartes et de plans, de gravures, d'imprimés rares, et d'études sur le régime français en Amérique. Des documents originaux et des copies, des publications, provenant de l'Angleterre ou des États-Unis permettent aussi de voir la Nouvelle-France sous un éclairage différent.

ARREST
DU CONSEIL D'ETAT DU ROY;

Concernant le Commerce du Castor, dont le Privilege est accordé à la Compagnie d'Occident.

EXTRAIT DES REGISTRES DU CONSEIL D'ESTAT.

SA MAJESTE' étant en son Conseil, s'étant fait representer les Lettres Patentes du mois d'Août 1717. portant établissement de la Compagnie d'Occident, par l'Article II. desquelles Sa Majesté a accordé à ladite Compagnie le Privilege de recevoir, à l'exclusion de tous autres, dans la Colonie de Canada, à commencer du premier Janvier de la presente année 1718. jusques & compris le dernier Decembre 1742. tous les Castors gras & secs que les Habitans de ladite Colonie auront traité, se reservant Sa Majesté de regler sur les Memoires qui lui seront envoyez dudit Pays, les quantitez de differentes especes de Castor que ladite Compagnie sera tenuë de recevoir chaque année desdits Habitans de Canada, & les prix ausquels Elle sera tenuë de leur payer; Vû aussi par Sa Majesté le Memoire des Negocians de la Colonie de Canada touchant le prix, la quantité & la qualité dudit Castor, avec l'Avis des Sieurs de Vaudreüil & Begon Gouverneur & Lieutenant General & Intendant de la nouvelle France; ensemble les Réponses de la Compagnie d'Occident audit Memoire: Oüi le Rapport, & tout consideré. SA MAJESTE' ETANT EN SON CONSEIL, de l'Avis de Monsieur le Duc d'Orleans Regent, a ordonné & ordonne ce qui suit.

ARTICLE PREMIER.

La Compagnie d'Occident aura, conformement aux Lettres Patentes du mois d'Août dernier portant établissement de ladite Compagnie, le Privilege de recevoir à l'exclusion de tous autres dans la Colonie de Canada, à commencer du premier Janvier de la presente année 1718. jusques & compris le dernier Decembre 1742. tous les Castors gras & secs que les Habitans de ladite Colonie auront traité: En consequence lesdits Habitans & autres qui auront des Castors dans la Colonie du Canada, seront tenus de les porter aux Bureaux que ladite Compagnie jugera à propos d'établir dans ladite Colonie, dans lesquels Sa Majesté veut qu'il soit reçû toute la quantité de Castor qui y sera portée année par année par lesdits Habitans, suivant le consentement de ladite Compagnie.

II. Il ne sera reçû dans lesdits Bureaux pour Castor gras, que ceux qui seront veritablement Castor gras & demi gras de bonne qualité; & toutes les Robes neuves ou celles qui n'auront été portées que du côté de la peau, seront mises avec le sec, & seront censées de la même qualité; les Castors gras d'Eté & de bas Automne seront entierement rejettez.

III. Pour ce qui est des Castors secs, il n'en sera pareillement reçû ausdits Bureaux aucun qui ne soit d'Hyver & de beau poil; tous ceux qui seront d'Eté & de bas Automne chargez de chair ou de trop gros cuir seront rejettez.

IV. Il ne sera fait aucune distinction des Castors appellez vulgairement *Moscovite* d'avec les Castors secs, ils seront reçûs indifferemment & pêle mêle ausdits Bureaux, & fourni sur le pied de Castor sec.

V. Tous lesdits Castors seront payez à ceux qui les livreront ausd. Bureaux, Sçavoir le Castor gras à trois livres la livre poids de Marc, en Lettres de change qui seront tirées par l'Agent de ladite Compagnie à Quebec à six mois de vûë sur le Caissier de ladite Compagnie à Paris, & & le Castor sec à trente sols la livre, aussi poids de Marc, en Lettres de change moitié à six & l'autre moitié à douze mois de vûë tirées aussi sur ledit Caissier; lesdites Lettres seront acceptées à leur presentation, regulierement payées à leur écheance, & même escomptées sur la demande qui en sera faite par les Porteurs, au plûtard dans les mois de Fevrier & Mars à demi pour cent par mois.

VI. Les Ballots de Castor tant gras que sec qui seront fournis aux Bureaux de la Compagnie d'Occident, seront chacun de cent vingt livres pesant poids de Marc, & sera donné pour bon poids à ladite Compagnie d'Occident dont elle ne payera rien, cinq livres pesant par chacune cent livres pesant, tant de gras que de sec, en consideration des dechets qui se trouvent ordinairement sur cette Marchandise.

VII. Lesdits Ballots de Castor gras ou sec ainsi livrez à la Compagnie d'Occident seront transportez en France aux perils, risques & fortune de ladite Compagnie d'Occident, qui en payera le prix aux Porteurs des Lettres de change, quand même lesdits Castors viendroient à perir ou à être pris en quelque maniere que ce fût.

VIII. Pour mettre en état ladite Compagnie d'Occident de payer lesdits Castors aux prix ci-devant reglez, Sa Majesté fait remise & don à ladite Compagnie pendant les vingt-cinq années de son Privilege du droit du quart desdits Castors à Elle appartenant, à cause de son Domaine en Canada; & exempte ladite Compagnie de tous autres droits sur lesdits Castors, tant à Elle appartenant qu'à ses Fermiers & à ses Villes, mis & à mettre tant dans led. Pays de Canada que dans son Royaume: Deffendant Sa Majesté à tous ses Fermiers & autres d'exiger aucuns droits pour les Castors appartenans à ladite Compagnie. Sa Majesté a accordé aussi le passage de tous les Castors gratis sur les Vaisseaux qu'Elle envoyera année par année, & pendant le tems du Privilege de ladite Compagnie en Canada, après cependant le chargement des effets de Sa Majesté dans lesdits Vaisseaux, pour lesquels Castors ladite Compagnie ne payera aucun fret à Sa Majesté qui lui en fait don & remise.

IX. Permet Sa Majesté à ladite Compagnie d'Occident d'établir dans la Colonie de Canada le nombre de Commis & de Gardes qu'elle jugera necessaire pour le bien de son Commerce; & veut que les procès verbaux dedits Commis & Gardes bien & dûëment faits & affirmez en Justice soient crûs jusqu'à inscription de faux.

X. Deffend Sa Majesté à tous les Sujets, Habitans de Canada & autres d'envoyer directement ou indirectement, même par la voye des Sauvages, aux Habitations Angloises, des Castors de quelque nature que ce soit, à peine d'interdiction du Commerce pour toûjours, de privation des Privileges accordez par Sa Majesté aux Habitans de Canada, même de peine afflictive suivant la qualité des personnes, tant contre les conducteurs des Castors, que contre les Marchands qui seront convaincus de les avoir envoyez, & chacun de ceux qui y auront interêt, pour raison de quoi ils pourront être recherchez, & leurs procès être faits dix années après la fraude commise, & de cinq cens livres d'amende contre chacun des conducteurs, Marchands & Interessez, à laquelle ils seront condamnez solidairement par corps, & de confiscation des Castors sur les Rivieres, Lacs & Passages qui conduisent aux Habitations Angloises, ensemble des Vaisseaux, Barques, Chaloupes & Canots servant à ce transport, lesquelles peines ne pourront être remises ni moderées sous aucun pretexte.

XI. Veut & ordonne Sa Majesté que les choses confisquées appartiennent à la Compagnie d'Occident; & à l'égard des amendes, que la moitié en soit payée à l'Hôtel-Dieu de Quebec, & l'autre moitié au denonciateur.

XII. Enjoint Sa Majesté aux Gouverneurs des Villes, Forts & autres Postes sur les Rivieres & Lacs conduisans aux Habitations Angloises, de s'opposer par toutes voyes, & d'empêcher qu'il ne passe du Castor dans lesdites Habitations, de faire saisir celui qu'il decouvriront sur ces Routes, de l'envoyer avec leur procès verbal à Quebec & aux Commis de lad. Compagnie d'Occident, pour en faire prononcer la confiscation.

XIII. Deffend aussi Sa Majesté à tous ses Sujets, Habitans du Canada & autres d'envoyer du Castor directement ni indirectement dans aucun endroit de son Royaume, Terres & Païs de son obéïssance, à peine de confiscation dudit Castor au profit de ladite Compagnie, même des Vaisseaux sur lesquels il se trouvera embarqué, & de cinq cens livres d'amende, dont moitié appartiendra au denonciateur.

XIV. Les Commis établis par ladite Compagnie d'Occident mettront des Gardes sur les Bâtimens, s'ils le jugent à propos, & feront la visite des Vaisseaux, Barques, Chaloupes & Canots allant & venant sur la Riviere de Quebec, même des caissons des Chaloupes de Sa Majesté retournant du Port de Quebec à bord desd. Vaisseaux: Enjoint S. M. aux Maîtres des Chaloupes d'en faire l'ouverture à la premiere requisition; & en cas de refus l'ouverture en sera faite par les Commis en presence du Maître de la Chaloupe & interpellé d'y assister, sinon en presence de deux temoins, dont ils dresseront procès verbal, ensemble de ce qui se trouvera dans les Caissons, sans que les Proprietaires des Vaisseaux, Barques & autres Bâtimens, puissent en être exempts sous quelque pretexte que ce soit; revoquant Sa Majesté en tant que de besoin tout privilege en vertu duquel l'exemption de la visite pourroit être pretenduë.

XV. Le Commerce des Castors restera toutefois libre dans l'interieur de la Colonie, entre tous les Habibans du Canada & autres, qui pourront continuer à vendre & acheter en Castor comme ils ont toûjours fait; à l'effet de quoi chaque particulier aura la liberté de garder ses Castors dans sa maison ou ailleurs, même de les transporter d'une Ville ou d'un Lieu de la Colonie dans un autre, sans pouvoir y être troublé ni inquieté sous aucun pretexte que ce soit, sans cependant que lesdits Negocians & Habitans puissent faire sortir le Castor qui leur apartiendra, & qui sera entré dans la ville de Mont-Réal & aux trois Rivieres, pour autre distination que pour descendre par le fleuve Saint Laurent aux trois Rivieres ou à Quebec: Leur déffend Sa Majesté de faire transporter aucun Castor au delà du Fort de Chambly, ni au dessous de la ville de Quebec, ni d'en vendre ni faire vendre aux Sauvages, le tout sous les peines portées par l'article X.

XVI. Les differens qui surviendront en Canada pour raison des Castors trouvez dans les Vaisseaux, Chaloupes d'iceux & Barques, tant en matiere civile que criminelle, circonstances & dependances, seront jugez en premiere instance par les Juges d'Amirautez & par apel au Conseil superieur.

XVII. Et pour juger les differens qui interviendront aussi en Canada au sujet des Castors qui seront trouvez dans le cas de la confiscation ailleurs que dans lesdits Vaisseaux, Chaloupes d'iceux & Barques, tant en matiere civile que criminelle, circonstances & dépendances, Sa Majesté en attribuë la connoissance aux Intendans de Canada, pour être par eux instruits & jugez en dernier Ressort: Sa Majesté en interdisant la connoissance à tous autres Juges, sauf cependant l'appel des Ordonnances qui pourront être renduës par lesdits Intendans, au Conseil de Sa Majesté.

XVIII. Tous les Castors qui viendront en France & qui n'apartiendront pas à ladite Compagnie seront confisquez au profit d'icelle; ensemble les chevaux & voitures sur lesquelles ils se trouveront chargez pour être transportez d'un lieu à un autre, & les Marchands & Voituriers seront condamnez à cent livres d'amende, applicable moitié au Denonciateur; Veut cependant Sa Majesté que la confiscation des Castors qui auront été saisis & arrêtez par les Commis & Gardes de ses Fermes, ausquels Elle ordonne aussi bien qu'à ses Fermiers de saisir & arrêter tous les Castors qui pourront venir ou être transportez dans son Royaume, en contravention du Privilege accordé à ladite Compagnie, appartiennent à l'Adjudicataire de ses Fermes; ensemble la confiscation des Equipages qui les auront conduits, & l'amende dont moitié sera donnée au Denonciateur, à condition neanmoins par ledit Adjudicataire des Fermes de remettre lesdits Castors confisquez à ladite Compagnie d'Occident, qui lui en payera comptant le même prix qu'elle en auroit payé dans la Colonie de Canada, Sçavoir le Castor sec à trente sols la livre, & le Castor gras à trois livres la livre.

Les Castors qui viendront par les Vaisseaux, seront reconnus apartenir à ladite Compagnie quand ils seront adressez par les Connoissemens, aux Directeurs ou Commissionnaires d'icelle, qui seront tenus de faire leur Declaration au Bureau des Fermes du lieu où lesdits Castors arriveront, comme ils apartiennent à ladite Compagnie.

A l'égard de ceux qui seront voiturez dans les Provinces, ils seront censez appartenir ou avoir appartenus à ladite Compagnie, quand chaque Balot sera plombé du plomb de ladite Compagnie; Voulant Sa Majesté que les Castors appartenans à ladite Compagnie, ou qu'elle aura vendus puissent passer d'une Province à un autre, même dans celles reputées Etrangeres, les Ballots desdits Castots étant plombez par ladite Compagnie, sans avoir besoin d'autre permission, & ce sans payer de Droits conformement à l'Article VIII. sans cependant que les Voituriers puissent sous pretexte desdits plombs se dispenser de faire leur Declaration dans tous les Bureaux des Fermes de leur passage, où la verification desdits plombs sera faite.

XIX. Les differens qui surviendront en France pour raison des Castors trouvez dans les Vaisseaux, Chaloupes d'iceux, Barques & Alleges, tant en matieres civile que criminelle, circonstances & dépendances, seront jugez en premiere instance par les Juges d'Amirauté, & par appel aux Cours superieures où lesdites Amirautez ressortissent.

XX. A l'égard des differens qui pourront survenir aussi en France au sujet des Castors qui seront trouvez ailleurs que dans lesdits Vaisseaux, Chaloupes d'iceux, Barques & Alleges, tant en matiere civile que criminelle, circonstances & dépendances. Sa Majesté en attribuë la connoissance; Sçavoir, à Paris au Lieutenant General de Police, & dans les Provinces aux Intendans & Commissaires départis, pour être lesdits differens par eux instruits & jugez en dernier Ressort, Sa Majesté en interdisant la connoissance à tous autres Juges, sauf cependant l'appel des Ordonnances qui pourront être renduës par lesdits Lieutenant General de Police, Intendans & Commissaires départis au Conseil de Sa Majesté.

Sera le present Arrêt registré au Conseil superieur de Quebec, lû, publié & affiché par tout où besoin sera, tant en France qu'en Canada, aux Copies duquel signées par un des Secretaires de Sa Majesté toute foi sera ajoûtée. FAIT au Conseil d'Etat du Roy, Sa Majesté y étant, tenu à Paris le onziéme jour de Juillet 1718. *Signé*, PHELYPEAUX.

LOUIS par la grace de Dieu, Roy de France & de Navarre; Dauphin de Viennois, Comte de Valentinois, Dyois, Provence, Forcalquier & Terres & Adjacentes: A nos amez & feaux Conseillers en nos Conseils les Sieurs Intendans & Commissaires départis pour l'execution de nos ordres dans les Provinces & Generalitez de nôtre Royaume & en Canada, & au Sieur Lieutenant General de Police de nôtre bonne Ville de Paris, & aux Officiers des Sieges d'Amirauté, SALUT. Nous vous mandons & enjoignons par ces presentes signées de Nous, de tenir chacun en droit soi la main à l'execution de l'Arrêt dont l'extrait est ci-attaché sous le Contre-scel de nôtre Chancellerie, cejourd'hui donné en nôtre Conseil, Nous y étant, de l'Avis de nôtre très cher & très amé Oncle le Duc d'Orleans Regent petit fils de France, pour les causes y contenuës: Commandons au premier nôtre Huissier ou Sergent sur ce requis, de signifier ledit Arrêt à tous qu'il appartiendra, & de faire pour son entiere execution tous Actes & Exploits necessaires sans autre permission: Voulons qu'aux Copies dudit Arrêt & des presentes collationnées par l'un de nos amez & Feaux Conseillers-Secretaires foy soit ajoûtée comme aux Originaux: CAR tel est nôtre plaisir. Donné à Paris le 11e jour du mois de Juillet, l'an de grace 1718. & de nôtre Regne le troisiéme. *Signé*, LOUIS: *Et plus bas*, Par le Roy Dauphin, Comte de Provence, LE DUC D'ORLEANS Regent present, *Signé*, PHELYPEAUX. Et scellé du grand Sceau de cire jaune.

Collationné aux Originaux par Nous Ecuyer-Conseiller-Secretaire du Roy, Maison, Couronne de France & de ses Finances. Signé, BOSC.

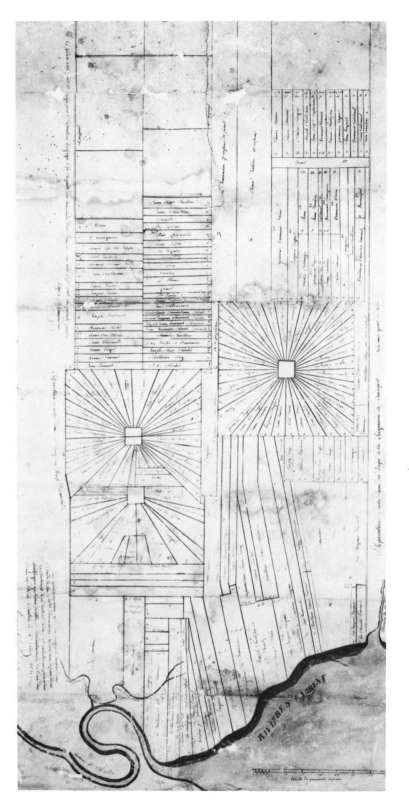

2 Poster giving details of the fur trade, 1718
   Affiche concernant le commerce des fourrures, 1718

8 Medal commemorating the foundation and fortification of
   Louisbourg, 1720
   Médaille commémorant la fondation et la fortification de
   Louisbourg, 1720

5 Map of the Seigneury of Notre-Dame-des-Anges, Quebec,
   1754
   Carte de la Seigneurie de Notre-Dame-des-Anges, Québec,
   1754

4 François de Montmorency Laval, first Bishop of Quebec
   François de Montmorency Laval, premier évêque de Québec

6 Letter from Voltaire to an unidentified correspondent, 1762
   Lettre de Voltaire à un correspondant non identifié, 1762

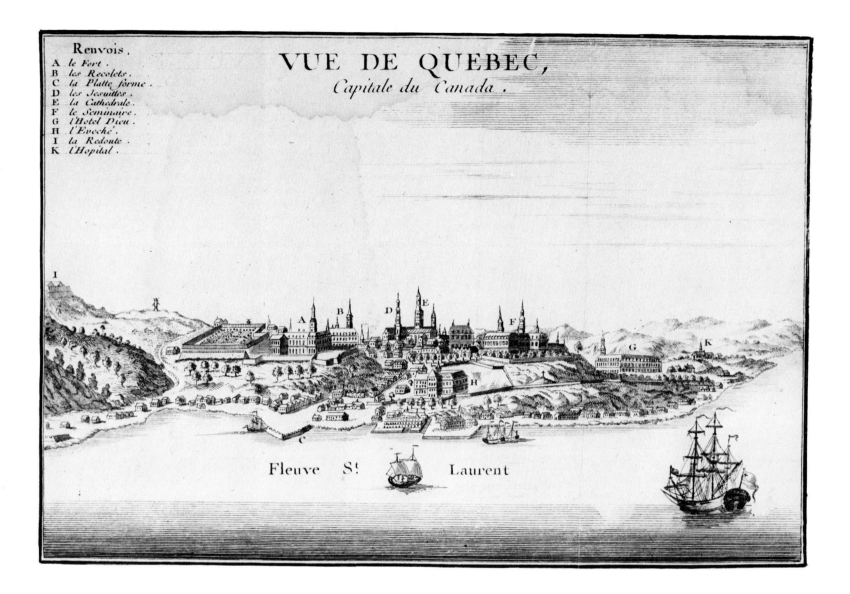

1 Grant of 12 'arpents' of land by Jean de Lauzon, Governor of New France, to Mgr de Laval, the profit to be for his personal use, 5 January 1665
MS, 1 p, 20.3 x 38.1

2 'Arrest du conseil d'état du roy concernant le Commerce du Castor ...' 1718
Poster 43.3 x 56
A remarkable document giving most precise details concerning the fur trade, with prices and special reference to Montreal.

3 Regulations fixing the price of wheat, 6 March 1738
MS, 8 p, 21.7 x 33
A rare document carrying the signatures of Charles, Marquis de Beauharnois, the Governor, and Gilles Hocquart, the Intendant.

4 *Franciscus de Laval Primus Episcopus Quebecensis*
Engraving by Claude Duflos, 25.1 x 15.3
Mgr François de Montmorency Laval was the first Bishop of Quebec, 1674-88. As Vicar Apostolic, Laval shared equally with the Governor the task of choosing the other members of the Conseil Souverain. His position in this council carried all the authority appropriate to his ecclesiastical rank. Laval also exercised a strong influence on the affairs of the country, and attempted to maintain high moral standards and to prevent the sale of liquor to the Indians. He was instrumental in having two governors recalled.

5 Map of the Seigneury of Notre-Dame-des-Anges, Quebec, 1754
MS, 95.5 x 50, 1 inch to 11 miles
This is an original map of the seigneury showing a radial pattern of settlement. This pattern is still evident today.

6 Letter from Voltaire to an unidentified correspondent, 6 September 1762
MS, ALS, 1 p, 35.6 x 24.3
Voltaire concurred in the general desire for peace with Britain, which he believed to be more important than the retention of Canada.

7 Le Rouge, Georges-Louis
Recueil des plans de l'Amérique septentrionale
A Paris: Chez le Sr Le Rouge, Ingénieur géographe du Roy, et de S.A.S.M. le Comte de Clermont, Rue des Augustins, 1755, 10 p, 25.5 cm
A rare collection of maps and plans of North America.

8 Medal commemorating the foundation and fortification of Louisbourg, 1720
Medal, bronze, diam 4 cm. Reverse
The medal shows a view of the fortress of Louisbourg, with numerous vessels along the shore, and bears the words, 'Ludovicoburgum fundatum et munitum.'

1 Concession de 12 arpents de terre par Jean de Lauzon, gouverneur de la Nouvelle-France, à Mgr de Laval, l'usufruit pouvant être appliqué à son usage personnel, 5 janvier 1665
MS, 1 p, 20.3 x 38.1

2 « Arrest du conseil d'état du roy concernant le Commerce du Castor ... » 1718
Affiche, 43.3 x 56
Document remarquable donnant des détails très précis sur le commerce des fourrures – avec des prix et des références spéciales à Montréal.

3 Règlements fixant le prix du blé, 6 mars 1738
MS, 8 p, 21.7 x 33
Document rare portant la signature de Beauharnois, gouverneur et de Hocquart, intendant.

4 *Franciscus de Laval Primus Episcopus Quebecensis*
Gravure de Claude Duflos, 25.1 x 15.3
Mgr François de Montmorency Laval fut le premier évêque de Québec (1674–88). En tant que vicaire apostolique, il lui appartenait, ainsi qu'au gouverneur, de choisir à responsabilité égale, les autres membres du Conseil Souverain. La place qu'il occupait dans le Conseil lui conférait une autorité convenant à son rang éclésiastique. Il exerça une très forte influence sur les affaires du pays, en essayant de maintenir un niveau moral élevé et d'empêcher la vente d'alcools aux Indiens. Il contribua à faire rappeler deux gouverneurs.

5 Carte de la Seigneurie de Notre-Dame-des-Anges, Québec, 1754
MS, 95.5 x 50, 1 pouce pour 11 milles
Il s'agit de la carte originale de la seigneurie qui fait ressortir la disposition en étoile de l'agglomération. Cette disposition existe encore de nos jours.

6 Lettre de Voltaire à un correspondant non identifié, 6 septembre 1762
MS, LAS, 1 p, 35.6 x 24.3
Voltaire souhaitait comme tous le rétablissement de la paix avec l'Angleterre qui, selon lui, était plus important que le maintien de la souveraineté française au Canada.

7 Le Rouge, Georges-Louis
Recueil des plans de l'Amérique septentrionale
A Paris: Chez le Sr Le Rouge, Ingénieur géographe du Roy, et de S.A.S.M. le Comte de Clermont, Rue des Augustins, 1775, 10 p, 25.5 cm
Collection rare de cartes et de plans de l'Amérique du Nord.

8 Médaille commémorant la fondation et la fortification de Louisbourg, 1720
Médaille, bronze, 4 cm de diam, revers
Cette médaille représente une vue de la forteresse de Louisbourg avec de nombreux vaisseaux en rade; elle porte l'inscription « Ludovicoburgum fundatum et munitum ».

Each year the government of Canada creates hundreds of thousands of feet of public records, only a very small portion of which are selected by the Historical Branch of the Public Archives to be retained. The Public Records Order, 1966, governs the care, control, and disposition of the records of government departments, which are directed to take advantage of more economical storage at records centres and to make use of advisory services provided by the Records Management Branch of the Public Archives. Moreover, the absolute control of the Dominion Archivist over destruction of public records ensures that those which reflect a department's history and functions will be preserved.

The Public Archives contains about forty-five thousand linear feet (eight and a half miles) of federal government files, dating mostly since 1867, recording in varying degrees the wide variety of government involvement in the life of the country. The following selection is intended to demonstrate the different kinds of documentation to be found in the Historical Branch —not only files, but publications, maps and plans, photographs, sound recordings, machine-readable material (i.e., computerized records), and film in various forms.

While all records of Parliament since the fire of 1916 are on deposit in the Public Archives, by far the largest portion of the public records consists of files from most of the government departments and many agencies; also the proceedings of various committees, commissions, councils, and boards, past and present. All royal commissions are required to place their records in the Public Archives: those of the Royal Commission on Bilingualism and Biculturalism alone exceed one thousand linear feet.

Governmental reports, studies, annual publications, and the like are collected by the Public Archives Library. Books, journals, and pamphlets on government policy and public administration are also found on its shelves. The primary function of a national archives is to serve as a 'memory' for the government of which it is a part.

Chaque année le gouvernement du Canada crée des centaines de milliers de pieds de documents officiels, parmi lesquels la Direction des archives historiques des Archives publiques choisit les plus significatifs. Le décret sur les documents publics de 1966 règlemente la garde, le contrôle, et la disposition des archives des différents ministères; il prévoit notamment que ces derniers pourront utiliser les centres d'archives pour conserver leurs documents, et bénéficier des conseils de services spécialisés mis à leur disposition par la Direction de la gestion des documents des Archives publiques. En outre, le droit de veto que l'Archiviste fédéral exerce sur toute destruction de documents garantit que les documents qui reflètent l'histoire et les fonctions d'un ministère seront conservés.

Les Archives publiques ont quarante-cinq mille pieds linéaires (huit milles et demi) de dossiers provenant du gouvernement fédéral, surtout à partir de 1867, qui témoignent des diverses activités du gouvernement dans tous les domaines de la vie du pays. En plus des dossiers, la Direction des archives historiques détient, provenant du gouvernement, publications, plans et cartes, photographies, enregistrements sonores, cartes perforées, sorties d'ordinateur et films de toutes sortes.

Les archives du Parlement postérieures à l'incendie de 1916 sont en dépôt aux Archives publiques; la plus grande partie des documents officiels se compose des dossiers des ministères et agences; des procès-verbaux des différents comités, commissions, conseils, comités directeurs, et commissions royales,

présents et passés. Toutes les commissions royales doivent remettre aux Archives publiques l'ensemble de leurs documents. Les dossiers de la Commission royale sur le Bilinguisme et le Biculturalisme couvrent à eux seuls plus de mille pieds linéaires.

Les rapports gouvernementaux, études, publications annuelles, etc, sont rassemblés à la Bibliothèque des Archives publiques. On y trouve aussi des livres, journaux, brochures, qui se rapportent à la politique menée par le gouvernement et à l'administration publique. La fonction essentielle d'archives nationales est de servir de « mémoire » au gouvernement dont elles font partie.

Officers

PRESIDENT
LAWRENCE J. BURPEE
OTTAWA
VICE-PRESIDENT
W. D. LIGHTHALL
MONTREAL
SECRETARY-TREASURER
C. M. BARBEAU
OTTAWA
EDITOR
J. F. KENNEY
OTTAWA

Council

ARTHUR G. DOUGHTY
OTTAWA
PIERRE GEORGES ROY
QUEBEC
GEORGE M. WRONG
TORONTO
CHESTER MARTIN
WINNIPEG
ARCHIBALD MacMECHAN
HALIFAX
F. W. HOWAY
NEW WESTMINISTER

Canadian Historical Association

June 9th, 1923

Dear Mr King,

Will you pardon me for troubling you about what may seem a small matter, but yet is one of some importance. There is a bill before the House relating to the Archives, in which a new and very cumbersome title is given to that branch of the public service, "The Department of Historical and Public Records". I am sure you will agree with me that, unless there are very serious reasons to the contrary, the shortest possible title is always the best. This bureau has in the past been known as the "Public Archives of Canada", and it is to-day recognized under that name not only throughout Canada but throughout the civilized world. I believe that the Canadian Historical Association speaks not only for its own members but also for the vast majority of historical students everywhere in expressing the hope that the well-known and very appropriate name "Public Archives of Canada" be retained and substituted in the Act for the words "The Department of Historical and Public Records".

I am, Yours very truly

President.

The Right Honourable

W. L. Mackenzie King,

Prime Minister.

The Committee of the Privy Council,who have had under consideration the question of the constitution of the Department of External
Affairs,are of opinion that it would further the purposes for which the
department was established,if all despatches,at present communicated by
your Excellency to the Privy Council,or direct to individual Ministers,
should be,in the first instance,referred to the Prime Minister,and also
to the Secretary of State as head of the Department of External Affairs,
which department shall then distribute them among the several departments
to which they relate,for the necessary consideration and action,and the
Committee recommend accordingly.

The Committee further advise that in the case of such of the despatches so referred as call for communication with the Secretary of State
for the Colonies,or with his Majesty's representatives abroad,or with the
Government of any British possession,in respect of any matter forming
the subject of diplomatic negotiations in which Canada is interested; or
of any private claim on the part of any Canadian subject of his Majesty
against any Government,whether foreign or otherwise,external to the Dominion,the department or departments to which such despatch was referred,
shall furnish the Department of External Affairs with all available
information bearing upon the matter to which it relates,and the Secretary
of State,having informed himself by this means,shall thereupon make a
report in the premises to the Governor in Council.

The Committee submit the foregoing recommendations for your Excellency's approval.

2 Letter from L.J. Burpee to W.L. Mackenzie
   King, 1923
   Lettre de L.J. Burpee à W.L. Mackenzie
   King, 1923

3 Order in Council concerning the new
   Department of External Affairs, 1909
   Arrêté en Conseil portant sur le nouveau
   ministère des Affaires extérieures, 1909

1 Commission appointing the Honourable Wishart Flett Spence Commissioner of Inquiry into the case of Gerda Munsinger, 17 March 1966
MS, 2 p, 21 x 35.5

2 Letter from L.J. Burpee to W.L. Mackenzie King, 9 June 1923
MS, LS, 1 p, 21 x 28, Mackenzie King Papers
As president of the Canadian Historical Association, Burpee requested that the traditional name 'Public Archives of Canada' be retained.

3 Order in Council PC 1242 of 1 June 1909 bringing into force the functions of the new Department of External Affairs
MS, 1 p, 21.3 x 33

4 House of Commons Sessional Paper No 3A, 20 February 1950
MS, 1 p, 22.7 x 35.5
Return showing the total amount of election expenses of every candidate in the general election of 27 June 1949.

5 'An Act to extend the limits of the town of York; to erect the said Town into a City; and to Incorporate it under the name of the "City of Toronto" ' 4 William IV, Chapter XXIII [passed 6 March 1834]
MS, 1 p, 30.5 x 45.7

6 Department of Public Works file No 1575-25A – 'Parliament Buildings, Reconstruction – General Correspondence'
MS, 348 p, 34.5 x 21.7
This file is typical of thousands held by the Public Records Section, Manuscript Division.

7 *Conseil des Arts du Canada 1968-1969: Rapport Annuel*
Ottawa, Queen's Printer, 1969, 169 p, 20.3 x 20.3
All government publications must appear in both English and French.

8 Treasury Board Minute TB 188049, 4 October 1939, authorizing a routine government expenditure
MS, 1 p, 20.3 x 33
The Treasury Board must approve all expenditure by government departments from sums voted to them by Parliament.

9 Privy Council Minute Book, July 1867-September 1872
MS, 240 p, 20.3 x 33
This first minute book of the Privy Council of the Dominion of Canada recorded in the entry for Monday, 1 July 1867, the swearing in of the Governor General, the appointment of privy councillors, lieutenant governors, and heads of departments.

1 Commission nommant l'honorable Wishart Flett Spence
  commissaire enquêteur pour l'affaire Gerda Munsinger,
  17 mars 1966
  MS, 2 p, 21 x 35.5

2 Lettre de L.J. Burpee à W.L. Mackenzie King, 9 juin 1923
  MS, LS, 1 p, 21 x 28, Papiers Mackenzie King
  Burpee, agissant en tant que président de la Société his-
  torique du Canada, demande que le nom traditionnel
  « Archives publiques du Canada » ne soit pas changé.

3 Arrêté en Conseil, CP 1242, du 1er juin 1909, approuvant la
  création et le fonctionnement du nouveau ministère des
  Affaires extérieures
  MS, 1 p, 21.3 x 33

4 Documents de la Session, Chambre des Communes, No 3A,
  du 20 février 1950
  MS, 1 p, 22.7 x 35.5
  Rapport faisant ressortir le montant total des dépenses de
  chaque candidat pendant sa campagne électorale au cours
  des élections générales du 27 juin 1949.

5 « An Act to extend the limits of the town of York; to erect
  the said Town into a City; and to Incorporate it under the
  name of the « City of Toronto » 4 William IV, chapître XXIII
  [voté le 6 mars 1834]
  MS, 1 p, 30.5 x 45.7

6 Ministère des Travaux Publics, dossier No 1575–25A,
  « Parliament Buildings, Reconstruction – General Corres-
  pondence »
  MS, 348 p, 34.5 x 21.7
  Les Archives publiques, Division des manuscrits, détien-
  nent des milliers de dossiers de ce genre.

7 *Conseil des Arts du Canada 1968–1969: Rapport Annuel*
  Ottawa, Queen's Printer, 1969, 169 p, 20.3 x 20.3
  Toutes les publications gouvernementales doivent être
  publiées en français et en anglais.

8 Procès-verbal du Conseil du Trésor, CT 188049, du 4
  octobre 1939, autorisant des dépenses gouvernementales
  courantes
  MS, 1 p, 20.3 x 33
  Le Conseil du Trésor doit approuver tous les crédits que le
  Parlement a accordés aux ministères fédéraux.

9 Registre des procès-verbaux du Conseil privé, de juillet
  1867 à septembre 1872
  MS, 240 p, 20.3 x 33
  Ce premier recueil des procès-verbaux du Conseil privé fait
  état que le 1er juillet 1867, le gouverneur général a prêté
  serment et que des conseillers privés, des lieutenants-
  gouverneurs, et des ministres ont été nommés.

The process of legislation and the administration and enforce-ment of laws is a vital (if complex) part of the history of any community. Canada, first under the colonial rule of France and England and then with developing autonomy, has been shaped by a variety of legislative bodies, both in the mother countries and within her own borders. She has had military rule, rule by governors with or without councils, and rule by Conseil Souverain, and yet also had an elected assembly in Nova Scotia as early as 1758. Several of the most important legislative documents in our history were passed outside the country: the Quebec Act, 1764; the Union Act, 1841; the British North America Act, 1867; and the Statute of West-minster, 1931. Decisions of the Judicial Committee of the Privy Council in London also had an important effect on the division of legislative powers between the federal and provin-cial governments, until this avenue of appeal was closed in 1949. Canada has been vitally affected by the decisions of international tribunals, from the various boundary settle-ments decided by arbitration to the 1912 World Court decision in regard to North Atlantic fisheries. No other countries have so relied on arbitration to settle disputes as have the United States and Canada; every textbook on international law in-cludes several of the classic decisions. Apart from such inter-national complications, the normal legislative jurisdictions within Canada dictate laws at the federal, provincial, and municipal and county levels.

The Public Archives Library has a collection of statutes before and after Confederation, as well as departmental reports and other judicial publications. Although the Archives does not have the official records of any courts, its holdings include a vast amount of material relating to responsibility for legisla-tion, the effects of legislation, the initiation of individual acts, the establishment of courts (particularly the Supreme Court of Canada) and their jurisdictions, and the appointment of judges. They also contain several dramatic records of insurrec-tion, whose 'criminal' leaders have invariably become today's heroes. The extensive documentation includes the correspon-dence of governors general, private papers of political figures, judges, and lawyers, correspondence from those for or against proposed legislation, and the records of the Department of Justice. It shows clearly that there is more to laws and courts than a set of statutes on a shelf, essential as they are.

L'élaboration des lois, leur mise en application et leur administration revêtent une importance particulière dans l'histoire de toute communauté. Le fait que le pays a d'abord été sous la domination anglaise et française, et a peu à peu atteint une autonomie politique, se retrouve dans sa législation, élaborée soit en France, soit en Angleterre, soit au Canada même. Le Canada a eu divers régimes: l'armée, des gouverneurs avec ou sans conseil, un Conseil souverain; et une assemblée élue en Nouvelle-Écosse dès 1758. Plusieurs des lois constitutionnelles les plus importantes de notre histoire ont été votées à l'extérieur du pays: l'Acte de Québec (1764), l'Acte d'Union (1841), l'Acte de l'Amérique du Nord britannique (1867), le Statut de Westminster (1931). Les décisions du Comité judiciaire du Conseil privé à Londres ont influencé la division du pouvoir législatif entre gouvernement fédéral et gouvernments provinciaux; celui-ci a cessé de jouer le rôle de cour d'appel en 1949. Les décisions des tribunaux internationaux ont également affecté de façon vitale la vie du pays, qu'il s'agisse des tracés des frontières réglés par arbitrage, ou du différend sur les pêcheries de l'Atlantique du Nord (décision de la Cour internationale de Justice, 1912). Il n'est pas de pays, autres que le Canada et les États-Unis, qui aient eu plus recours à l'arbitrage pour résoudre leurs litiges; tout livre de droit international mentionne ces décisions qui ont fait jurisprudence. Normalement les autorités législatives compétentes prescrivent les lois au niveau fédéral, provincial, municipal, ou de comté.

Les Archives publiques ont une collection d'ordonnances et décrets avant et après la Confédération. Bien qu'elles n'aient pas en leur possession les archives officielles des différents tribunaux, elles détiennent un nombre important de documents divers se rapportant à l'élaboration des lois, leurs effets, l'établissement de tribunaux (spécialement la Cour suprême du Canada) et leur juridiction, la nomination de juges, ainsi que plusieurs dossiers d'insurrections dramatiques, dont les chefs « criminels » sont invariablement devenus les héros d'aujourd'hui. Cette documentation extensive comprend la correspondance des gouverneurs généraux, les papiers personnels de politiciens, juges, hommes de loi, la correspondance des supporteurs ou adversaires des projets de loi en discussion et les archives du ministère de la Justice. Nous voyons qu'il s'agit-là non d'une simple collection de statuts, tout essentiels qu'ils soient, mais d'une riche matière qui participe de la vie même du pays.

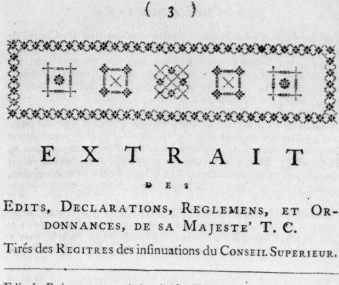

1 Digest of French law in Canada, 1775

Recueil des lois françaises au Canada, 1775

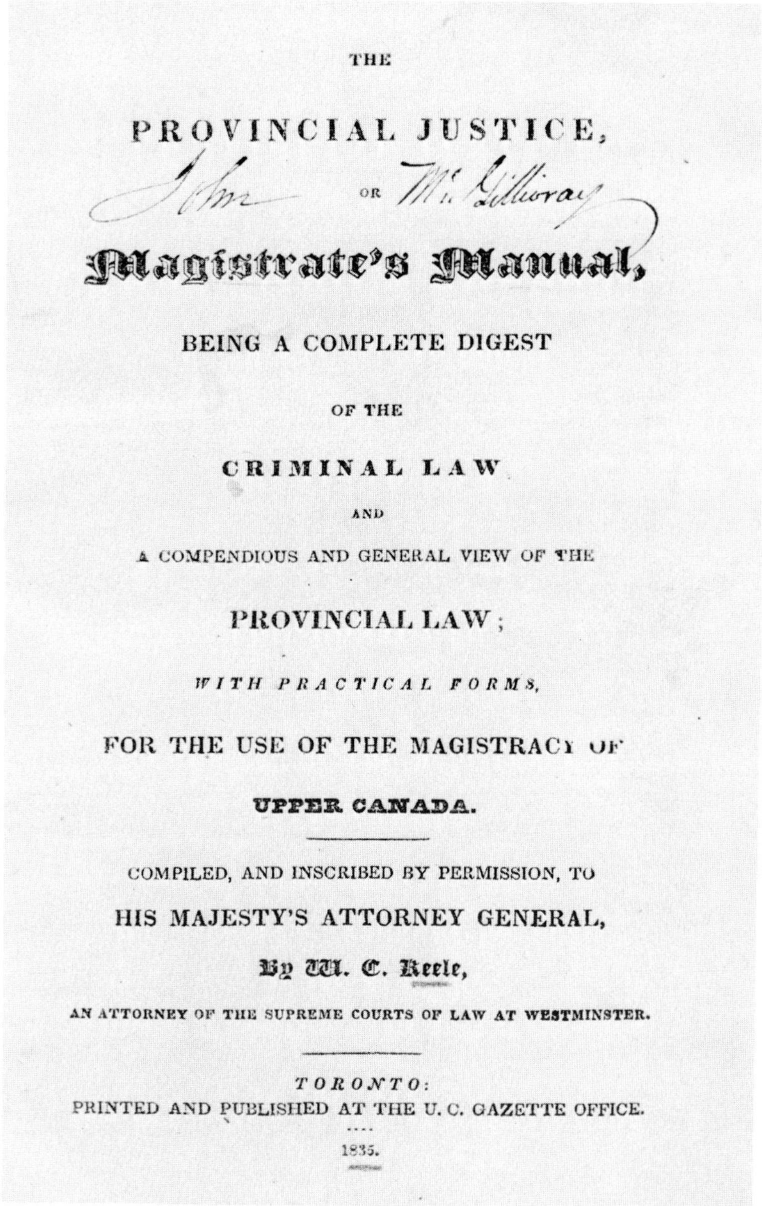

THE

PROVINCIAL JUSTICE,

John OR *Mc Gillivray*

𝕸𝖆𝖌𝖎𝖘𝖙𝖗𝖆𝖙𝖊'𝖘 𝕸𝖆𝖓𝖚𝖆𝖑,

BEING A COMPLETE DIGEST

OF THE

CRIMINAL LAW

AND

A COMPENDIOUS AND GENERAL VIEW OF THE

PROVINCIAL LAW;

WITH PRACTICAL FORMS,

FOR THE USE OF THE MAGISTRACY OF

UPPER CANADA.

———

COMPILED, AND INSCRIBED BY PERMISSION, TO

HIS MAJESTY'S ATTORNEY GENERAL,

𝕭𝖞 𝖂. 𝕮. 𝕶𝖊𝖊𝖑𝖊,

AN ATTORNEY OF THE SUPREME COURTS OF LAW AT WESTMINSTER.

———

TORONTO:
PRINTED AND PUBLISHED AT THE U. C. GAZETTE OFFICE.
····
1835.

2 Guide to the laws of Upper Canada, 1835
Guide des lois du Haut-Canada, 1835

5 Poster charging Louis-Joseph Papineau with high treason, 1837

5 Affiche accusant Louis-Joseph Papineau de haute trahison, 1837

7 Imprisonment of R.S.M. Bouchette, 1837

7 Emprisonnement de R.S.M. Bouchette, 1837

1 Cugnet, François Joseph 1720–89
Extraits des édits, déclarations, ordonnances et règlements de sa Majesté très chrétienne. Des règlements et jugements des Gouverneurs Généraux et Intendans concernans la justice; et des règlements et ordonnances de police rendues par les Intendans, faisans partie de la Législature en force en la colonie du Canada, aujourd'hui Province de Québec ... Québec, Chez Guillaume Brown, 1775, 106 p, 19 cm
In 1766 Sir Guy Carleton, the Governor of Quebec, gave the lawyer, François Joseph Cugnet, the position of French secretary to the Governor and Council, and commanded him to prepare a digest of French law in Canada.

2 Keele, William Conway 1798–1872
The Provincial Justice, or Magistrate's Manual, being a complete digest of the criminal law and a compendious and general view of the provincial law; with practical forms, for the use of the magistracy of Upper Canada Toronto, U.C. Gazette Office, 1835, 663 p, 22 cm
This volume was published as a guide to the laws of Upper Canada.

3 Letters patent appointing Jonathan Sewell Chief Justice of Lower Canada, 1808
MS, 38.2 x 61, with seal
Jonathan Sewell, 1766–1839, was one of the earliest advocates of a federal union of the British provinces in North America. He was Chief Justice until 1838.

4 Order in Council PC 921 of 17 September 1875 establishing the Supreme Court of Canada
MS, 36 x 20.3
The Supreme Court of Canada is now governed by the Supreme Court Art RSC 1970, s–19, as amended. The Supreme Court of Canada has jurisdiction as a court of appeal in both civil and criminal cases throughout Canada. It is also a court of appeal in controverted election cases, and hears appeals from the Exchequer Court and designated boards set up under federal authority under the Bankruptcy Act and National Defence Act. It also has jurisdiction in controversies between the provinces and the federal government. The Supreme Court may examine and report upon any bill or matter before the Senate or the House of Commons. Its judgement is final and conclusive.

5 Poster charging Louis-Joseph Papineau with high treason, December 1837
56 x 47
Papineau came to be regarded as the leader and chief spokesman of the French-Canadian 'patriotes' and was one of their leaders during the Rebellion of 1837.

6 *The Queen vs. Louis Riel, accused and convicted of the crime of high treason. Report of trial at Regina. Appeal to the Court of Queen's Bench, Manitoba. Appeal to the Privy Council, England. Petition for medical examination of the convict. List of petitions for commutation of sentence, Ottawa*
Ottawa, Queen's Printer, 1886, 207 p, 26 cm
Riel was a central figure in the events preceding passage of the Manitoba Act of 1870. In 1885 he led a protest against the Canadian government's indifference to western grievances. At first peaceful but later violent, his actions led to open conflict. On his arrest he was charged with treason and, despite considerable protest, subsequently hanged.

7 Imprisonment of R.S.M. Bouchette, Montreal. 1837
Water-colour by Robert Shore Milnes Bouchette (1805–79), 12.7 x 16.2, R.S.M. Bouchette Collection
Bouchette took up arms in the Rebellion of 1837, was captured, and was one of the prisoners banished to Bermuda. The banishment was declared illegal and Bouchette eventually returned to Canada.

1 Cugnet, François-Joseph 1720–89
Extraits des édits, déclarations, ordonnances et règlements de sa Majesté très chrétienne. Des règlements et jugements des Gouverneurs Généraux et Intendans concernans la justice; et des règlements et ordonnances de police rendues par les Intendans, faisans partie de la Législature en force en la colonie du Canada, aujourd'hui Province de Québec ... Québec, Chez Guillaume Brown, 1775, 106 p, 19 cm
En 1766 Sir Guy Carleton, gouverneur de Québec, nomma François-Joseph Cugnet, homme de loi, au poste de secrétaire français auprès de gouverneur et du Conseil; il le chargea de préparer un recueil des lois françaises au Canada.

2 Keele, William Conway 1798–1872
The Provincial Justice, or Magistrate's Manual, being a complete digest of the criminal law and a compendious and general view of the provincial law; with practical forms, for the use of the magistracy of Upper Canada Toronto, U.C. Gazette Office, 1835, 663 p, 22 cm
Ce volume fut publié en tant que guide des lois du Haut-Canada.

3 Lettres patentes nommant Jonathan Sewell juge en Chef du Bas-Canada, 1808
MS, 38.2 x 61, avec un sceau
Jonathan Sewell, 1766–1839, fut l'un des premiers à préconiser l'union fédérale des provinces britanniques d'Amérique du Nord. Il fut juge en Chef jusqu'en 1838.

4 Arrêté en Conseil, CP 921, du 17 septembre 1875, instituant la Cour suprême du Canada
MS, 36 x 20.3
La Cour suprême du Canada est maintenant régie par la Loi sur la Cour suprême, SRC 1970, S-19, telle qu'amendée. Les affaires civiles et criminelles à travers tout le Canada relèvent du ressort de la Cour suprême du Canada agissant en tant que cour d'appel. Elle juge également en appel les élections contestées, et toutes les affaires venues en première instance devant la Cour de l'Echiquier et les commissions désignées établies sous l'autorité fédérale conformément à la Loi sur la Faillite et la Loi sur la Défense nationale. Sont aussi de sa compétence les controverses entre le gouvernement fédéral et celui d'une province. La Cour suprême peut procéder à l'examen de tout projet de loi ou requête et présenter un rapport devant le Sénat ou la Chambre des Communes. Son jugement est définitif.

5 Affiche accusant Louis-Joseph Papineau de haute trahison, décembre 1837
56 x 47
Papineau en vint à être considéré comme le chef et le porte-parole des « patriotes » canadiens-français. Il fut un de leurs chefs au cours de la rébellion de 1837.

6 *The Queen vs. Louis Riel, accused and convicted of the crime of high treason. Report of trial at Regina. Appeal to the Court of Queen's Bench, Manitoba. Appeal to the Privy Council, England. Petition for medical examination of the convict. List of petitions for commutation of sentence, Ottawa*
Ottawa, Queen's Printer, 1886, 207 p, 26 cm
Riel tint une place primordiale dans les événements qui précédèrent le vote de l'Acte du Manitoba de 1870. En 1885 il se mit à la tête d'une manifestation qui protestait contre l'indifférence du gouvernement à l'égard des griefs de l'Ouest. Ses activités d'abord pacifiques provoquèrent un conflit armé. Il fut arrêté, accusé de trahison, et, malgré de nombreuses protestations, pendu par la suite.

7 Emprisonnement de R.S.M. Bouchette, Montréal, 1837
Aquarelle de Robert Shore Milnes Bouchette (1805–79), 12.7 x 16.2, Collection R.S.M. Bouchette
Bouchette prit les armes durant la Rébellion de 1837; il fut capturé, et l'un de ceux qui furent exilés aux Bermudes. Cet exil fut déclaré illégal et Bouchette put revenir au Canada.

Canada's part in the first world war earned her representation at the Peace Conference and full membership in the League of Nations. This was a dramatic step forward – but only part of a gradual process extending over many decades by which Canada secured control over her own external relations. Canadian representation abroad began with the appointment of immigration agents before Confederation and culminated in the appointment of a semi-diplomatic High Commissioner in London; only through long negotiations did she obtain participation in treaties intimately affecting her. After Confederation Canada could not be treated as an ordinary colony, yet no political entity between colony and sovereign state was known and one had to be invented. The result was Dominion status. This was officially described in the Balfour Declaration of 1926 and the Statute of Westminster of 1931, which made applicable to other self-governing parts of the Empire a status which had been worked out empirically by Britain and Canada during the previous fifty years.

Holdings of the Public Archives reflect the compulsive importance of external affairs. Most vital were relations with the United States, defence, foreign trade, and the attraction of manpower and capital. The Colonial Office records and the files of the Governor General's Office comprise the largest source of documentation concerning external matters. Then follow the records of the Department of External Affairs, which was created in 1909, those of the Prime Minister's Office, and the extensive records of the High Commissioner's Office in London. The private papers of various cabinet ministers, departmental officials, and prime ministers from Laurier to Pearson, supplement the official records.

The Public Archives Library possesses memoirs, essays, collections of edited documents, and various other official and unofficial publications concerning Canada's past and present foreign policy. Photographs of Canadian delegations to countless international meetings, particularly those of the League of Nations and the United Nations, are in the care of the Picture Division. Maps outlining boundary disputes and adjustments are in the National Map Collection.

The Public Archives is also co-operating with the Historical Division of the Department of External Affairs in recording on tape interviews with former diplomats and ministers.

La part importante que prit le Canada dans la première guerre mondiale lui valut d'être représenté à la Conférence de la Paix et d'obtenir un siège à la Société des Nations. C'était là un pas en avant, mais il fallut encore de nombreuses années avant que le pays n'exerce un contrôle entier sur ses relations extérieures. Avant la Confédération, le Canada fut représenté à l'étranger d'abord par des officiers d'immigration, jusqu'à ce que soit nommé à Londres un Haut-Commissaire ayant un statut semi-diplomatique; cependant ce n'est qu'après de longues négociations que le pays put participer activement aux traités qui le concernaient directement. Après la Confédération, le Canada ne pouvait plus être considéré comme une colonie ordinaire; il n'était ni colonie ni état souverain; il lui fut conféré un statut spécial: celui de Dominion. La Déclaration Balfour de 1926 et le Statut de Westminster de 1931 reprirent les termes de ce statut particulier pour l'appliquer aux autres pays membres de l'Empire ayant un gouvernement autonome. Il faut remarquer qu'il s'agissait-là d'un statut que la Grande-Bretagne et le Canada avaient peu à peu élaboré au cours des cinquante années précédentes.

Les documents qu détiennent les Archives publiques reflètent l'importance incontestable des affairs extérieures. En premier lieu viennent les relations avec les Etats-Unis, la défense, le commerce extérieur, et la nécessité d'attirer la main d'oeuvre et les capitaux. Les archives du ministère des Colonies et les dossiers du Cabinet du gouverneur général offrent la documentation la plus étendue sur ce sujet. Il y a ensuite les archives du ministère des Affaires extérieures créé en 1909, ceux du Cabinet du premier ministre et du Haut-Commissaire en poste à Londres. Les papiers personnels des ministres, des hauts fonctionnaires et des premiers ministres, de Laurier à Pearson, viennent compléter les archives officielles.

Les Archives publiques possèdent des mémoires, des essais, des collections de documents publiés et de nombreuses autres publications officielles ou non sur la politique extérieure passée et présente du Canada. La Division des gravures et photos détient les photos des délégations canadiennes à d'innombrables conférences internationales, spécialement celles de la Société des Nations et de l'ONU. Les cartes faisant ressortir les conflits de frontières et leur règlement se trouvent à la Collection nationale des cartes.

Les Archives publiques, en collaboration avec la Division historique du ministère des Affaires extérieures, procèdent aussi à l'enregistrement sur bande d'entrevues accordées par d'anciens diplomates et ministres.

The question having been raised as to the meaning of Article IV of the League of Nations Covenant, we have been requested by Sir Robert Borden to state whether we concur in his view, that upon the true construction of the first and second paragraphs of that Article, representatives of the self-governing Dominions of the British Empire may be selected or named as members of the Council.   We have no hesitation in expressing our entire concurrence in this view.   If there were any doubt it would be xx entirely removed by the fact that the Articles of the Covenant are not subject to a narrow or technical construction.

Dated at the Quai d'Orsay, Paris the sixth day of May, 1919.

3 Document signed by leaders of the Big Three at the Paris Peace Conference, 1919

3 Document signé par les chefs des Trois Grands à la Conférence de Paris, 1919

5 Canadian delegation to the Ninth General Assembly of the
League of Nations, Geneva, 1928

5 Délégation canadienne à la Neuvième Assemblée Générale
de la Société des Nations, Genève, 1928

'71452   *Treaties - Halibut Fisheries*
                                   Treaty, 1923 ✓

GOVERNMENT HOUSE
OTTAWA.

                                        1st March, 1923.

PRIVATE & PERSONAL.

                My dear Prime Minister,

                        I have just received a
private and personal cable from the Duke saying that
Lord Curzon has telegraphed to Sir Auckland Geddes
respecting the signature of the Halibut Treaty in
accordance with your wishes. Lord Curzon's message is
not in the nature of a definite instruction to Sir
Auckland as it is realized that he night feel a
difficulty on account of his own position, but the
Duke thinks the result should be that Mr. Lapointe will
sign alone.

                        I am extremely glad to be the means of letting
you know that His Majesty's Government have been able to
meet your wishes in this matter of the Treaty.

                        So glad to hear that you are better and that you
will be able to dine with us to-morrow.

The Right Honourable
    W. L. Mackenzie King, C.M.G.,
        Prime Minister.
                                        Yrs Sincerely

                                        Byng of Vimy.

4 Letter from the Governor General to W.L. Mackenzie King,
   1923

4 Lettre du gouverneur général à W.L. Mackenzie King, 1923

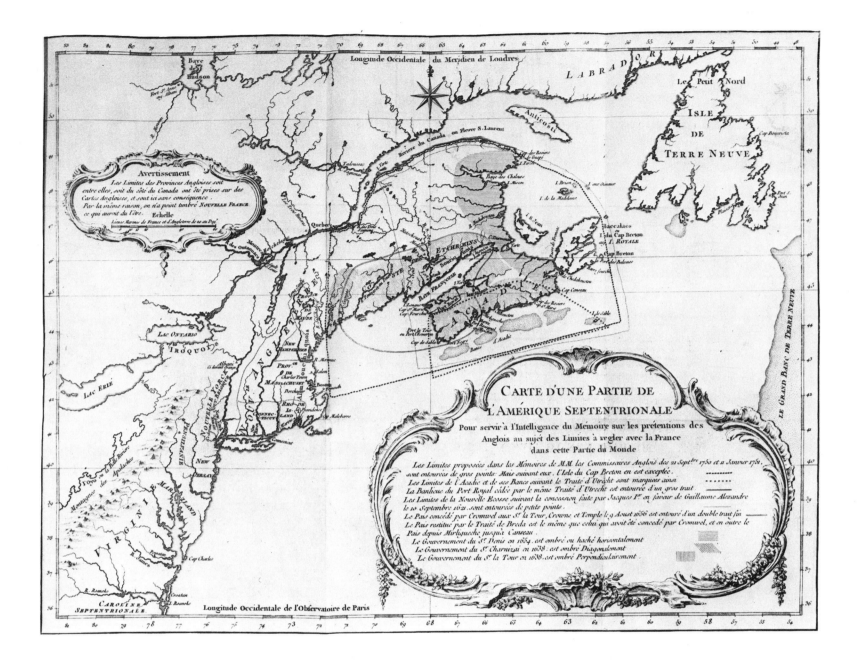

8 Map showing the claims of France and Great Britain regarding the boundaries of Acadia

8 Carte montrant les revendications de la France et de la Grande-Bretagne au sujet des frontières de l'Acadie

1 Mills, David 1831–1903
The Canadian View of the Alaska Boundary Dispute
Ottawa, Government Printing Bureau, 1899, 23 p, 18 cm
A printed pamphlet containing an interview in 1899 with
the Minister of Justice by a correspondent of the *Chicago
Tribune.*

2 Letter from Sir George H. Perley, High Commissioner for
Canada in the United Kingdom, to Sir Robert Borden, 20
January 1919
MS, LS, 2 p, 20.3 x 25.4, Borden Papers
Sir George congratulated the Prime Minister on his success
in obtaining representation for the self-governing Domin-
ions at the Paris Peace Conference.

3 Memorandum of 30 July 1919 from Sir Robert Borden with
accompanying document signed by the leaders of the Big
Three at the Paris Peace Conference
MS, 3 p, 20.3 x 25.4, Borden Papers
This memorandum contains consent to the selection of the
self-governing Dominions as members of the Council of
the League of Nations. The signatories of the accompanying
document were Georges Clémenceau for France, Woodrow
Wilson for the United States, and David Lloyd George for
Great Britain.

4 Letter from the Governor General to W.L. Mackenzie King,
marked 'Private and Personal' and dated at Ottawa, 1 March
1923
MS, LS, 1 p, 20.3 x 25.4, Mackenzie King Papers
The Governor General relayed His Majesty's Government's
willingness to have Canada alone sign the Pacific Halibut
Fisheries Treaty with the United States. Hitherto the British
government as the sovereign power had signed all treaties
on behalf of Canada.

5 Canadian delegation to the Ninth General Assembly of the
League of Nations, Geneva, August-September 1928
Bromide print, 16.1 x 23, William Lyon Mackenzie King
Collection
Typed, verso: 'Reading from left to right: Dr. O.D. Skelton,
Under-Secretary of State for External Affairs, Canada; the
Honble. Philippe Roy, Canadian Minister to France; Raoul
Dandurand; the Rt. Honble. W.L. Mackenzie King, CMG,
MP, Prime Minister of Canada, and Secretary of State for
External Affairs; the Honble. Charles Dunning, MP, Minister
of Railways and Canals, Canada; Dr. W.A. Riddell,
Canadian Advisory Officer, Geneva.'

6 Massey, Vincent 1887–1967
Canada in the World Toronto, J.M. Dent, 1935, 229 p, 22 cm
A confidential proof copy of Vincent Massey's views on
Canada's role in international affairs during the early 1930s.
Massey, however, withdrew the book prior to publication.

7 Letter from Hume Wrong to Dr O.D. Skelton, marked
'Confidential' and dated at Geneva, 3 July 1939
MS, LS, 3 p, 20.3 x 26
In this letter to the Under-Secretary of State for External
Affairs, Wrong, who was Permanent Canadian Delegate to
the League of Nations, expressed his views on the European
situation on the eve of the second world war: 'Obviously
the temperature is rising again and boiling point may be
reached any day.'

8 Great Britain. Commissioners for adjusting the boundaries
for the British and French possessions in America.
*Mémoires des Commissaires du roi et de ceux de Sa Majesté
britannique* ... Paris, Imprimerie royale, 1755–7, 4 v, 26 x 21
The map (38.2 x 69.8) that accompanied *Mémoires des Commissaires* ... showed the claims of France and Great Britain
regarding the boundaries of Acadia. Although France ceded
Acadia to Britain in 1713 by the Treaty of Utrecht, the final
settlement was not reached until the Treaty of Paris in 1763.

1 Mills, David 1831–1903
The Canadian View of the Alaska Boundary Dispute
Ottawa, Government Printing Bureau, 1899, 23 p, 18 cm
Brochure relatant une entrevue accordée en 1899 par le ministre de la Justice à un correspondant de la *Tribune* de Chicago.

2 Lettre de Sir George H. Perley, Haut Commissaire canadien en Grande-Bretagne, à Sir Robert Borden, 20 janvier 1919
MS, LS, 2 p, 20.3 x 25.4, Papiers Borden
Sir George félicite le premier ministre d'avoir obtenu que les dominions indépendants soient représentés à la Conférence de la Paix de Paris.

3 Memorandum en date du 30 juillet 1919 de Sir Robert Borden, auquel est joint un document signé par les chefs des Trois Grands à la Conférence de Paris
MS, 3 p, 20.3 x 25.4, Papiers Borden
D'après ce memorandum, les dominions autonomes sont éligibles au Conseil de la Société des Nations. Les signataires du document joint sont Georges Clémenceau pour la France, Woodrow Wilson pour les États-Unis, et David Lloyd George pour la Grande-Bretagne.

4 Lettre du gouverneur général à W.L. Mackenzie King, portant la mention « Personnelle et Confidentielle », Ottawa, 1er mars 1923
MS, LS, 1 p, 20.3 x 25.4, Papiers Mackenzie King
Le gouverneur général transmet le consentement du Gouvernement de Sa Majesté pour que le Canada signe seul le Traité sur la Pêche du Flétan dans le Pacifique avec les États-Unis. Jusqu'alors le gouvernement britannique, en tant que puissance souveraine, avait signé tous les traités au nom du Canada.

5 Délégation canadienne à la Neuvième Assemblée Générale de la Société des Nations, Genève, août-septembre 1928
Photographie au bromure d'argent, 16.1 x 23, Collection William Lyon Mackenzie King
Tapé au verso: « Reading from left to right: Dr. O.D. Skelton, Under-Secretary of State for External Affairs, Canada; the Honble. Philippe Roy, Canadian Minister to France; Raoul Dandurand; the Rt. Honble. W.L. Mackenzie King, CMG, MP, Prime Minister of Canada, and Secretary of State for External Affairs; the Honble. Charles Dunning, MP, Minister of Railways and Canals, Canada; Dr. W.A. Riddell, Canadian Advisory Officer, Geneva ».

6 Massey, Vincent 1887-1967
Canada in the World Toronto, J.M. Dent, 1935, 229 p, 22 cm
Épreuve confidentielle du livre de Vincent Massey sur le rôle du Canada dans les affaires internationales au cours des années trente. Massey retira le manuscrit avant qu'il ne soit publié.

7 Lettre de Hume Wrong à O.D. Skelton, marquée « Confidentielle », Genève, 3 juillet 1939
MS, LS, 3 p, 20.3 x 26
Dans cette lettre, au sous-secrétaire d'État aux Affaires extérieures, Wrong, qui était le délégué canadien permanent à la Société des Nations, donne son opinion sur la situation européenne à la veille de la deuxième guerre mondiale: « Obviously the temperature is rising again and boiling point may be reached any day ».

8 Grande-Bretagne. Commissaires chargés de délimiter les frontières des possessions françaises et britanniques, en Amérique. *Mémoires des Commissaires du roi et de ceux de Sa Majesté britannique ...* Paris, Imprimerie royal, 1755–7, 4 v, 26 x 21
La carte (38.2 x 69.8) jointe aux *Mémoires des Commissaires* fait ressortir les revendications de la France et de la Grande-Bretagne au sujet des frontières de l'Acadie. Bien que la France ait cédé l'Acadie à la Grande-Bretagne en 1713 (Traité d'Utrecht), il faut attendre le Traité de Paris de 1763 pour arriver à un règlement final.

The history of Canada includes the Indian Wars, the War of the Spanish Succession, the Seven Years' War, the American Revolution, the War of 1812, the Boer War, the two world wars, and the Korean War. The extensive holdings of the Public Archives (papers, files, pamphlets, books, posters, maps, photographs, films, and recordings) reflect the abundant and varied documentation which these conflicts have generated. The Archives de la Marine and Archives de la Guerre in Paris have yielded full records of the military and naval history of New France, and extensive British military and naval records document the eighteenth and nineteenth centuries. All aspects of Canada's own armed services are in the files of the Department of Militia and Defence and its successor, the Department of National Defence. Other pertinent files have come from such departments as Munitions and Supply.

Students of policy find an excellent source in the papers of the Governor General's Office, of Prime Ministers Laurier, Borden, and King, and of the Privy Council. No less important are the papers of many cabinet ministers, civil servants, ranking military officers, and politicians. In addition the Canadian Forces Records Centre of the Public Archives holds the individual service records of millions of Canadian military personnel.

Published books, pamphlets, periodicals, and parliamentary debates are to be found in the Archives Library, but most effective probably in bringing history to life are the audio-visual resources of the Map and Picture Divisions.

The progress and after-effects of war can be traced through the National Map Collection, which includes such rare items as Captain Cook's chart of the St. Lawrence, used to guide the forces of General Wolfe, as well as thousands of maps showing operations in Europe during the two world wars. The National Photograph Collection holds more than five hundred thousand negatives taken by photographers of the three armed services during both world wars and in Korea. Thousands of feet of documentary wartime film repose in the National Film Collection. The Historical Sound Recordings Unit preserves the reports of Canadian Broadcasting Corporation correspondents from the battlefronts of the second world war and the Korean War.

L'histoire du Canada est parsemée de guerres: les guerres indiennes, celle de la Succesion du trône d'Espagne, la guerre de Sept Ans, la Révolution américaine, la guerre de 1812, des Boers, les première et deuxième guerres mondiales, celle de Corée. Papiers, dossiers, brochures, livres, affiches, cartes, photographies, films et enregistrements: les Archives publiques possèdent une documentation extrêmement abondante et variée. Elles ont fait copiés aux Archives de la Marine et de la Guerre en France tout ce qui se rapportait à l'histoire navale et militaire de la Nouvelle-France. Il existe aussi toutes sortes de documents sur l'armée et la marine britanniques aux dix-huitième et dix-neuvième siècles.

Les dossiers du ministère de la Milice et de la Défense et de son successeur, le ministère de la Défense nationale, documentent tous les aspects de l'armée, l'aviation, et la marine canadiennes. Ceux d'autres ministères, comme celui des Munitions et Approvisionnements, présentent aussi un intérêt certain.

Tous ceux qui s'intéressent à la politique du pays en matière militaire pourront consulter utilement les papiers du Cabinet du gouverneur général, des premiers ministres Laurier, Borden, et King, ainsi que ceux du Conseil privé. Non moins importants sont les papiers de plusieurs ministres, fonctionnaires, officiers de l'armée, et hommes politiques. En outre il existe au Dépôt des archives des forces canadiennes des millions de dossiers personnels de militaires canadiens.

La Bibliothèque des Archives détient des livres publiés, des périodiques et des débats parlementaires; les documents audiovisuels des Divisions des cartes et des gravures redonnent vie à tout ce passé.

Grâce à la Collection nationale de cartes et plans, on peut suivre l'évolution de la guerre et ses effets après le rétablissement de la paix; cette collection comprend des documents très rares, comme la carte du Saint-Laurent dressée par le capitaine Cook qu'utilisa le général Wolfe, et des milliers de cartes indiquant les diverses opérations en Europe au cours des deux guerres mondiales. La Collection nationale de photographies possède plus de cinq cent mille négatifs pris par les armées de terre, de mer, et de l'air au cours des deux guerres mondiales et de celle de Corée. Des milliers de pieds linéaires de films qui se rapportent à la guerre au vingtième siècle sont détenus par la Collection de films canadiens. Le Service des archives sonores conserve les reportages des correspondants de guerre de Radio-Canada durant la seconde guerre mondiale et celle de Corée.

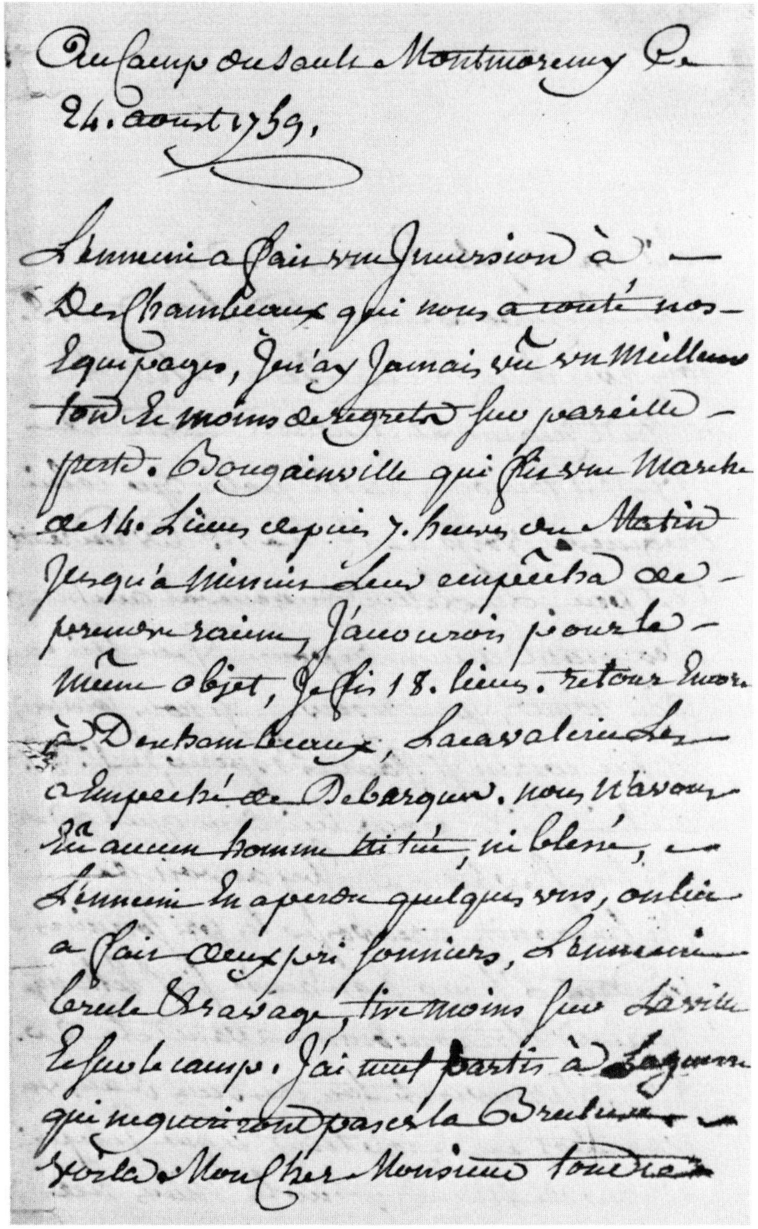

Au Camp du Sault Montmorency le 24. aoust 1759.

L'ennemi a fait une incursion à Deschambeaux qui nous a couté nos Equipages, Je n'ay jamais vu un Meilleur ton et moins de regrets sur pareille perte. Bougainville qui fit une Marche de 14. Lieues depuis 7. heures du Matin jusqu'à minuit leur empêcha de [illegible] J'accourois pour le même objet, je fis 18. lieues. retour encore à Deschambeaux, la cavalerie les a empeché de Debarquer. nous n'avons eu aucun homme tué, ni blessé, l'ennemi en a perdu quelques uns, ou bien a fait deux prisonniers, l'ennemi brule et ravage, tire moins sur la ville et sur le camp. J'ai [illegible] partis à la guerre qui ne [illegible] passer la Bretonne. Voila Mon cher Monsieur tout ce

2 Letter from Montcalm to Bourlamaque, 1759

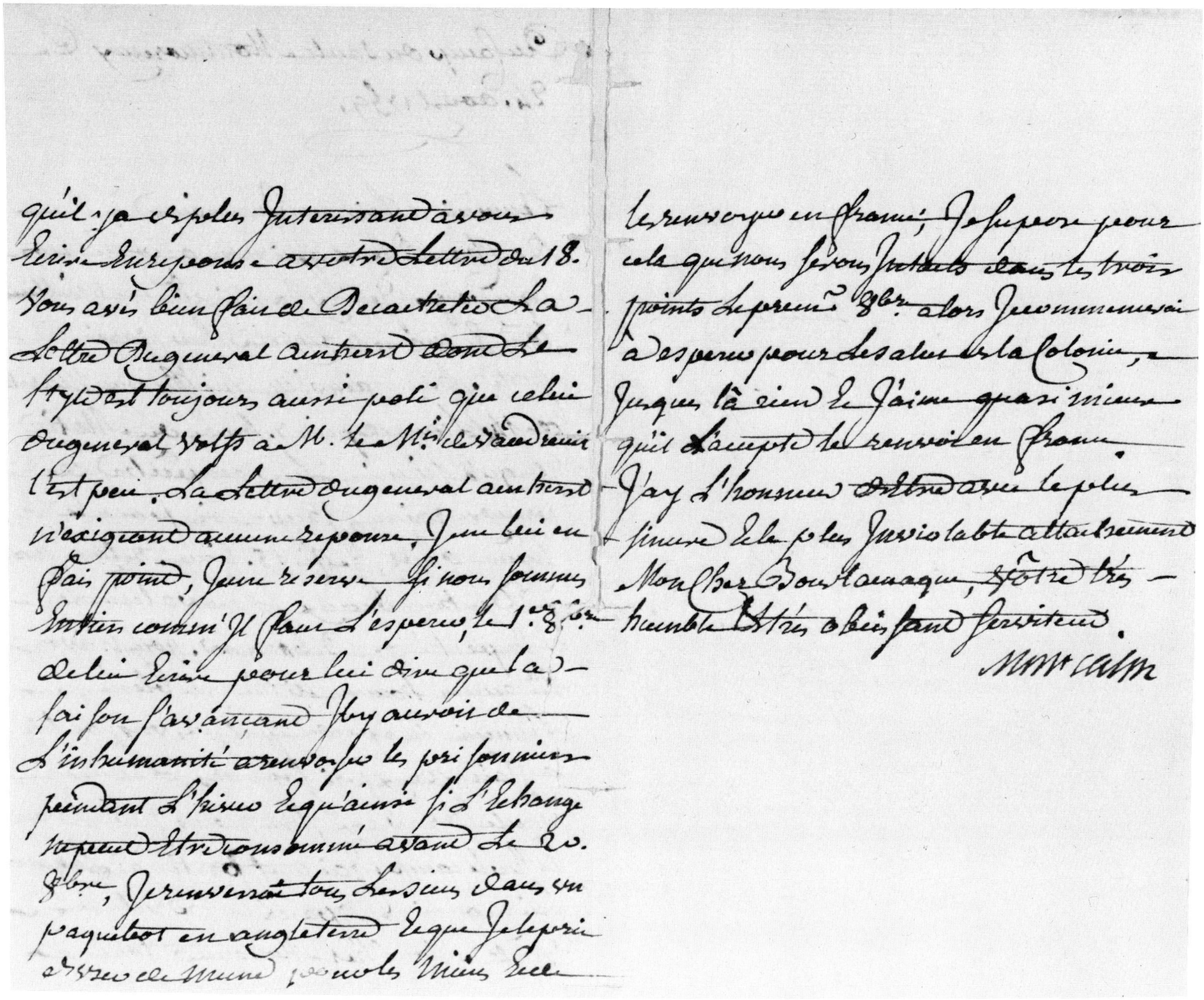
qu'il y a de plus intéressant à vous
écrire en réponse à votre lettre du 18.
Vous avés bien fait de décacheter la
lettre du général amherst dont le
style est toujours aussi poli que celui
du général wolfe à M. le Mis de vaudreuil
l'est peu. La lettre du général amherst
n'exigeant aucune réponse, je ne lui en
fais point, je me réserve si nous sommes
entiers comme il faut l'espérer, le 1er 8bre
de lui écrire pour lui dire qu'il a
fait son [illegible] il y auroit de
l'inhumanité à renvoyer les prisonniers
pendant l'hiver et qu'ainsi si l'échange
ne peut être consommé avant le 20.
9bre, je renverrai tous les siens dans un
paquebot en angleterre et que je le prie
d'en user de même pour les miens et
les renvoyer en France; je l'espère pour
cela que nous serons intacts dans les trois
points le premier 8bre alors je commencerai
à espérer pour le salut de la Colonie,
jusques là rien et j'aime quasi mieux
qu'il accepte le renvoi en France.
J'ay l'honneur d'être avec le plus
sincère et le plus inviolable attachement
Mon cher Bourlamaque, votre très
humble et très obéissant serviteur.
Montcalm

2 Letter de Montcalm à Bourlamaque, 1759

3 View of the launching place above the town of Quebec, 1759   3 Vue de l'endroit au-dessus de la ville de Québec où s'est
déclenchée l'attaque, 1759

5 Troops of the Sixteenth Canadian Machine Gun Company
holding the line near Passchendaele, Belgium, 1917

5 Soldats de la seizième Compagnie des Mitrailleurs canadiens
sur le front près de Passchendaele, Belgique, 1917

1 Champlain, Samuel de 1567?–1635
Voyages et descouvertures faites en la nouvelle France, depuis l'année 1615, jusques à la fin de l'année 1618 A Paris, Chez Claude Collet, 1620, 159 p, 18 cm
This volume includes an engraving showing the soldiers and Huron allies of Samuel de Champlain attacking an Onondaga village in northern New York during October 1615. Despite the overwhelming firepower of Champlain's arquebusses and the use of the portable fighting-top (*le cavalier*) the attack failed and Champlain himself sustained serious wounds during the retreat. He blamed the indiscipline of the Hurons for the failure, which served only further to alienate the Iroquois.

2 Letter from Montcalm to Bourlamaque, 24 August 1759
MS, ALS, 16.6 x 22.3, Montcalm Papers
Montcalm commented on the movement of the enemy.

3 A view of the launching place above the town of Quebec, describing the assault of the enemy, 13 September 1759
Oil painting by Francis Swaine (1740–82), 30 x 45.8, Swaine Collection
Swaine was an English marine painter who never visited Canada; he exhibited his canvases in London and may have taken his subject matter from prints after sketches by Hervey Smyth.

4 'Nominal List of Officers and Seamen ... Killed and Wounded at Oswego on the 6th May 1814'
MS, 20.5 x 31.8
On 5–6 May 1814 Commodore Sir James Yeo, commanding a British fleet on Lake Ontario, landed eleven hundred men at Oswego, New York, captured and destroyed the American fort there, and then withdrew.

5 Troops of the Sixteenth Canadian Machine Gun Company holding the line near Passchendaele, Belgium, taken 11–19 November 1917
Photo from the original negative by Lieut William Rider-Rider, 10.2 x 12.7
Rider-Rider, a British press photographer turned soldier, took at least four thousand photographs, under the auspices of the Canadian War Records Office, of Canadian troops in action on the western front during the first world war. He has indicated this photograph as being one of the best he took.

6 Appendix to the diary of the Sixteenth Canadian Machine Gun Company, consisting of a map showing the trench system and topographical features as well as the unit's exact positions around Passchendaele
MS, 36.8 x 31.9

1 Champlain, Samuel de 1567?–1635
Voyages et descouvertures faites en la nouvelle France, depuis l'année 1615, jusques à la fin de l'année 1618 A Paris, Chez Claude Collet, 1620, 159 p, 18 cm
Ce volume comprend une gravure représentant les soldats et alliés Hurons de Samuel de Champlain attaquant un village Onondaga dans le nord de l'état de New-York en octobre 1615. En dépit du feu nourri des arquebuses de Champlain et l'utilisation de cavaliers, ce fut un échec et Champlain fut sérieusement blessé au cours de la retraite. Il attribua sa défaite à l'indiscipline des Hurons, et s'aliéna les Iroquois.

2 Lettre de Montcalm à Bourlamaque, 24 août 1759
MS, LAS, 16.6 x 22.3, Papiers Montcalm
Montcalm commente les mouvements de l'ennemi.

3 Vue de l'endroit au-dessus de la ville de Québec où s'est déclenchée l'attaque, représentation de l'assaut des ennemis, 13 septembre 1759
Peinture à l'huile par Frances Swaine (1740–82), 30 x 45.8, Collection Swaine
Swaine était un peintre anglais de marines qui n'est jamais venu au Canada; il exposa ses toiles à Londres et s'est peut-être inspiré des gravures faites d'après les dessins de Hervey Smyth.

4 « Nominal List of Officers and Seamen ... Killed and Wounded at Oswego on the 6th May 1814 »
MS, 20.5 x 31.8
Les 5 et 6 mai 1814 le commodore Sir James Yeo, commandant une flotte britannique sur le lac Ontario, débarqua onze cents hommes à Oswego, New-York, captura et détruisit le fort américain qui s'y trouvait, et se retira.

5 Soldats faisant partie de la seizième Compagnie des Mitrailleurs canadiens sur le front près de Passchendaele, Belgique, photographie prise entre le 11 et le 19 novembre 1917
Photographie à partir du négatif original pris par le lieutenant William Rider-Rider, 10.2 x 12.7
Photographe britannique de presse devenu soldat, Rider-Rider prit au moins quatre mille photographies, pour le compte du Bureau canadien des archives de guerre, de troupes canadiennes en action sur le front de l'ouest durant la première guerre mondiale. A son avis, celle-ci est la meilleure qu'il ait prise.

6 Appendice du Journal de la seizième Compagnie de Mitrailleurs canadiens: cette carte donne la position exacte de la compagnie autour de Passchendaele, des détails sur la topographie et le système de tranchées
MS, 36.8 x 31.9

In a country as vast as Canada, it is inevitable that means of transport should be a factor in the daily life of the country. From the sailing boat to the steamship, from the sledge to the snowmobile, from the canoe to the truck, from the carriage to the car – these all represent stages in Canadian history. The St. Lawrence Seaway, the Trans-Canada Highway, and the major railways are important factors in the economic development of present-day Canada.

The Public Archives contains a great deal of excellent material in this area. Railways, canals, sea routes, and highways – including the engineering achievements behind them, navigational aids, technical inspections, financial assistance, and the economic, political, social, and military implications at different stages in the history of the country – are among the subjects documented.

Official records are complemented and enhanced by private papers, printed items, photographs, engravings, maps, and plans which give precise details at the municipal, regional, and national levels. Of particular note because of their number and interest are shipping registers, the records of the national railway companies and of the smaller companies that they took over, and the maps that trace communications systems back to the earliest voyages of exploration. The records of the national railways alone occupy 3,335 feet of shelf space.

Dans un pays aussi vaste que le Canada, il était fatal que les modes de transport fussent un élément quotidien de la vie canadienne. Du bateau à voile au vapeur, du traineau à chien à la motoneige, du canot au camion, de la calèche à l'automobile, voilà autant d'étapes de l'histoire canadienne. La voie maritime du Saint-Laurent, la route transcanadienne et les grandes lignes de chemins de fer sont d'importants facteurs de développement économique du Canada contemporain.

Les archives officielles sont très riches dans le domaine des transports. Chemins de fer, canaux, lignes maritimes et routes: ouvrages de génie, aides à la navigation, contrôles techniques et assistance financière, implications économiques, politiques, sociales et militaires, sont autant d'aspects que documentent les ressources des archives, au différentes étapes du développement du pays.

Les papiers privés, les imprimés, les photographies, les gravures, les cartes, les plans viennent enrichir les documents officiels, les concrétiser, tant au niveau municipal que régional et national. Sont à noter, à cause de leur quantité et de leur intérêt, les registres d'inscriptions des navires et les dossiers des Chemins de fer Nationaux et des sociétés ferroviaires qu'ils fusionnèrent, et les cartes qui retracent depuis les premières explorations les réseaux de communications. Les archives des Chemins de fer Nationaux occupent, à elles seules, 3,335 pieds linéaires sur les rayons.

Messire GUY CARLETON, *Chevalier du Bain,*
Capitaine-general et Gouverneur en Chef de la Province de
Québec, *et territoires en dépendans en* Amérique, *Vice-*
Amiral d'icelle, &c. &c. &c.
General et Commandant en Chef des troupes de sa Majesté dans
la dite Province et frontieres d'icelle, &c. &c. &c.

COMM'IL est indispensablement nécessaire pour le service du Roy, et la commodité du Public, que tous les chemins Royaux, ainsi que ceux qui y communiquent, soient en Hiver battus et entretenus doubles, ou assés larges pour qu'ils puissent y passer et repasser aisément deux voitures de front, sans aucuns inconveniens, J'ordonne à tous les Capitaines et au tres officiers de Milice dans toute l'étendue de cette Province, d'obliger et contraindre tous les Habitans et Propriétaires de terres et emplacemens de leurs diférentes Paroisses, de battre chacun incessament un chemin de huit pieds de largeur, sur la devanture de leurs terres ou sur leurs parts, de l'entretenir tout l'Hiver en bon ordre, et de poser des balises de sept à huit pieds de hauteur en têtes de sapin ou de cédre, distantes de vingt-quatre pieds en vingt-quatre pieds, aux deux côtés du dit chemin; et afin que les chemins d'Hiver soient battus également dans toute leur largeur, les voiageurs seront tenus d'en prendre toujours la droite, soit en venant dans les villes ou en s'en retournant. J'enjoins aussi et commande rigoureusement à tous et chacun habitans et propriétaires de terres ou emplacemens dans la dite Province, d'éxécuter les ordres qui leur seront donnés à cet égard par les Capitaines et autres officiers de Milice de leurs diférentes Paroisses, sous peine de désobéissance.

Donné sous mon Seing et le Sceau de mes armes, au Château St. Loüis, *dans la ville de* Quebec, *ce douzième jour de* Décembre, *dans la dixseptième année du Regne de nôtre Souverain Seigneur* GEORGES Trois, *par la Grace de* Dieu, *Roi de la* Grande Bretagne, *de* France *et d'*Irelande, *Défenseur de la Foy,* &c. &c. &c. *et de l'année de nôtre Seigneur* 1776.

GUY CARLETON.

Par Ordre de son Excellence,
GEO: ALLSOPP.

1 Proclamation made by Guy Carleton concerning winter roads, 1776
Proclamation de Guy Carleton au sujet des routes hivernales, 1776

surrounded with flourishing young woods, the insect harvest was plentiful.

An odd incident partly occurred here.

A little river runs for a mile or so on the edge of this marsh. Lieut. Grant and myself were entomologising near our tents when a splendid and quite new butterfly sprang up. We pursued it eagerly for a good way along the river-side, making many an useless dash at the prize, when the insect darted across the stream and escaped.

Casting our eyes to the ground, we saw the olivine, and instantly fell to work in taking specimens. All this time, unknown to us, there were Indians in the woods on the other side of the river, following our every step in perfect amazement, persuaded that we were mad. And why? Because we chased a poor insect,—lost it,—and in our impotent rage were smiting the dumb rocks. They intended to seize and convey us to our friends; but seeing that we afterwards became calm, they refrained.

Of these kind people, and their intentions, I only heard accidentally two years afterwards in a public stage-coach in the state of New York, 700 miles to the south-east! A gentleman was entertaining his fellow-passengers very cleverly with the little story, and was greatly amazed by my telling him that I was one of the butterfly-hunters.

4 John J. Bigsby *The Shoe and Canoe; or, Pictures of Travel in the Canadas* 1850

6 Long Island, Rideau Canal, Ontario, 1832
Long Island, Canal Rideau, Ontario, 1832

5 'Winter Carriages, Quebec'

1 Proclamation made by Guy Carleton concerning winter
roads, 1776
Pamphlet, 35.7 x 19.1
We have here a good example of what our modern governments call winter maintenance: ' ... J'ordonne à tous les
Capitaines et autres officers de Milice dans toute l'étendue
de cette Province, d'obliger et contraindre tous les Habitans
et Propriétaires de terres et emplacemens de leurs diférentes
Paroisses, de battre chacun incessamment un chemin de huit
pieds de largeur, sur la devanture de leurs terres ou sur leurs
parts, de l'entretenir tout l'Hiver en bon ordre, et de poser
des balises de sept à huit pieds de hauteur en têtes de sapin
ou de cèdre, distantes de vingt-quatre pieds en vingt-quatre
pieds, aux deux côté du dit chemin ... '

2 Public Notice, 1846
Poster, 35.5 x 25.4
This is how traffic was regulated in 1846: 'THAT, Whereas
evil disposed persons travelling the Highways in this Province, with Sleds or other Carriages frequently do injury to
her Majesty's subjects, whom they do meet on the Highways
aforesaid, by not giving an equal half of the width of the
Road, or beaten track, or any part thereof, for the conveniency of passing each other, for remedy thereof, and put
an end to such evil practices ...'

3 Hall, Francis   ?–1883
Travels in Canada and the United States in 1816 and 1817
London, printed for Longman, Hurst, Rees, Orme, & Brown,
Pasternoster-Row, 1818, 543 p, 21 cm
One of the many books published by travellers during the
eighteenth and nineteenth centuries, containing accounts
of their travels and comments on the state of transport
services.

4 Bigsby, John J. 1792–1881
*The Shoe and Canoe; or, Pictures of Travel in the Canadas.
Illustrative of their scenery and colonial Life, with facts and
opinions on emigration, state policy and other points of public
interest* London, Chapman and Hall, 1850, 2 v, 19.5 cm

John Jeremiah Bigsby, a geologist, was commissioned in
1819 to report on the geology on Upper Canada and in 1822
became British secretary and medical officer of the Canadian
Boundary Commission. This position as secretary to the
survey that settled the boundary line between Canada and
the United States enabled him to become acquainted with
the real condition of the border lands closed to mere travellers. This is the author's copy of the work, with original
drawings and manuscript corrections and notes written
in ink.

5 'Winter Carriages, Quebec'
Pen and ink and water-colour sketch by Mrs Millicent Mary
Chaplin (active 1838–42), 26 x 41.9, M.M. Chaplin Album
Mrs Chaplin was the wife of Thomas Chaplin, an officer in
the Coldstream Guards. She has been described as a typical
example of the lady amateur who accompanied her husband
on an overseas posting.

6 Long Island, Rideau Canal, Ontario, 1832
Pencil drawing by John Burrows (1789–1848), 27.7 x 37.8,
John Burrows Collection
Capt John Burrows was born in Plymouth, England, became
a civil engineer and was commissioned in the Prince of
Wales Regiment. He also became the first settler on the
present site of Ottawa. Colonel By appointed him clerk of
the works on the Rideau Canal.

1 Proclamation de Guy Carleton au sujet des routes hivernales, 1776
Brochure, 35.7 x 19.1
Exemple ancestral de ce que nos gouvernements nomment
aujourd'hui l'entretien d'hiver: « ... J'ordonne à tous les
Capitaines et autres officiers de Milice dans toute l'étendue
de cette Province, d'obliger et contraindre tous les Habitans
et Propriétaires de terres et emplacemens de leurs diférentes
Paroisses, de battre chacun incessamment un chemin de huit
pieds de largeur, sur la devanture de leurs terres ou sur
leurs parts, de l'entretenir tout l'Hiver en bon ordre, et de
poser des balises de sept à huit pieds de hauteur en têtes de
sapin ou de cèdre, distantes de vingt-quatre pieds en vingt-
quatre pieds, aux deux côté du dit chemin ... ».

2 Annonce publique, 1846
Affiche, 35.5 x 25.4
Voilà comment on régularisait le transport routier en 1846:
« THAT, Whereas evil disposed persons travelling the Highways in this Province, with Sleds or other Carriages frequently do injury to her Majesty's subjects, whom they do
meet on the Highways aforesaid, by not giving an equal half
of the width of the Road, or beaten track, or any part
thereof, for the conveniency of passing each other, for
remedy thereof, and put an end to such evil practices ...».

3 Hall, Francis   ?–1833
Travels in Canada and the United States in 1816 and 1817
London, printed for Longman, Hurst, Rees, Orme, &
Brown, Paternoster-Row, 1818, 543 p, 21 cm
Il s'agit ici d'un des nombreux livres de voyage des dix-
huitième et dix-neuvième siècles, dans lesquels habituelle-
ment l'auteur fait le récit de ses randonnées et fait des
commentaires sur les moyens de transports existants.

4 Bigsby, John J. 1792–1881
*The Shoe and Canoe; or, Pictures of Travel in the Canadas.
Illustrative of their scenery and colonial Life, with facts and
opinions on emigration, state policy and other points of public
interest* London, Chapman and Hall, 1850, 2 v, 19.5 cm

Le géologue John Jeremiah Bigsby fut chargé en 1819 de
faire une étude sur la géologie du Haut-Canada. En 1822 il
devint secrétaire britannique et officier médical à la Commission sur les frontières canadiennes. Son poste de
secrétaire à la commission qui détermina la frontière entre
le Canada et les États-Unis lui permit de se familiariser avec
les conditions réelles existent dans les territoires frontaliers
fermés aux voyageurs. Nous avons ici l'exemplaire de l'auteur avec des dessins originaux, des corrections manuscrites
et des notes écrites à l'encre.

5 « Winter Carriages, Quebec »
Croquis à l'encre et à la plume rehaussé d'aquarelle, par
Mme Millicent Mary Chaplin (active 1838–42), 26 x 41.9,
Album M.M. Chaplin
Mme Chaplin était la femme de Thomas Chaplin, officier
des Gardes Coldstream. Elle a été considérée comme
l'exemple même de la femme d'officier, artiste amateur, qui
accompagnait son mari dans ses divers postes à l'étranger.

6 Long Island, Canal Rideau, Ontario, 1832
Dessin au crayon de John Burrows (1789–1848),
27.7 x 37.8, Collection John Burrows
Le capitaine John Burrows est né à Plymouth, Angleterre.
Devenu ingénieur, il fut affecté au régiment du Prince de
Galles. Il fut le premier à s'établir sur l'emplacement de ce
qui est aujourd'hui Ottawa. Le colonel By le chargea des
travaux du canal Rideau.

The earliest form of government communications system in Canada was the postal service. Colonial Office records and transcripts from papers in the British Museum document the postal activities of the British regime in Canada prior to the formation of a Canadian postal service, and nineteenth- and twentieth-century developments are covered very fully in the Post Office's own records.

Although the majority of the early telegraph companies were privately owned, some documentation on the many that became Canadian National telegraph components are found with the CNR records. The establishment of telegraph and telephone communications in isolated areas was for seventy years the task of the Government Telegraph and Telephone Service, the bulk of whose records are included with those of the Departments of Transport and Public Works.

As the regulation of wireless and radio, both public and private, has always been a federal government responsibility, the records of the Departments of Marine and Transport contain much valuable material. The Archives holds some CBC files, while the papers of the 1928–9 Aird and 1955–7 Fowler Royal Commissions give very comprehensive documentation on contemporary broadcasting. Also, the Public Archives Historical Sound Recordings Unit holds recordings of historically significant broadcasts and of interviews on the history of broadcasting. Because of the importance of communications in Canadian life, the papers of nearly every political figure, particularly prime ministers and cabinet ministers, as well as such versatile people as Sir Sandford Fleming, contain much that is valuable.

Le service des postes fut le premier système gouvernemental de communications établi au Canada. Les archives du ministère des Colonies et des reproductions de papiers détenus au British Museum documentent les activités postales sous le régime britannique, alors que les archives des Postes canadiennes couvrent abondamment les dix-neuvième et vingtième siècles.

La majorité des premières compagnies de télégraphie étaient des exploitations privées, mais une partie de la documentation sur celles qui formèrent par la suite les Télécommunications nationales du Canada se trouve maintenant avec celles des Chemins de fer Nationaux. Pendant soixante-dix ans, les Services fédéraux de télégraphe et téléphone s'attachèrent à installer le télégraphie et le téléphone dans les régions isolées : la majorité de ces archives se trouve maintenant au ministère des Transports et à celui des Travaux publics.

Comme il a toujours appartenu au gouvernement fédéral de règlementer les communications par radio et télégraphie, qu'il s'agisse de sociétés publiques ou privées, les archives des ministères de la Marine et des Transports sont riches en renseignements. Les Archives publiques détiennent aussi une partie des dossiers de Radio-Canada ; les papiers des Commissions royales Aird (1928–9) et Fowler (1955–7) procurent des informations complètes sur les émissions contemporaines. Le Service des archives sonores possèdent des enregistrements d'entrevues et d'émissions intéressantes d'un point de vue historique qui documentent l'histoire de la radio-diffusion.

En raison de l'importance des communications dans la vie canadienne, les papiers personnels de presque toutes les personnalités politiques, surtout des premiers ministres et ministres, et d'autres personnes éminentes comme Sir Sandford Fleming, contiennent des renseignements précieux.

5 The *Great Eastern* landing the Atlantic cable at Heart's Content, Newfoundland, 1866

5 Le *Great Eastern* pose le premier cable transatlantique à Heart's Content, Terre-Neuve, 1866

4 Scrapbook page showing the first proof of the first Canadian postage stamp, 1851 (*section*)
Page d'album où l'on peut voir la première épreuve du premier timbre canadien, 1851 (*partie*)

7 Weekly program log of radio station CFYC, Vancouver, 1924
Programme hebdomadaire de la station CFYC, Vancouver, 1924

1 Memorial from Hugh Finlay to the Governor of Quebec, 29 August 1765
MS, 21.6 x 28
Hugh Finlay was Deputy Postmaster General of Canada for twenty-four years and laid the foundation of the Canadian postal service. In this memorial he requests permission to establish a satisfactory service of postmen.

2 Diagram of operation of the military and naval telegraph station at Quebec, 1809
MS, 23 x 25.4
This diagram is from a volume containing operating instructions and codes and cyphers for the British military and naval telegraph station at Quebec. This was the first of a series of similar stations along the bank of the St. Lawrence which provided a rapid means of communication, particularly during the War of 1812.

3 Minutes of the first meeting of the Montreal Telegraph Company, 29 December 1846
MS, 33 x 51
The Montreal Telegraph Company was the second electric telegraph company in Canada. It was organized by some of the most prominent citizens of Montreal, and its first line was between Montreal and Toronto. It eventually became part of what is now the Canadian Telegraph System.

4 Page from Sir Sandford Fleming's scrapbook showing the first proof of the first Canadian postage stamp
Print, 38.1 x 22.9
In addition to his many other accomplishments, Sir Sandford Fleming was the designer of the first Canadian postage stamp in 1851. He was presented with the first proof of this stamp, which he put in his scrapbook.

5 Landing the Atlantic cable: the *Great Eastern* at Heart's Content, Newfoundland, 1866
Photograph, 20.3 x 25.4
On 27 July 1866 the *Great Eastern*, the largest ship of her time, landed the first successful Atlantic cable at Hearts Content, Newfoundland, and thus linked the New World to Valencia, Ireland. An earlier cable laid in 1858 had failed after a few weeks, and an attempt in 1865 also failed when the cable broke in mid-ocean.

6 Letter from Alexander Graham Bell to Sir Louis Davies, Minister of Marine and Fisheries, dated at Beinn Bhreagh, Victoria County, Cape Breton, Nova Scotia, 30 September 1899
MS, LS, 20.3 x 25.4
In 1899, two years before the first trans-Atlantic wireless signal, Marconi's wireless system was comparatively unknown and untried. He was fortunate to have a friend in Alexander Graham Bell, who in this letter recommended that the Canadian government consider Marconi's system before deciding to lay a cable to Sable Island. However, it is interesting to note that neither the cable nor the Marconi system was installed to Sable Island at that time.

7 Weekly program log of radio station CFYC, Vancouver, November 1924
MS, 21.6 x 28
The program content of this station, owned by Gen V. Odlum, was typical of that of the early commercial broadcasting stations in Canada.

8 Data transmitted by the satellite Alouette I
MS, 25.4 x 38.5
The Public Archives is responsible for the preservation of the records of modern forms of communication, typified by this data sheet transmitted by the Canadian Alouette I satellite in 1964.

1 Mémoire adressé par Hugh Finlay au gouverneur de Québec, 29 août 1765
MS, 21.6 x 28
Hugh Finlay fut sous-ministre des Postes pendant vingt-quatre ans; il posa les bases d'un service postal canadien. Dans ce mémoire, il demande l'autorisation d'organiser un service convenable de postiers.

2 Diagramme du fonctionnement de la station télégraphique militaire et navale de Québec, 1809
MS, 23 x 25.4
Ce diagramme est tiré d'un livre contenant des instructions pour l'utilisation – outre le codage et décodage des messages – de la station télégraphique de l'armée et de la marine britanniques à Québec. Ce fut la première d'une série de stations semblables installées le long du Saint-Laurent, qui permirent des communications rapides, surtout pendant la guerre de 1812.

3 Procès-verbal de la première réunion de la Montreal Telegraph Company, 29 décembre 1846
MS, 33 x 51
La Montreal Telegraph Company fut la seconde société de télégraphie électrique installée au Canada. Elle fut organisée par des notables de la ville, et la première ligne joignit Montréal à Toronto. Elle fut englobée dans ce qui est aujourd'hui le réseau télégraphique canadien.

4 Page tirée de l'album de Sir Sandford Fleming, où l'on peut voir la première épreuve du premier timbre canadien, 1851
Gravure, 38.1 x 22.9
Sir Sandford Fleming, parmi tant d'autres activités, dessina le premier timbre canadien. On lui offrit la première épreuve de ce timbre qu'il mit dans son album.

5 Pose du cable transatlantique: la *Great Eastern* à Heart's Content, Terre-Neuve, 1866
Photographie, 20.3 x 25.4
Le 27 juillet 1866, le plus grand navire de l'époque, le *Great Eastern*, commença à poser le premier cable transatlantique qui devait bien fonctionner, reliant Heart's Con-tent, Terre-Neuve, à Valencia, Irelande. Un cable posé en 1858 avait cessé de fonctionner après quelques semaines; en 1865, un autre s'était rompu au milieu de l'océan.

6 Lettre d'Alexander Graham Bell à Sir Louis Davies, ministre de la Marine et des Pêcheries, Beinn Bhreagh, comté de Victoria, Cape Breton, Nouvelle-Écosse, 30 septembre 1899
MS, LS, 20.3 x 25.4
En 1899, deux ans avant la transmission du premier signal télégraphique à travers l'Atlantique, le système sans fil de Marconi était peu connu et n'avait pas fait ses preuves. Marconi eut la chance de trouver un ami en Graham Bell qui recommanda au gouvernement canadien d'étudier le système Marconi avant de décider la pose d'un câble à l'île de Sable. Il est intéressant de noter que ni le câble ni le système Marconi ne furent installés à l'île de Sable à cette époque.

7 Programme hebdomadaire de la station CFYC, Vancouver, novembre 1924
MS, 21.6 x 28
Le programme des émissions de la station CFYC, appartenant au général V. Odlum, était typique de celui des premières stations commerciales du Canada.

8 Renseignements transmis par le satellite Alouette I
MS, 25.4 x 38.5
Il appartient aux Archives publiques de conserver les documents provenant de toutes les formes modernes de communications; par exemple cette feuille de renseignements transmis en 1964 par le satellite canadien Alouette I.

The history of aviation in Canada is well documented in sources held by the Public Archives, especially in the records of the Department of Transport. These include a file for every aircraft that has been removed from the Canadian civil aircraft register, the inactive individual file of every pilot or air engineer who qualified prior to 1940, and the records of every aircraft accident investigation. Other aspects of aviation such as airport construction and development, air regulations, and Canadian aviation policy are also in this group.

All features of military aviation in peace and war are covered in the records of the Departments of Militia and Defence and National Defence. Air Canada and Air Transport Board records document the development of commercial aviation, while those of the Department of Munitions and Supply describe wartime aircraft production. Post Office records give information on the development of air mail services. The claim files of Canadian Aviation Insurance Managers Ltd also document aviation accidents and commercial development. The papers of political figures, especially during wartime, are excellent sources, in particular those of Sir Robert Borden, W.L. Mackenzie King, and C.D. Howe. A wide pictorial coverage of aviation history can be obtained from the Historical Photographs section of the Picture Division, particularly through their holdings of photographs transferred by the Canadian Armed Forces. Modern aeronautical charts used in flight are held by the National Map Collection.

Les Archives publiques possèdent une documentation extensive sur l'histoire de l'aviation, provenant surtout des archives du ministère des Transports. Il existe un dossier pour chaque appareil de navigation aérienne qui a été retiré du registre d'aviation civile, un dossier sur chaque pilote ou technicien qualifié avant 1940, ainsi que sur chaque enquête faisant suite à un accident aérien. On y trouve aussi d'autres aspects de l'aviation comme la construction et le développement des aérodromes, les règlementations aériennes, et la politique aérienne du pays.

L'aviation militaire en temps de guerre et de paix se trouve documentée grâce aux archives des ministères de la Milice et de la Défense et de la Défense nationale. Les archives d'Air Canada et de la Commission des Transports aériens fournissent des renseignements sur le développement de l'aviation civile, et ceux du ministère des Munitions et Approvisionnements sur la production aéronautique en temps de guerre. Le développement de la poste aérienne se retrouve dans les archives des Postes. Les dossiers de sinistres de Canadian Insurance Managers Ltd documentent à la fois les accidents d'avion et le développement commercial. Les papiers de personnalités politiques, surtout en temps de guerre, constituent d'excellentes sources de renseignements, spécialement ceux de Sir Robert Borden, W.L. Mackenzie King, et C.D. Howe. L'histoire de l'aviation est abondamment illustrée grâce à la collection qui existe à la Section des photographies historiques de la Division des gravures et photos, étant donné surtout le nombre de photos qui proviennent des forces armées canadiennes. La Collection nationale de cartes détient les cartes de vol qu'utilisent actuellement les pilotes.

1 *Silver Dart*, 1909

6 Unloading air cargo at Casummit Lake, Ontario, 1937

6 Déchargement d'un avion cargo au lac Casummit, Ontario, 1937

1.

Memorandum of Agreement between the Governments
of the United Kingdom, Canada, Australia and New
Zealand relating to training of pilots and aircraft
crews in Canada and their subsequent service.

─────────────

1.   It is agreed between the Governments of
the United Kingdom, Canada, Australia and New Zealand
that there shall be set up in Canada a co-operative
air training scheme as set out in this agreement, and
that the personnel so trained shall be allocated in
accordance with Articles 14 and 15.

2.   This agreement shall become operative at
once and shall remain in force until 31st March, 1943,
unless, by agreement between the Governments concerned,
it be extended or terminated at an earlier date.

3.   The Government of Canada will act as
administrator of the scheme for itself and the other
Governments concerned, as hereinafter provided, and it
is understood that the undertakings given herein by the
Government of Canada to the other Governments concerned
are respectively subject to the due performance on the
part of such Governments of their several undertakings
given herein in support of the scheme.

7 Initial draft of the British Empire Air
Training Plan (*section*)
Projet initial du plan de formation aéro-
nautique de l'Empire britannique (*partie*)

CANSO T/162 SQUADRON R.C.A.F.

Crew:

Captain ; W/C Chapman
Co.Pilot : F/O McRae   SECRET
Navigator: P/O D.J.C. Waterbury.
1st WOP/AG: W/O F.K. Reed.
WOP/AG. : W/O J.J.C. Bergevin.
Engineer : F/S R. Leatherdale.
Engineer : Sgt. R.F. Cromarty.
WOP/AG : F/S G.J. Staples.

The U-Boat periscope (or what appeared to be two periscopes) were sighted by F/O McRae from 2nd Pilot psn. at 1010B and attacked with 4 D.C.s at 1012B on the 13th June, 1944 in position 62° 45'N 02° 01'W.

The Captain of the aircraft on sighting altered course, lost height and immediately attacked. The D.C.s were seen to straddle the U-Boat just ahead of conning tower which was seen for the first time at the instant of attack, and in the resultant explosions was enveloped in plumes. After emerging from the explosion the U-Boat turned slowly to starboard and after proceeding approximately 400 yards stopped.

Aircraft again closed U-Boat and saw it settling by the bow, the C/T submerged, the stern sticking well out of the water, the screws (stationery) and rudder were plainly seen together with many of crew in water. C/T then reappeared.

Another run was made and when almost over U-Boat puffs of black smoke observed coming from gun on C/T. Aircraft took avoiding action but when almost immediately over C/T a heavy explosion took place in the aircraft. The port engine was put out of action and the aircraft - badly holed- could not maintain height which was lost rapidly and hit wave top. Captain then decided to do crash landing so cut starboard engine and landed with crew uninjured at 1025B.

Port dinghy was first prepared but during course of loading burst, crew then transferred to starboard dinghy which was loaded with camera and other operational equipment; this however had to be jettisoned because of lack of space. Two of the crew boarded the dinghy, remainder hung on.

The aircraft remained afloat for approximately 10-15 minutes. The two men in the dinghy were changed twice - after that it was impossible to get men into dinghy due to weakness and ditching suits becoming waterlogged.

At 1147B Liberator circled dinghy and dropped package which fell some distance away and was not recovered, about 30 minutes later a Sunderland arrived and dropped smoke floats. Shortly afterwards at 1300 Airborne Lifeboat was dropped by Warwich, the lifeboat became waterborne about 175 feet down wind. P/O Waterbury then removed his clothing and wearing a Mae West swam to the lifeboat which he reached about 1317. He found it was waterlogged due to damage to hull apparently caused when it became waterborne. It was low in water on port side which was almost at water level, the deck being awash. He then paddled the lifeboat to dinghy, this was a slow process due to it being waterlogged and difficult to keep on course. He eventually reached the dinghy about 1347 and it was shortly before this that Leatherdale died, apparently from exhaustion and exposure.

Then began the difficult task of transferring to the lifeboat, but this time all were somewhat exhausted principally due to ditching suits having become waterlogged, and the continuous efforts needed to assist Leatherdale, Reed and Staples, who all showed signs of distress, and keep their heads above water. Eventually all succeeded in boarding the lifeboat but it was not found possible to get Leatherdale's body into the lifeboat and he drifted away.

After boarding the lifeboat, the feet and hands of ditching suits were cut off, thus releasing the weight of water. It was, however, found that

cont........

8 U-Boat attack and ditching report, 1944
(section)
Rapport sur l'attaque d'un sous-marin et
l'amerrissage forcé de l'avion, 1944 (partie)

1 *Silver Dart*, 1909
Photograph, 12.7 x 18.4 (original bromide print)
On 23 February the *Silver Dart*, piloted by J.A.D. McCurdy, became the first aircraft to fly in Canada, and the first airplane piloted by a British subject to fly in the British Empire.

2 Application for a civil air licence by Col W.A. Bishop, VC; list of aircraft flown by him
MS, 21.7 x 20.3
Col 'Billy' Bishop was Canada's greatest aerial ace of the first world war. The list of aircraft and hours noted on his application is for the wartime period only.

3 Letter from Major W.G. Barker, VC, to Sir Robert Borden, dated at London, 5 April 1919
MS, LS, 21.7 x 33, Borden Papers
Major Barker was another famous Canadian flyer of the first world war who immediately after the war started one of Canada's first flying companies.

4 Imperial Oil Company aircraft *Rene*, March 1921
Photograph, 12.7 x 18.4 (original bromide print)
Two Junkers F.13 aircraft called *Rene* and *Vic* were used by Imperial Oil to make the pioneering flights into the Northwest Territories. The photo shows *Rene* after a crash landing at Fort Simpson, Northwest Territories, in March 1921.

5 Letter from Charles Lindbergh to Col D.M. Sutherland, Minister of National Defence, dated New York City, 15 June 1931
MS, LS, 20.3 x 27.9
In 1931 Charles A. Lindbergh, the American who made the first solo flight across the Atlantic, began planning a flight across northern Canada and Alaska to the Far East, in company with his wife. He requested and obtained the co-operation and assistance of the Canadian government, and made a successful flight in 1932.

6 Unloading air cargo at Casummit Lake, Ontario, 1937
Photograph, 12.7 x 18.4 (original bromide print)
Canadian Airways was a successor of many of the early bush lines. This Junkers 52, CF-ARM, had the largest cargo capacity of any Canadian aircraft prior to the second world war.

7 The British Empire Air Training Plan: the first page of the initial draft signed and underscored by the Right Honourable W.L. Mackenzie King
MS, 21.6 x 33, Mackenzie King Papers
Probably Canada's greatest contribution to aerial victory in the second world war was its participation in the British Empire (later British Commonwealth) Air Training Plan. A very large proportion of all Commonwealth aircrew trained in Canada under its provisions.

8 U-Boat attack and ditching report, 162 Squadron RCAF, 13 June 1944
MS, 21.6 x 33
162 Squadron was the most successful Canadian anti-submarine unit, destroying no fewer than five German U-Boats during the month of June 1944, but success was obtained at the cost of many casualties in both aircrew and Canso A aircraft. This report describes one such encounter on 13 June 1944.

9 Report of the Board of Inquiry, Accident Investigation Branch, Department of Transport, following the investigation into the destruction of aircraft CF-CUA
MS, 20.3 x 25.4
On 9 September 1949 this Canadian Pacific Airlines DC-3 was destroyed through a mid-air explosion near Ste. Anne de Beaupré, Quebec. This was the world's first confirmed incident of aerial sabotage for personal reasons, and the saboteur, Albert Guay, whose objective was the death of his wife, was later executed for his crime with his two accomplices.

1 *Silver Dart*, 1909
Photographie, 12.7 x 18.4 (épreuve originale au bromure d'argent)
Le 23 février 1909, le *Silver Dart*, piloté par J.A.D. McCurdy, fut le premier appareil qui vola au Canada, et aussi le premier piloté par un sujet britannique dans l'Empire britannique.

2 Demande d'un brevet de pilote civil, faite par le colonel W.A. Bishop, VC; liste d'appareils qu'il a pilotés
MS, 21.7 x 20.3
Le colonel « Billy » Bishop fut l'un des « As » de la première guerre mondiale. La liste d'appareils et d'heures de vol qui figurent sur sa demande ne couvre que la période de la guerre.

3 Lettre du major W.G. Barker, VC, à Sir Robert Borden, Londres, 5 avril 1919
MS, LS, 21.7 x 33, Papiers Borden
Le major Barker fut un autre pilote canadien célèbre de la première guerre mondiale qui, juste après la guerre, créa une des premières compagnies aériennes du Canada.

4 *Rene*, appareil de la compagnie Impérial Oil, mars 1921
Photographie, 12.7 x 18.4 (épreuve originale au bromure d'argent)
Deux Junkers F.13 baptisés *Rene* et *Vic* furent utilisés par Impérial Oil pour effectuer les tout premiers vols au-dessus des Territoires du Nord-Ouest. La photo montre le *Rene* après un atterrissage forcé à Fort Simpson, Territoires du Nord-Ouest, en mars 1921.

5 Lettre de Charles Lindbergh au colonel D.M. Sutherland, ministre de la Défense nationale, New York, 15 juin 1931
MS, LS, 20.3 x 27.9
En 1931, Charles A. Lindbergh, Américain qui effectua le premier vol solitaire au-dessus de l'Atlantique, commença à faire des plans pour survoler le Nord du Canada et l'Alaska, jusqu'à l'Extrême Orient, en compagnie de sa femme. Il demanda et obtint l'aide et la coopération du gouvernement canadien. Ce vol eut lieu en 1932.

6 Déchargement d'un avion cargo au lac Casummit, Ontario, 1937
Photographie, 12.7 x 18.4 (épreuve originale au bromure d'argent)
Canadian Airways succéda à de nombreuses petites compagnies qui desservaient le Nord; ce Junkers 52, CF-ARM, était le plus grand de tous les avions cargos canadiens avant la deuxième guerre mondiale.

7 Plan de formation aéronautique de l'Empire britannique: première page du projet initial signé et souligné par le très honorable W.L. Mackenzie King
MS, 21.6 x 33, Papiers Mackenzie King
La plus grande contribution du Canada à la victoire aérienne au cours de la deuxième guerre mondiale fut sans doute sa contribution au Plan de formation aéronautique de l'Empire britannique (plus tard Commonwealth britannique); un très grand nombre d'équipages vint s'entraîner au Canada.

8 Attaque d'un sous-marin allemand par l'escadrille 162 de la RCAF, 13 juin 1944
MS, 21.6 x 33
L'escadrille 162 fut l'unité canadienne anti sous-marin qui a remporté le plus de victoires: durant le mois de juin 1944, elle détruisit cinq sous-marins allemands, mais ce fut au prix de nombreuses pertes d'hommes et d'appareils Canso A. Il s'agit ici d'un affrontement qui eut lieu le 13 juin 1944.

9 Rapport du Comité d'Enquête du ministère des Transports, Direction des Enquêtes sur les Accidents, faisant suite à l'enquête sur la destruction de l'appareil CF-CUA
MS, 20.3 x 25.4
Le 9 septembre 1949, un DC-3 de la compagnie Canadien Pacifique fut détruit en vol par une explosion près de Ste-Anne-de-Beaupré, Québec. Ce fut la première fois que dans le monde un avion a été saboté de façon certaine pour des raisons personnelles. Le saboteur, Albert Guay, dont l'objectif était la mort de sa femme, fut plus tard exécuté pour son crime, ainsi que ses deux complices.

Industry is one of the tangible manifestations of a civilization. The Public Archives possesses some thirty collections of photographs that constitute a valuable source of information about industry, particularly various aspects of the development of mines and forests. A smaller number of paintings and engravings from the eighteenth and nineteenth centuries document the earlier industrialization of the country. In addition to the records of certain industrial and commercial enterprises, and departmental records in this area, the Manuscript Division has in its possession the papers of several civil servants, business men, and politicians who have had an influence on the Canadian economy. The Archives Library has a large number of reports of studies and enquiries into current conditions and present and future trends in industry and labour. A selection of catalogues from fairs and exhibitions provides a survey of activities in this area. The holdings are rounded out by specialized studies of individual industries. In the Map Division are to be found a large number of documents indicating the locations of industries and the areas where natural resources have been discovered.

L'industrie est une des expressions matérielles d'une civilisation. A la Division des gravures et photos, une trentaine de collections de photographies comportent une documentation intéressante sur l'industrie, et particulièrement sur les différents aspects de l'exploitation des mines et des forêts. Moins nombreuses, des peintures et gravures du dix-huitième et du dix-neuvième siècle illustrent aussi l'industrialisation du pays. En plus de conserver les archives de certaines entreprises industrielles et commerciales, et les archives gouvernementales, la Division des manuscrits possède les papiers de plusieurs fonctionnaires, hommes d'affaires, et politiciens qui ont influencé l'économie canadienne. On trouve à la Bibliothèque des Archives quantité de rapports, de résultats d'études et d'enquêtes sur l'état, le cours et l'orientation du monde industriel. Une série de catalogues provenant de foires et d'expositions présentent une revue des activités dans le domaine. Le tout est complété par des études spécialisées sur des industries particulières. La Division des cartes et plans offre un grand nombre de documents graphiques représentant les régions d'exploitation des ressources naturelles et situant les centres manufacturiers.

2 'General view of threading mill department – no. 101 British
  percussion fuse'

10 'Sardine Canning at Black's Harbour, N.B.: Cover making
   machines' c1900

4 Lumberjacks loading a train with logs, British Columbia, c1907

4 Bûcherons chargeant des billes sur un train, Colombie-Britannique, vers 1907

7 'The Alturas Gold Mining Camp, Stout's Gulch, B.C.' 1867–8

1 Wartime industrial production: bombs, 1916–17: 'Facing adapter to length – no. 101 British percussion fuse; Russell Motor Co. Ltd., Toronto'
Photograph, 18.5 x 24.3
The demand for munitions, and the profits to be made in their manufacture, encouraged Canadian manufacturers to change their production to meet the needs of the moment.

2 'General view of threading mill department – no. 101 British percussion fuse; Russell Motor Co. Ltd., Toronto'
Photograph, 18.5 x 24.3
Women began to enter the labour force because of the growth in industrial output, coupled with the call-up of so many men into the armed services.

3 Letter from Prime Minister Borden to Maj Gen Alex. Bertram, president of the Bomb Committee, 29 May 1915
MS, LS, 25.5 x 20.3, Borden Papers
'The great business of shell making,' as Sam Hughes called it, was the main element in the artificial prosperity created by the war, and reached a total of some $1,000,000,000.

4 Lumberjacks loading a train with logs, British Columbia, c1907
Photograph from the original negative by William J. Topley (1835–1930), 10.2 x 12.7, William J. Topley Collection
Logging camps constituted the first economic frontier of the newly-formed Confederation. Forestry made an important contribution to the rebirth of Canadian economic prosperity at the end of the nineteenth century.

5 A saw-mill near Templeton, Quebec
Pen and ink drawing, 17.4 x 23.8, Haycock Album
Towards the middle of the nineteenth century, wood began increasingly to be exported in the form of boards and planks rather than as logs.

6 Letter from C. Beck to Prime Minister Laurier, 11 May 1897
MS, LS, 23.3 x 21, Laurier Papers
The author suggested a protective tariff to counter the Dingley tariff approved by the United States. Laurier's attempts to persuade the American government to accept free trade were unsuccessful. From 1897 on, commercial agreements between Canada and England multiplied as tariff barriers between the two countries were lowered.

7 'The Alturas Gold Mining Camp, Stout's Gulch, B.C.' 1867–8
Photograph, 18.5 x 23.5, Francis McLennan Album
In 1867, little more than fifteen years after the gold rush on the Fraser River, the precious metal became scarce, and few mines in the Cariboo area were still productive.

8 *Map of the Cariboo and Omineca gold fields and the routes thereto ... 1870*
Engraving by William D. Patterson, 38.8 x 52.7
This map bears the date 1870 in pencil; it indicates the gold fields (in yellow) and the location of telegraph lines, tracks, railways, Hudson's Bay Company trading posts, and landing stages for steamships. Patterson, who was an engineer, also gave information on the map about temperatures in these areas.

9 Letter from Isaiah Ryder, MD, of Toronto, to Prime Minister Laurier, 3 April 1897
MS, ALS, 17.8 x 30.5, Laurier Papers
This Canadian citizen made two recommendations to Prime Minister Laurier: first, the nationalization of gold-bearing land, and second, the control of the mines by a police force capable, if necessary, of defending them against foreigners (i.e., Americans) who might wish to take advantage of Canadian resources.

10 'Sardine Canning at Black's Harbour, N.B.: Cover making machines' c1900
Photograph, 23.8 x 20
At the beginning of this century, the Bay of Fundy was able to support the largest sardine-canning factory in the world. Together with the lobster and the salmon, the sardine is one of the major fishery products canned in New Brunswick rather than sold to foreign canneries.

11 The building of the Soulange Canal: 'Trestle for dumping– North Bank looking East, 1896'

1 La production industrielle de guerre: les bombes, 1916–17:
« Facing adapter to length – no. 101 British percussion fuse;
Russell Motor Co. Ltd., Toronto »
Photographie, 18.5 x 24.3
La demande d'armes, et les profits réalisables dans ce sec-
teur, amènent les manufacturiers canadiens à adapter leur
production aux besoins de l'heure.

2 « General view of threading mill department – no. 101
British percussion fuse; Russell Motor Co. Ltd., Toronto »
Photographie, 18.5 x 24.3
L'accroissement de la production industrielle, joint à l'in-
disponibilité des hommes appelés sous les armes, favorisent
l'entrée des femmes sur le marché du travail.

3 Lettre du premier ministre Borden au major général Alex.
Bertram, président du Comité des obus, 29 mai 1915
MS, LS, 25.5 x 20.3, Papiers Borden
L'industrie de l'obus, principal élément de la prospérité
artificielles créée par la guerre, atteint le chiffre d'un mil-
liard de dollars. « The great business of shell making » dira
Sam Hughes.

4 Les bûcherons chargent des billes sur un train, Colombie-
Britannique, vers 1907
Photographie tirée d'un négatif original de William J.
Topley (1835–1930), 10.2 x 12.7, Collection William J.
Topley
Les chantiers de la coupe du bois avaient donné au pays
nouvellement confédéré ses premières frontières de dé-
veloppement. L'exploitation forestière contribue beaucoup
à la renaissance de la prospérité économique canadienne à
la fin du dix-neuvième siècle.

5 Une scierie près de Templeton, Québec
Dessin à la plume et à l'encre, 17.4 x 23.8, Album Haycock
Vers la fin de la première moitié du dix-neuvième siècle, le
bois, produit d'exportation, se vend de plus en plus sous
forme de planche et de madrier plutôt que de bille.

6 Lettre de C. Beck au premier ministre Laurier, 11 mai 1897
MS, LS, 23.3 x 21, Papiers Laurier

L'auteur propose une protection tarifaire en riposte au tarif
Dingley approuvé par les États-Unis. En vain, Laurier
tentera de faire accepter le libre-échange par le gouvernement américain. A partir de 1897, les accords commerciaux
entre le Canada et l'Angleterre seront multipliés, en même
temps que se réduisent les barrières tarifaires entre ces
deux pays.

7 « The Alturas Gold Mining Camp, Stout's Gulch, B.C. »
1867–8
Photographie, 18.5 x 23.5, Album Francis McLennan
En 1867, un peu plus de quinze années après la ruée vers
l'or sur la rivière Fraser, le métal précieux s'est raréfié, et
peu nombreuses sont les mines qui produisent encore dans
le district du Caribou.

8 *Map of the Cariboo and Omineca gold fields and the routes
thereto ..*, 1870
Gravure par William D. Patterson, 38.8 x 52.7
Portant au crayon la date 1870, la carte localise (en jaune)
les terrains aurifères, et indique où se trouvent les lignes
télégraphiques, les sentiers, les chemins de fer, les postes de
la compagnie de la Baie d'Hudson, et les quais d'accostage
pour les bâteaux à vapeur. L'ingénieur Patterson fournit
également sur la carte renseignements au sujet de la température de ces régions.

9 Lettre de Isaiah Ryder, MD, de Toronto, au premier ministre
Laurier, 3 avril 1897
MS, LAS, 17.8 x 30.5, Papiers Laurier
Un citoyen canadien propose au premier ministre Laurier,
d'abord la nationalisation des propriétés riches en minerai
d'or, et aussi l'exploitation des mines par une force policière
capable, le cas échéant, de défendre ces établissements
contre les étrangers (américains) qui voudraient profiter des
ressources canadiennes.

10 « Sardine Canning at Black's Harbour, N.B.: Cover making
machines » vers 1900
Photographie, 23.8 x 20
Riche en sardines, la baie de Fundy abrite ce qui était au

Photograph by G.R. Coutlée, 17.8 x 24.1, Soulange Canal
Collection
This photograph shows a workman in 1896 continuing the
work, begun three quarters of a century earlier, of facilitat-
ing the movement of goods along the St. Lawrence.

12 Provincial Industrial Exhibition, 1850
*List of prizes for the Provincial Industrial Exhibition, to be
held at Montreal, on Thursday, the 17th of October, 1850 ...*
Toronto, Lovell and Gibson, 1850, 20 p, 20 cm
Items shown in this exhibition were selected by a specially
appointed board. Although the exhibition included a wide
range of manufactured goods, Canada was better known as
a producer of raw materials.

13 Children doing manual training in an Ottawa school in 1901
Photograph from an original negative by William J. Topley,
10.2 x 12.7, William J. Topley Collection.
Technical and trade schools were created to meet the needs
of a society in the process of becoming industrialized.

début du siècle la plus grande sardinerie du monde. Avec le homard et le saumon, la sardine figure parmi les premiers poissons mis en conserve au Nouveau-Brunswick plutôt que vendus à des conserveries étrangères.

11 La construction du canal Soulange: « Trestle for dumping – North bank looking East, 1896 »
Photographie par G.R. Coutlée, 17.8 x 24.1, Collection Canal Soulange
Cet ouvrier continuait, en 1896, un travail entrepris depuis trois quarts de siècle pour faciliter l'acheminement des marchandises le long du Saint-Laurent.

12 Exposition industrielle provinciale, 1850
List of prizes for the Provincial Industrial Exhibition, to be held at Montreal, on Thursday, the 17th October, 1850 ...
Toronto, Lovell and Gibson, 1850, 20 p, 20 cm
Pour être choisis, les articles devaient recevoir la sanction d'une commission spécialement formée à cet effet. Même si l'exposition présentait un éventail de produits manufacturés, le Canada était surtout connu comme producteur de matières premières.

13 Enfants faisant des travaux manuels dans une école d'Ottawa, en 1901
Photographie tirée d'un négatif original de William J. Topley, 10.2 x 12.7, Collection William J. Topley
La création d'écoles techniques et d'écoles de métiers tentera de répondre aux besoins créés par une société qui s'industrialise.

The desire of men to deal in commodities, to search out new markets, and to place territories under their economic control has had a tremendous impact on the historical development of Canada. The Public Archives has amassed an impressive collection of sources which document these areas of activity.

The earliest items of commerce were fish and furs. Much excellent material relating to these trades rests in the colonial records of the British and French governments, which are being copied in a continuing microfilming project which makes more material available each year. These sources are supplemented by numerous maps, sketches, pictures, and private manuscripts. Perhaps the outstanding collection is the Hudson's Bay Company archives, which has been copied up to 1870 from originals in the company's offices in London, England.

After 1800 economic patterns in British North America became more diversified and the holdings of the Public Archives reflect this. Extensive documentation exists for the timber industry, and many records are extant for merchant firms such as Buchanan and Company. Few private manuscripts are available related to the mineral industries, but there are many photographs, plans, and maps. In order to expand the Public Archives holdings in this field, the Manuscript Division has begun contacting individuals and firms who might wish to have their records preserved for future reference by scholars. A checklist has also been started of sources which may now be consulted.

Many departments of the government play a major part in determining national trade policy. Among the most prominent are the Department of Finance and the Department of Trade and Commerce. In addition the Archives holds private papers of politicians and public servants who influenced trade policy or commented on it.

Le désir des hommes de faire du commerce, de chercher de nouveaux marchés, et de contrôler l'économie de nouveaux territoires tient une importance primordiale dans le développement du Canada. Les Archives publiques ont réuni une documentation impressionnante sur ces diverses entreprises.

Il y eut tout d'abord le commerce du poisson et des fourrures. Les archives coloniales des gouvernements français et britannique ont sur ce sujet une excellente documentation qui est peu à peu microfilmée et disponible. Il existe en outre de nombreuses cartes, croquis, dessins, et manuscrits privés. La collection la plus remarquables est peut-être constituée par les archives de la compagnie de la Baie d'Hudson reproduites jusqu'en 1870 à partir des originaux qui se trouvent à Londres, Angleterre, dans les bureaux de la compagnie.

Après 1800, l'expansion économique en Amérique du Nord revêtit des formes plus diverses, que reflètent les documents des Archives publiques. L'industrie du bois et certaines firmes commerciales, comme Buchanan and Company, sont remarquablement bien documentées. Quelques manuscrits se rapportent à l'industrie minière mais il existe à ce sujet de nombreux plans, cartes et photographies. Afin d'accroître la documentation qui s'y rattache, la Division des manuscrits s'est mise en rapport avec des personnes et des sociétés commerciales qui souhaiteraient préserver leurs archives en vue d'études futures. D'autre part un programme a été mis sur pied pour établir une liste de référence des documents existants, qui pourra être utilement consultée.

La politique commerciale d'un pays est déterminée par de nombreux ministères, et naturellement par le ministère des Finances, et celui du Commerce et de l'Industrie. En outre, les Archives détiennent les papiers personnels de politiciens et de fonctionnaires qui ont influencé la politique commerciale ou l'ont commentée.

ORDONNANCE
DU ROY,

Portant deffenses aux Capitaines de Baſtimens qui vont faire la peſche aux coſtes de l'iſle de Terre-neuve, & autres embarquez ſur leſdits Baſtimens, de traiter aucunes armes, munitions ni ferremens, avec les Sauvages Eſquimaux.

Du 16. Fevrier 1734.

DE PAR LE ROY.

A MAJESTE' eſtant informée qu'entre les Capitaines des Baſtimens qui vont faire la peſche de la moruë ſur les coſtes de l'iſle de Terre-neuve, il s'en trouve qui ont l'imprudence de traiter des armes, munitions & ferremens, aux Eſquimaux ; Et eſtant important d'empeſcher

A

1 Edict of the French government aimed at regulating the
  trade in fish, 1734 (*section*)
  Édit du gouvernement français tendant à règlementer le
  commerce du poisson, 1734 (*partie*)

2 Beaver trade agreement, 1700 (*section*)
  Accord sur le commerce des fourrures de castor, 1700
  (*partie*)

The "Iron Duke".
Cooking Stove – of Six different sizes.

"Entered according to Act of the Provincial
Legislature, in the year of our Lord one thou-
-sand eight Hundred and fifty Eight by James Rogers
Armstrong the Younger, in the Office of the Register
of the Province of Canada"

SIDE VIEW.

IRON DUKE No 10.

4 Design for the 'Iron Duke' cooking stove, 1858   4 Plan de la cuisinière « Iron Duke », 1858

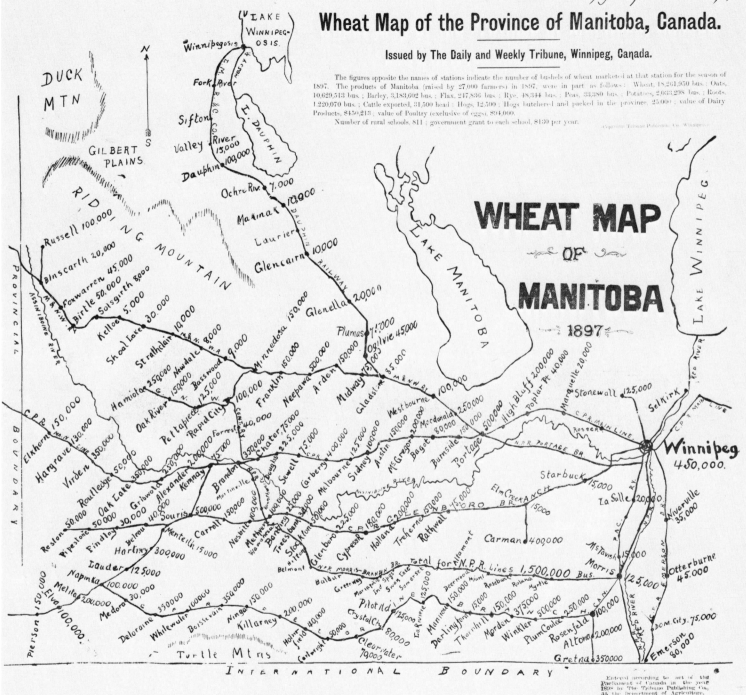

Copy Deposited N° 9953.

Wheat Map of the Province of Manitoba, Canada.

Issued by The Daily and Weekly Tribune, Winnipeg, Canada.

The figures opposite the names of stations indicate the number of bushels of wheat marketed at that station for the season of 1897. The products of Manitoba (raised by 27,000 farmers) in 1897, were in part as follows: Wheat, 18,261,950 bus.; Oats, 10,629,513 bus.; Barley, 3,183,602 bus.; Flax, 247,836 bus.; Rye, 48,344 bus.; Peas, 33,380 bus.; Potatoes, 2,033,298 bus.; Roots, 1,220,070 bus.; Cattle exported, 31,500 head; Hogs, 12,500; Hogs butchered and packed in the province, 25,000; value of Dairy Products, $450,213; value of Poultry (exclusive of eggs), $94,000.

Number of rural schools, 811; government grant to each school, $130 per year.

WHEAT MAP
OF
MANITOBA
1897

7 Map of Manitoba farming communities, 1897   7 Carte des communautés rurales du Manitoba, 1897

1 *Ordonnance du Roy, portant deffenses aux Capitaines de Bastimens qui vont faire la pesche au costes de l'isle de Terreneuve, & autres embarquez sur lesdits Bastimens, de traiter aucunes armes, munitions ni ferremens, avec les Sauvages Esquimaux, du 16 Février 1734*
Print, 3 p, 26.7 x 21
Fish provided the first great trade commodity in northern North American and the fisheries aroused great interest among the imperial nations of western Europe. This document is a published edict of the French government aimed at regulating trade in the fishery.

2 Beaver trade agreement between the Company of Canada and Louis Guigue, Farmer General of the Western Domain, giving the company the right to carry on the beaver trade, 9 June 1700
MS, 20 p, 38.7 x 25.4
The beaver trade stimulated the rapid advance of French and British adventurers and traders into the heartland of North America. It also provided one of the major reasons for the establishment of the colony of New France. The 'Compagnie du Canada' was a fur-trading company established in 1700 which fell heavily into debt in a subsequent slump and was dissolved in 1706.

3 Timber-slide tally book recording the amount of timber passing through the slide at the Chaudière Falls, Hull, Quebec, 1844–9
MS, 229 p, 37.5 x 24.2, Philemon Wright Papers
After 1820 square timber became the most important commodity traded between British North America and Great Britain. Such timber was both an important strategic material for the British navy and an essential material for the British construction industry. This slide at Hull was constructed by the Wright family who founded the town.

4 Design for the 'Iron Duke' cooking stove, 1858
MS, 2 p, 26.5 x 18.2, J.R. Armstrong Papers

5 Advertisement for 'Piano-Fortes,' 1861
MS, 1 p, 22.3 x 18.2, Brown Chamberlin Papers
As the population of British North America increased after 1800 a sophisticated internal trade developed in the colonies, but records of the craftsmen and artisians who participated are sparse and difficult to locate. It is for this reason that these two documents are valuable. The patent design is of a rather famous brand name stove, the 'Iron Duke.' The advertisement gives a great deal of information concerning the luxury trade in pianos undertaken by Rainer and Kloss of Whitby, Canada West.

6 Address from the Conservatives of Toronto supporting the 'National Policy,' 11 May 1878
MS, 1 p, 41.3 x 26.1, Macdonald Papers
The 'National Policy' was a political platform designed by Sir John A. Macdonald and the Liberal-Conservative party in 1877 and 1878, and was a conscious rejection of reciprocity with the United States. The aim of the policy was to unite the country with a railway, stimulate immigration, and erect a high tariff wall behind which Canadian manufacturers would produce goods for the domestic market.

7 *Wheat map of Manitoba, 1897*
Print, 37.6 x 41.3
Western Canadian wheat rapidly became one of Canada's great trading commodities on the international market after 1900. It remains one of the most important staples in the country's economy and is still the basis of most western farming. This map is an interesting item which appeared in the Winnipeg *Tribune*. It shows each Manitoba farming community with the amount of wheat produced that year.

8 South Turner Valley Oilfields, Alberta, September 1935
Photograph from an original film negative by E.H. Wait, 6 x 9.3
Canada has become one of the world's great suppliers of mineral wealth and minerals have rapidly grown in prominence in the Canadian economy since 1900. This is particularly true of the oil industry, which has expanded greatly since the 1940s. This photograph shows the South Turner Valley with many early rigs drilling for oil.

1 *Ordonnance du Roy, portant deffenses aux Capitaines de Basti-mens qui vont faire la pesche au costes de l'isle de Terre-neuve, & autres embarquez sur lesdits Bastimens, de traiter aucunes armes, munitions ni ferremens, avec les Sauvages Esquimaux, du 16 Février 1734*
Imprimé, 3 p, 26.7 x 21
Le commerce du poisson est le premier qui se fit sur une grande échelle en Amérique du Nord et les grandes nations de l'Europe occidentale s'intéressèrent vivement aux pêche-ries. Nous avons ici un édit publié du gouvernement fran-çais tendant à en règlementer le commerce.

2 Accord sur le commerce des fourrures de castor, entre la Compagnie du Canada et Louis Guigue, fermier général du Domaine de l'Ouest, donnant à la compagnie le droit de poursuivre le commerce du castor, 9 juin 1700
MS, 20 p, 38.7 x 25.4
L'avance rapide des aventuriers et commerçants français et britanniques à l'intérieur du continent nord-américain a été stimulée par le commerce du castor; celui-ci a été aussi l'une des raisons principales qui ont amené l'établissement de la colonie de la Nouvelle-France. La Compagnie du Canada, spécialisée dans le commerce des fourrures, fut fondée en 1700; elle s'endetta par la suite et fut dissoute en 1706.

3 Bordereaux consignant la quantité de bois passant à travers le glissoir des chutes Chaudière, Hull, Québec, 1844–9
MS, 229 p, 37.5 x 24.2, Papiers Philemon Wright
Après 1820, le commerce entre la partie britannique de l'Amérique du Nord et la Grande-Bretagne porta sur le bois équarri. C'était alors un matériau d'une importance straté-gique pour la marine britannique, et essentiel pour les in-dustries britanniques de construction. Le glissoir de Hull fut construit par la famille Wright qui fonda la ville.

4 Plan de la cuisinière « Iron Duke », 1858
MS, 2 p, 26.5 x 18.2, Papiers J.R. Amstrong

5 Publicité pour « Piano-Fortes », 1861
MS, 1 p, 22.3 x 18.2, Papiers Brown Chamberlin
A mesure qu'augmentait la population après 1800 un com-merce intérieur de produits plus raffinés se développa; mal-heureusement les renseignements sur les ouvriers et arti-sans sont rares et difficiles à situer. Les documents ci-dessus sont donc précieux. Le premier décrit le modèle déposé d'une cuisinière réputée, « Iron Duke », alors que le second se rapporte au commerce des pianos entrepris par la firme Rainer and Kloss de Whitby, Canada-Ouest.

6 Adresse des Conservateurs de Toronto en faveur de la « Politique nationale », 11 mai 1878
MS, 1 p, 41.3 x 26.1, Papiers Macdonald
La « Politique Nationale » était un programme politique mis au point par John A. Macdonald et le parti conservateur-libéral en 1877 et 1878 et rejetait toute réciprocité com-merciale avec les États-Unis. Les objectifs de cette politique étaient d'unir le pays au moyen d'un chemin de fer, de stimuler l'immigration, et d'élever des barrières douanières derrière lesquelles les industriels canadiens pourraient fabriquer des produits pour le marché intérieur.

7 *Wheat map of Manitoba, 1897*
Gravure, 37.6 a 41.3
Après 1900, le blé fut une des denrées canadiennes les plus importantes sur le marché mondial. Il reste l'un des princi-paux produits de l'économie nationale et la principale cul-ture de l'Ouest. La carte exposée est un document intéres-sant qui parut dans la *Tribune* de Winnipeg. Elle indique toutes les communautés rurales du Manitoba ainsi que la quantité de blé produite cette année-là par chacune d'elle.

8 Gisements pétroliers de South Turner Valley, Alberta, septembre 1935
Photographie à partir d'un négatif original de E.H. Wait, 6 x 9.3
Le Canada est devenu un des grands fournisseurs du monde en produits miniers; depuis 1900 ces derniers tiennent une place de plus en plus importante dans l'économie nationale. Ceci est particulièrement vrai de l'industrie du pétrole qui s'est développée surtout depuis les années 1940. Cette photographie est une excellente vue de South Turner Valley avec ses foreuses en action.

The official or governmental aspect of industrial relations is well documented in the holdings of the Public Archives. The records of the Canada Department of Labour include working files of various departmental personnel, statistical data on industrial disputes, and documentation on the operations of conciliation boards, arbitration proceedings, and the great variety of departmental research. Material relating to the operations of the department may also be found in the private papers of various individuals. The Mackenzie King Papers, for example, include King's working files as Deputy Minister and then Minister of Labour, and include the working drafts of that enduring piece of labour legislation, the Industrial Disputes Investigation Act of 1907.

Source material relating to labour is scattered through many collections. The papers of prime ministers from Macdonald to Pearson contain annual submissions of the various labour congresses in Canada, as well as recommendations on numerous topics from all levels of the labour movement. The party records of the Co-operative Commonwealth Federation and the personal papers of James S. Woodsworth, M.J. Coldwell, and E.A. Forsey are other obvious sources. Various official and historical publications and numerous photographs complement the manuscript collections. Among the photographs is an excellent collection on the Winnipeg General Strike.

Over the years the Archives has acquired, in addition, papers of several labour organizations, as well as personal papers of and interviews with a few labour leaders. No adequate provision had, however, until recently been made by any Canadian archives to collect and preserve historically valuable material relating to the labour movement. This, together with an awakened interest in the subject among Canadian historians, has prompted the Public Archives to establish a program to collect documentation pertaining to the movement. Some progress has been made in a campaign to interest labour leaders, national unions, the Canadian section of international unions, provincial federations, and labour councils in depositing their records of historical significance in the Public Archives. For example, the Archives has received records from the Canadian Labour Congress totalling 170 linear feet.

Les Archives publiques détiennent une documentation abondante sur l'aspect officiel ou gouvernemental des relations industrielles. Les archives du ministère du Travail comprennent: dossiers, données statistiques sur les litiges, opérations de conciliation, procédures d'arbitrage, multiples travaux de recherche effectués par les services du ministère. En outre, les papiers de certaines personnalités sont aussi précieux; par exemple la collection W.L. Mackenzie King contient les dossiers de King, d'abord sous-ministre puis ministre du Travail, ainsi que les projets de cet énorme travail législatif que constitue la Loi des enquêtes en matière de différends industriels. Des renseignements peuvent également se trouver dans d'autres collections: les papiers des premiers ministres, de Macdonald à Pearson, contiennent les comptes rendus annuels des différents congrès du travail, ainsi que des recommandations diverses; les archives du Parti CCF, les papiers personnels de James S. Woodsworth, M.J. Coldwell et E.A. Forsey en sont d'autres exemples. Les diverses publications officielles et historiques, de nombreuses photographies complètent les collections manuscrites. Il faut mentionner tout spécialement une excellente collection de photographies sur la grève générale de Winnipeg.

Au cours des années, les Archives publiques ont aussi acquis les papiers de plusieurs organisations du travail, ceux de quelques chefs syndicalistes ainsi que les entrevues qu'ils ont accordées. Cependant, jusqu'à ces dernières années, nul organisme au Canada n'a systématiquement réuni et conservé tous les documents d'importance historiques qui concernent le mouvement ouvrier. Pour cette raison, et étant donné l'intérêt accru des historiens dans ce domaine, les Archives publiques ont établi un programme dans ce sens. Les leaders syndicaux, les unions canadiennes, les sections canadiennes d'unions internationales, les fédérations provinciales doivent se rendre compte de l'intérêt qu'ont les Archives publiques à préserver tous les documents ayant une portée historique. Des progrès ont déjà été accomplis: les archives du Congrès des Métiers et du Travail remis aux Archives publiques occuppent à elles seules 170 pieds de rayons.

To

Sir John Alexander Macdonald KCB

MINISTER OF JUSTICE

Premier of Canada

Honble Sir,

The Toronto Trades Assembly being at all times ready to acknowledge any benefit conferred upon working men, from whatever source it may come, feel constrained to recognize in the passing of the Trades Union Bill a measure eminently adapted to promote the principles of co-operation among the Operative Classes of Canada, on whose behalf we now venture to tender you an expression of sincere gratitude, with an ardent desire that the services you have so timely rendered shall be duly appreciated by all interested, and that your future public career may be of such a character as to merit the confidence and support of the industrial classes ———

In presenting to Lady Macdonald the accompanying Gold Jewel Casket as a small token of fervent esteem for her and warm appreciation of seasonable services rendered by you, we would express a hope that you may both be long spared to enjoy the richest, the noblest and the greatest of all desirable blessings that can encircle an earthly home; and that your combined efforts may continue to be directed to the social advancement and general weal of all classes in this Great Dominion. ———

Signed

On Behalf of the Toronto Trades Assembly

Andrew McCormick   President

John Hewitt   Secretary

1 Illuminated address to Sir John A. Macdonald, 1872
   Adresse enluminée presentée à Sir John A. Macdonald, 1872

3 Daniel J. O'Donoghue

4 Letter from J. W. Hayes to the members of the General
   Executive Board of the Order of Knights of Labor, 1893
   Lettre de J.W. Hayes aux membres du Bureau exécutif
   général de l'Ordre des Chevaliers du Travail, 1893

Western Labor News

SPECIAL STRIKE EDITION No. 32

Published by the Strike Committee, Labor Temple.　　　Price 5 cents.　　　Winnipeg, Man., Monday, June 23rd, 1919.

STRIKE UNBROKEN

KAISERISM WILL NOT WORK

BLOODY SATURDAY

R.N.W.M.P. MAKE GORY DEBUT—PEACEFUL CITIZENS SHOT WITHOUT WARNING—CITY UNDER MILITARY CONTROL—RETURNED MEN INCENSED—STRIKERS MORE DETERMINED.

One is dead and a number injured, probably thirty or more, as result of the forcible prevention of the "silent parade" which had been planned by returned men to start at 2.30 o'clock last Saturday afternoon. Apparently the bloody business was carefully planned, for Mayor Gray issued a proclamation in the morning stating that "Any women taking part in a parade do so at their own risk." Nevertheless a vast crowd of men, women and children assembled to witness the "silent parade."

The soldiers' committee, which had been interviewing Senator Robertson, had not returned to their comrades when the latter commenced to line up on Main St., near the city hall.

No attempt was made to use the special city police to prevent the parade. On a previous occasion a dozen of the old regular city police had persuaded the returned men to abandon a parade which had commenced to move.

On Saturday, about 2.30 p.m., just the time when the parade was scheduled to start, some 50 mounted men swinging baseball bats rode down Main St. Half were red-coated R.N.W.M.P., the others wore khaki. They quickened pace as they passed the Union Bank. The crowd opened, let them through and closed in behind them. They turned and charged through the crowd again, greeted by hisses, boos, and some stones. There were two riderless horses with the squad when it emerged and galloped up Main St. The men in khaki disappeared at this juncture, but the red-coats reined their horses and reformed opposite the old post office.

Shooting to Kill

Then, with revolvers drawn, they galloped down Main St., turned, and charged right into the crowd on William Ave., firing as they charged. One man, standing on the sidewalk, thought the mounties were firing blank cartridges until a spectator standing beside him dropped with a bullet through his breast. Another standing nearby was shot through the head. We have no exact information about the total number of casualties, but there were not less than thirty. The crowd dispersed as quickly as possible when the shooting began.

Some Citizens Applaud Man-Killers

When the mounties rode back to the corner of Portage and Main, after the fray, at least two of them were twirling their reeking tubes high in the air in orthodox Deadwood Dick style. Some individuals, apparently opposed to the strike, applauded the man-killers as they rode by.

Special Police Appear

Lines of special police, swinging their big clubs were then thrown across Main St. and the intersecting thoroughfares. Dismounted red-coats lined up across Portage and Main declaring the city under military control. Khaki-clad men with rifles were stationed on the street corners.

Public Meetings Abandoned

There were no open air meetings on Saturday night, but the central strike committee met as usual and resolved to "carry on" with redoubled vigor. If the city remains under military control meetings will likely be held outside the city limits.

Soldier-Strikers Incensed

Indignation at the action of the authorities was forcibly expressed by returned men. They feel that the prevention of the parade was an infringement of the human rights they have fought to defend, and they are especially incensed by the murderous assault of the mounties upon an unarmed crowd. One man, recently returned, said: "They treated us worse than we ever treated Fritzy."

The returned men assumed full responsibility for the "silent parade" proposition, making a special request that the strikers should not join them. "This is our affair," they declared. Had they intended violence they would hardly have invited their wives to join in the parade.

"COLLECTIVE BARGAINING NOT CONCEDED"

Re statement in Western Labor News, Friday, June 21st, 1919, an article, entitled "Strike Still On," the statement is made that the "Principles of collective bargaining is conceded. Definitions are being worked out." The General Strike Committee desire to correct the erroneous ideas which may be conveyed by above statement. A paper was received from Senator Robertson proporting to be what the Metal Masters understood by Collective Bargaining. It was felt by the General Strike Committee that the Metal Trades Employees, those directly effected by this paper, should get in touch with the Iron Masters in order to get their interpretation. They proceeded to interview Senator Robertson, when it was discovered that Senator Robertson's interpretation was directly opposite to the Metal Trades Employees' ideas on this question. Further, he informed them that he had no power to gain them an interview with the Iron Masters, and up to this date we have received no direct communication from the three Iron Masters involved. The Committee considers that it is not merely a matter of definition, and that the principle of collective bargaining has not been conceded.

(Signed) THE STRIKE COMMITTEE.

IS THERE A WAY OUT

What is the present situation. The sixth week of the Strike leaves neither side in control. Both the Strike Committee and the "Citizen's" Committee are determined to hold out. Neither is by any means at the end of its resources. In the ranks there is little sign of weakening. The strike may be prolonged for weeks.

In the meantime the business men claim that the city is being ruined—is ruined and the workers undoubtedly will face the winter with resources sadly depleted.

The City Council, the Provincial Government or the Federal Government have adopted no constructive policy. They stand prepared only for repressive measures.

When finally it did seem that the Provincial Government might effect a settlement, the Dominion Government upset everything by its outrageous arrest of the strike leaders.

In the meantime, the returned soldiers are becoming restless and threatening to take things into their own hands. They are tired of the policy of "Do Nothing—Keep Order" so consistently followed by the Strike Leaders.

Mediation, by a body as well equipped as any that is likely to be found, has apparently failed. There is a deadlock.

What will happen? How will it end? Is there any possible way out?

Members both of the strikers' committee and the citizens' committee say, "We must fight to a finish. We cannot afford to yield. If it takes three months, we will see it through," and both camps raise the

(Continued on page four.)

Kaiserism in Canada

What shall the sacrifice profit Canada if she who has helped to destroy Kaiserism in Germany shall allow Kaiserism to be established at home?

Whoever ordered the shooting last Saturday is a Kaiser of the deepest dye.

The responsibility must be placed and the criminal brought before the bar of justice.

There may be those who think that the blood of innocent men upon our streets is preferable to a "silent parade." There may be those who think their dignity must be upheld at any cost. But we fail to see the slightest justification for the murderous assault which was committed. Whoever ordered it acted in the spirit of Kaiser Wilhelm when he said: "Recruits! Before the altar and the servant of God you have given me the oath of allegiance. You are too young to know the full meaning of what you have said, but your first care must be to obey implicitly all orders and directions. You have sworn fidility to me, you are the children of my guard, you are my soldiers, you have surrendered yourselves to me, body and soul. Only one enemy can exist for you—my enemy. With the present Socialist machinations, it may happen that I shall order you to shoot your own relations, your brothers, or even your parents—which God forbid—and then you are bound in duty implicitly to obey my orders."

The events of last week show to what lengths the opponents of labor will go in their efforts to fasten despotism on this city and this country. The midnight arrest of men whose only crime seems to be that of lese majeste against the profiteers, and the shooting of innocent and defenceless citizens mark the depths of desperation to which the Kaiser-like crowd at the Industrial Bureau are prepared to go in order to turn their defeat into a temporary victory.

But they must not be allowed even temporary satisfaction. Organized labor must continue the magnificent fight of the last five weeks until its just and moderate demands are granted. It were better that the whole 35,000 strikers languished in jail; better, even, that we all rested beside the men who were slain on Saturday, than that the forces of Kaiserism shall prevail.

There have always been those who imagined that "a whiff of grape shot" would stop the cry of the people for justice. There are those in Winnipeg who think the shooting on Saturday taught labor a lesson. The parade was attempted and the blood of innocent men spilled "without permission of the strike committee." Labor already knew that two dozen men on horseback shooting to kill could disperse a crowd of several thousand unarmed men and women.

The committee of one thousand has, however, many lessons to learn—among other things the members of that committee must be taught that ideas are more powerful than bullets. The blood of the martyrs is the seed of the church. We shall "carry on," in spite of hell, till the victory is won.

"Hold the Fort" was one of the hymns at the Labor Church.

Through special permission from the Mayor and Chairman of the Police Commission, the Labor Church was able to meet last night in Victoria Park.

Since Winnipeg is no longer a free city, the Weston Citizens moved their meeting yesterday afternoon to Brooklands School—just outside the city boundary. There are many ways in which to "carry on."

MASS MEETINGS FOR MONDAY, JUNE 23

St. James (Berry and Portage)	7.30
Norwood Ball Park	7.30
Centennial School	7.30

Society can overlook murder, adultry or swindling; it never forgives the preaching of a new gospel.—Frederic Harrison.

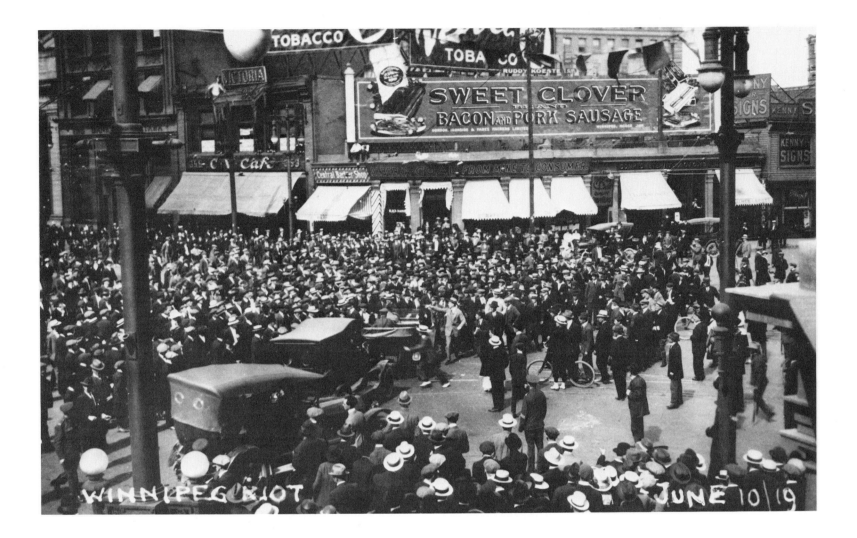

5 Newspaper published during the Winnipeg General Strike, 1919
Journal publié au cours de la grève générale de Winnipeg, 1919

6 Strikers in the streets during the Winnipeg General Strike, 1919
Grévistes dans les rues au cours de la grève générale de Winnipeg, 1919

1 Address of the Toronto Trades Assembly to Sir John A. Macdonald expressing appreciation for the passing of the Trade Union Act of 1872
Illuminated MS, 48.3 x 58.4, Macdonald Papers
The Toronto Trades Assembly, formed in April 1871, was the first central labour association organized in a Canadian city. The efforts of the assembly and its constituent trade unions were directed towards obtaining the passage of the Trade Union Act, which exempted trade unions from restraint of trade provisions under the criminal law and attempted to define the legal extremities of a trade union's activities.

2 Canadian Labor Union, Toronto, 1873: *Proceedings*. Toronto, Printed at the Ontario Workman Office, 1873, 21 cm
This copy belonged to D.J. O'Donoghue, first vice-president of the Canadian Labor Union, later the Canadian Labor Congress, which became the Trades and Labor Congress subsequent to 1886. The Trades and Labor Congress enjoyed a continuous existence until 1956, when it merged with the Canadian Congress of Labour to form the Canadian Labour Congress.

3 Daniel J. O'Donoghue 1844–1907
Photograph from the original bromide print by Steele and Company, Winnipeg, 32.7 x 41, Canadian Labour Congress Collection
O'Donoghue has often been referred to as the father of the Canadian labour movement. He served as a labour union official in various capacities for over forty years, and was the first independent labour member to sit in a Canadian legislature when elected to an Ontario seat in 1874. He was also the first Dominion Fair Wage Officer from 1900 to 1907.

4 Letter-book of Alexander W. Wright, first Canadian member of the General Executive Board, Order of the Knights of Labor, and letter from J.W. Hayes, 29 June 1893
MS, 24.2 x 30.5, A.W. Wright Papers
The Knights of Labor achieved their greatest successes in Canada in the 1880s, boasting some 250 lodges with district assemblies at Montreal, Quebec, Toronto, St. Thomas, and St. Catharines by the end of the decade, and in Ottawa in 1893. They were affiliated with the Trades and Labor Congress of Canada until 1902.

5 Strike edition No 32 of the *Western Labor News*, published by the strike committee, describing the events of 21 June 1919, known in labour circles of the time as 'Bloody Saturday
Newspaper, 30.5 x 43.2, Woodsworth Papers
The Winnipeg General Strike is perhaps the best known labour dispute in Canadian history and commands an important place in labour folklore. Beginning as a walkout by workers of the Metal Trades Council seeking collective bargaining rights on an industry-wide basis, the strike spread quickly when the Winnipeg Trades and Labour Council called for a sympathetic strike of affiliated organizations on May 13. On June 21 the Royal North West Mounted Police made several mounted charges into a crowd of strikers and bystanders in Market Square, Winnipeg, resulting in one man being shot and a number of others injured.

6 Strikers in the streets during the Winnipeg General Strike, 1919
Photograph from the original bromide print by F.M. Gee, Winnipeg, H.E. Fuller Collection

1 La Toronto Trades Assembly exprime à Sir John A. Macdonald son contentement après le vote de l'Acte des Associations ouvrières de 1872
MS enluminé, 48.3 x 58.4, Papiers Macdonald
La Toronto Trades Assembly, créée en avril 1871, fut la première association centrale ouvrière organisée dans une ville canadienne. Les efforts de l'assemblée et de ses membres visaient à obtenir le vote de l'Acte des Associations ouvrières: il s'agissait de définir les activités légales des unions et d'empêcher que celles-ci tombent sous le coup des dispositions de la loi criminelle sur l'atteinte à la liberté du commerce.

2 Canadian Labor Union, Toronto, 1873: *Compte rendu.* Toronto, Printed at the Ontario Workman Office, 1873, 21 cm
Cette copie a appartenu à D.J. O'Donoghue, premier vice-président de la Canadian Labor Union qui, après 1886, devint le Congrès des Métiers et du Travail. Celui-ci exista jusqu'en 1956, époque à laquelle il s'unit au Congrès canadien du Travail pour former le Congrès du Travail du Canada.

3 Daniel J. O'Donoghue 1844–1907
Photographie d'après l'épreuve originale au bromure d'argent par Steele and Company, Winnipeg, 32.7 x 41, Collection du Congrès du Travail du Canada
On a souvent considéré O'Donoghue comme le père du mouvement ouvrier au Canada. Pendant plus de quarante ans, il exerça à plusieurs titres diverses fonctions au sein des unions; il fut le premier député travailliste indépendant à obtenir un siège dans une législature canadienne lorsqu'il fut élu en Ontario en 1874. De 1900 à 1907, il fut aussi le premier Agent fédéral pour le Juste Salaire.

4 Livre de copies d'Alexander W. Wright, premier Canadien membre du Bureau exécutif général de l'Ordre des Chevaliers du Travail, et lettre de J.W. Hayes, 29 juin 1893
MS, 24.2 x 30.5, Papiers A.W. Wright
Les Chevaliers du Travail obtinrent un succès considérable dans les années 1880: il existait 250 loges avec des assemblées de district à Montréal, Québec, Toronto, St. Thomas et St. Catharines à la fin de la décennie, et à Ottawa en 1893. Ils furent affiliés au Congrès des Métiers et du Travail du Canada jusqu'en 1902.

5 Edition de grève No 32 du *Western Labor News*, publié par le comité de grève et décrivant les événements du 21 juin 1919 connu dans les milieux ouvriers de l'époque sous le nom de « samedi sanglant »
Journal, 30.5 x 43.2, Papiers Woodsworth
La grève général de Winnipeg est peut-être le conflit le plus connu dans l'histoire canadienne et elle tient une place importante dans l'histoire ouvrière. Elle débuta par une grève improvisée lorsque les ouvriers de la métallurgie cherchèrent à obtenir le droit de négocier collectivement à l'échelle nationale. La grève se généralisa lorsque, le 13 mai, le Conseil des Métiers et du Travail de Winnipeg demanda à ses organisations affiliées de se solidariser avec les ouvriers de la métallurgie. Le 21 juin la Police à cheval du Nord-Ouest chargea plusieurs fois dans la foule de grévistes et de spectateurs à Market Square: un homme fut tué et d'autres blessés.

6 Grévistes dans les rues au cours de la grève générale de Winnipeg, 1919
Photographie à partir de l'épreuve originale au bromure d'argent par F.M. Gee, Winnipeg, Collection H.E. Fuller

A history of this nation can scarcely be written without reference to farming. The initial development of Canada's various
regions is almost a chronicle of rural settlement. From then
to today's industrial society, many of the major economic,
social, and political forces in Canadian history have been
affected, and have even been shaped, by the needs and aspirations of the agricultural community. Moreover, such broad
topics as immigration, transportation, and trade are closely
related to the soil and the farmer. The building of the Canadian
Pacific Railway, for example, was contingent upon the granting of extensive tracts of the prairies, and the subsequent
efforts of the CPR to promote immigration to populate these
lands are part of the story of prairie agricultural settlement.

The holdings of the Public Archives in relation to farming
accordingly are not only interesting and varied, but voluminous. With regard to land settlement, for example, maps, drawings, photographs, land petitions and grants, personal journals
and diaries, government records, and local histories all provide
essential material for studying patterns of growth. The business
papers of various land, transportation, and immigration companies, as well as records of the settlements directed by individuals like Col Thomas Talbot of Upper Canada and Lord
Selkirk of the Northwest, deal with more specialized problems.
The files of several Canadian government departments – Agriculture, Interior, and Immigration and Colonization – as well
as the personal papers of energetic individuals such as Sir

Clifford Sifton, all contain material on the history of the land
in western Canada.

The continued interest of the Archives in farm organizations, as evidenced by the comparatively recent acquisition of
records of the Canadian Federation of Agriculture and of the
personal papers of W.C. Good, A.B. Hudson, Agnes C. MacPhail,
and Henry E. Spencer, ensures that the twentieth-century
efforts of farmers at economic and political organization
will also be preserved for historians.

Il est vraiment difficile d'écrire l'histoire du Canada sans mentionner l'agriculture. On pourrait même presque dire que l'exploitation progressive des régions agricoles constitue une chronique du développement du pays. Depuis toujours, les besoins et aspirations de la communauté rurale ont influencé, parfois même façonné, l'économie et la politique de l'ensemble de la nation. En outre, l'histoire de l'immigration, des transports et du commerce est très étroitement liée à celle de la terre et des fermiers. Par exemple, seule l'attribution de grandes bandes de terrain au Chemin de fer canadien du Pacifique rendit possible la construction d'une voie ferrée; par la suite les efforts que fit cette compagnie pour attirer les colons sont à la base même de l'histoire du peuplement dans les prairies.

Les Archives publiques détiennent un volume énorme de documents variés et intéressants. Les cartes, dessins, photographies, pétitions et concessions de terrains, journaux, archives gouvernementales et locales sont des éléments essentiels pour toute étude sur la façon dont s'est faite la poussée vers l'Ouest. Les papiers d'affaires des différentes compagnies immobilières, de transport et d'immigration, aussi bien que les efforts de personnes comme le colonel Thomas Talbot dans le Haut-Canada et de Lord Selkirk dans le Nord-Ouest, traitent de problèmes plus précis. Les archives des divers ministères – Agriculture, Intérieur, Immigration et Colonisation – ainsi que les papiers de personnes aussi actives que

Sir Clifford Lifton, sont riches en renseignements sur l'histoire domaniale dans l'Ouest canadien.

En raison de l'intérêt constant que les Archives publiques ont manifesté dans ce domaine (voir les acquisitions relativement récentes des archives de la Fédération canadienne de l'Agriculture et des papiers personnels de W.C. Good, A.B. Hudson, Agnes C. MacPhail, et Henry E. Spencer), les efforts accomplis par les fermiers au vingtième siècle, en vue d'une organisation politique et économique, n'échapperont pas à l'attention des historiens.

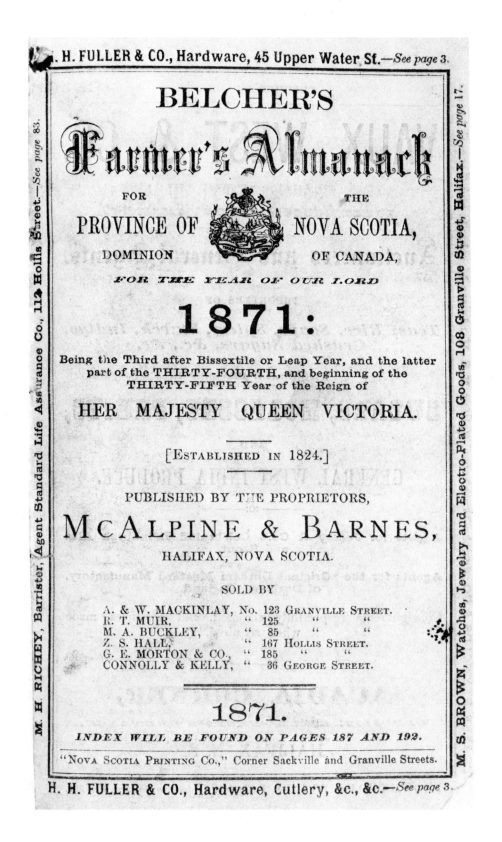

H. H. FULLER & CO., Hardware, 45 Upper Water St.—*See page 3.*

BELCHER'S

Farmer's Almanack

FOR   THE

PROVINCE OF   NOVA SCOTIA,

DOMINION   OF CANADA,

FOR THE YEAR OF OUR LORD

1871:

Being the Third after Bissextile or Leap Year, and the latter part of the **THIRTY-FOURTH**, and beginning of the **THIRTY-FIFTH** Year of the Reign of

HER MAJESTY QUEEN VICTORIA.

[ESTABLISHED IN 1824.]

PUBLISHED BY THE PROPRIETORS,

McALPINE & BARNES,

HALIFAX, NOVA SCOTIA.

SOLD BY

A. & W. MACKINLAY, No. 123 GRANVILLE STREET.
R. T. MUIR,   "   125   "   "
M. A. BUCKLEY,   "   85   "   "
Z. S. HALL,   "   167 HOLLIS STREET.
G. E. MORTON & CO.,   "   185   "   "
CONNOLLY & KELLY,   "   36 GEORGE STREET.

1871.

INDEX WILL BE FOUND ON PAGES 187 AND 192.

"NOVA SCOTIA PRINTING CO.," Corner Sackville and Granville Streets.

M. H. RICHEY, Barrister, Agent Standard Life Assurance Co., 112 Hollis Street.—*See page 83.*

M. S. BROWN, Watches, Jewelry and Electro-Plated Goods, 108 Granville Street, Halifax.—*See page 17.*

H. H. FULLER & CO., Hardware, Cutlery, &c., &c.—*See page 3.*

1 Farmer's almanac, 1871

  Almanach destiné aux fermiers, 1871

4 Doukhobor women pulling a plow, 1899

  Femmes Doukhobors tirant une charrue, 1899

5 Residence of W. G. Hunt, Lloydminster, Alberta, c1910
   Résidence de W.G. Hunt, Lloydminster, Alberta, vers 1910

8 United Farmers of Alberta Manifesto, 1932
   Manifeste des United Farmers of Alberta, 1932

MANIFESTO PASSED BY THE U.F.A. CONFERENCE
HELD IN EDMONTON, June 30, 1932

1. Nationalization of our financial and credit system, with a view to the regulation of credit and investment operations; and in particular, as immediate steps, we advocate:

   (a) The abandonment of the gold standard in Canada,

   (b) A well considered policy of inflation, and the devising of means to make the purchasing power in the hands of consumers at all times adequate to acquire the total goods and service available;

2. Public ownership of public utilities.

3. The acquisition or organization, either by the state or by the extension of co-operative enterprise, of those facilities and utilities incidental to the handling and processing of farm products.

4. Continued effort in and support of co-operation in all its branches.

5. Measures designed to bring about a more equitable distribution of wealth, including taxation measures, especially income and inheritance taxes.

6. Adoption of a national planning policy.

7. A revision of the constitution of Canada and a re-defining of the responsibilities of Federal and Provincial authorities to the end that our constitution shall be more in harmony with the economic requirements of the age.

8. While adhering to our traditional belief in freer trade between nations, we emphasize the immediate need of a recasting of our tariff policies with a view to the encouragement of our export trade and to the welfare of the primary producer and the general consumer.

9. We reaffirm our belief in a non-party system of government and the elimination of the patronage system and secret campaign funds.

-2-

10. A foreign policy designed to secure international co-operation in regulating trade, industry and finance, and to promote disarmament and world peace.

   Recognizing that these reforms can in the main be accomplished only by legislative action in the Parliament of Canada, we place ourselves on record as being willing and ready to co-operate with other organizations throughout Canada with a view to attaining the objects herein set forth.

1 *Belcher's Farmer's Almanack for the province of Nova Scotia, Dominion of Canada, for the year of our Lord 1871* ... Halifax, Nova Scotia, McAlpine and Barnes, 1871, 18 cm
These early farmer's almanacs provided, in addition to the general statistical data usually available in almanacs, a wealth of information by locality and a surplus of advertising on every conceivable agricultural product.

2 'Breaking Prairie in July, N.W.T., Canada'
Water-colour by Edward Roper (1857–91), 31.5 x 51.6, Roper Collection
Roper visited the Northwest at least twice. The water-colours and paintings which he made on his travels are more descriptive and informative than the most elaborately recorded journal.

3 City of Ottawa Agricultural Society Minutes, 1877–82
MS, 21 x 33.2
The agricultural societies of the nineteenth century, unlike the powerful farm organizations of the twentieth century, were primarily concerned with local issues – the administration of annual fairs and the judging of agricultural products.

4 Doukhobor women pulling a plow, Thunder Hill Colony, Spring 1899
Photograph, 8.8 x 13.3, J.F.C. Wright Collection

5 Residence of W. G. Hunt, Lloydminster, Alberta, c1910
Photograph from a bromide print by John Woodruff (1859–1917), 14.7 x 19.7 (original print)
The sod hut was typical only in those regions of the prairies in which wood was especially difficult to obtain, and its disadvantages were all too readily apparent, particularly in wet weather.

6 Winnipeg Exhibition, 1907
Photograph, 10.3 x 12.8, Western Development Museum Collection
Annual exhibitions and local fairs are an integral part of every agricultural community. This photograph shows the livestock judging.

7 *The Farmers' Platform*. Winnipeg, Manitoba, Canadian Council of Agriculture, 1917, 54 p, 22 cm
The movement towards farm organization in the twentieth century through co-operative elevator and grain-grower associations was encouraged by farmers' demands for lower freight rates and tariffs, as well as a belief that co-operation was a panacea for all transportation, purchasing, and marketing problems. This platform was drafted by the Canadian Council of Agriculture and adopted in 1917 by the United Farmers of Alberta, the Saskatchewan Grain Growers' Association, the Manitoba Grain Growers' Association, and the United Farmers of Ontario.

8 United Farmers of Alberta Manifesto, 1932
MS, 2 p, 40.7 x 25.4, Spencer Papers
Farmers came to realize that all their objectives could not be met by their grain-grower co-operative associations and they turned to direct political action. This manifesto was passed by the United Farmers of Alberta immediately prior to the formation in August 1932 of the Co-operative Commonwealth Federation, of which the UFA was a founding and member organization.

1 *Belcher's Farmer's Almanack for the province of Nova Scotia, Dominion of Canada, for the year of our Lord 1871* ... Halifax, Nova Scotia, McAlpine and Barnes, 1871, 18 cm
Ces almanachs destinés aux fermiers—outre les données statistiques habituelles – incluent beaucoup de renseignements groupés par localité, et d'innombrables annonces sur tous les produits agricoles imaginables.

2 « Breaking Prairie in July, N.W.T., Canada »
Aquarelle de Edward Roper (1857–91), 31.5 x 51.6, Collection Roper
Roper se rendit dans le Nord-Ouest au moins deux fois. Les aquarelles qu'il rapporta de ses voyages sont plus riches en renseignements divers que le journal le plus détaillé.

3 Procès-Verbaux de la Société agricole d'Ottawa, 1877–82
MS, 21 x 33.2
Les sociétés agricoles du dix-neuvième siècle, contrairement aux puissantes organisations des fermiers du vingtième siècle, s'intéressaient surtout aux affaires locales: administration des foires annuelles, et concours agricoles.

4 Femmes Doukhobors tirant une charrue, Colonie de Thunder Hill, printemps 1899
Photographie, 8.8 x 13.3, Collection J.F.C. Wright

5 Résidence de W.G. Hunt, Lloydminster, Alberta, vers 1910
Photographie à partir d'une épreuve au bromure d'argent de John Woodruff (1859–1917), 14.7 x 19.7 (épreuve originale)
Les petites maisons de terre se trouvaient seulement dans les régions des prairies où le bois était rare. Les désavantages de ces constructions sont évidentes, surtout par temps humide.

6 Exposition de Winnipeg, 1907
Photographie, 10.3 x 12.8, Collection du Musée du Développement de l'Ouest du Canada
Les expositions annuelles et les foires locales sont des éléments essentiels de toute communauté rurale. On voit sur cette photographie le concours agricole.

7 *The Farmers' Platform.* Winnipeg, Manitoba, Canadian Council of Agriculture, 1917, 54 p, 22 cm
Au vingtième siècle, les exigences des fermiers qui demandaient des taux préférentiels en matière de transport et des tarifs moins élevés, ainsi que la croyance largement répandue que la coopérative pourrait résoudre tous les problèmes de transport, d'achat et de vente, favorisèrent le regroupement des exploitants agricoles dans des coopératives pour la production et l'entreposage des céréales. Le conseil canadien de l'Agriculture dressa un programme qui fut adopté en 1917 par les United Farmers of Alberta, la Saskatchewan Grain Growers' Association, la Manitoba Grain Growers' Association, et les United Farmers of Ontario.

8 Manifeste des United Farmers of Alberta, 1932
MS, 2 p, 40.7 x 25.4, Papiers Spencer
Les fermiers se rendirent vite compte que les coopératives ne leur permettaient pas d'atteindre leurs objectifs et firent alors de l'action politique directe. Ce manifeste fut voté par les United Farmers of Alberta, juste avant la création du Parti CCF en août 1932, dont les UFA ont été un des membres fondateurs.

The economic, social, and political changes wrought in Canada by the great Depression of the 1930s were so extensive that their full effects are still far from wholly apparent. What seems readily evident is that the economic exigencies of the time were all-pervasive: the writings or drawings of an individual, the operations of a business, social, or political organization, and the activities of governments were all affected to some degree, and in some cases fundamentally altered. In this sense, all documentation created during the 1930s will reveal the effects of the Depression.

In the Public Archives the prime source is the records of those groups and individuals who were in positions of leadership and thereby exerted the greatest influence on our national life: the personal papers of Prime Ministers R.B. Bennett and W.L. Mackenzie King, the papers of various members of their cabinets and influential members of parliament, the records of federal government departments and agencies, the records of the Liberal, Conservative, and Co-operative Commonwealth Federation political parties, and of the short-lived Reconstruction Party led by the Honourable Harry Stevens, the records of various farm, labour, and protest groups, and those of social agencies such as the Canadian Welfare Council.

Less obvious, but probably no less significant, are those multitudes of data available in the paintings, drawings, photographs, writings, and other personal creations of individuals during the Depression. These may some day, perhaps with the aid of modern social science research tools, be compiled and analyzed to determine the influence of the Depression on the lives and thought of a whole generation of Canadians.

The original Bennett Papers are the property of the University of New Brunswick, which has kindly given the Public Archives permission to microfilm them. Examples from these papers have been chosen to represent the thousands of documents on film that are available in the Archives, thanks to the generous co-operation of a great many owners in North America and Europe.

La dépression de 1930 amena de tels changements économiques, sociaux et politiques au Canada que l'ampleur de leurs effets n'a pas encore été totalement étudiée. Mais de toute évidence la crise économique se fit sentir dans tous les domaines; les écrits et dessins des artistes et écrivains, la conduite des affaires, les organisations sociales et politiques, les activités du gouvernement, subirent tous le contrecoup de la dépression et parfois même en furent profondément modifiés. Dans ce sens, tous les documents qui nous restent de cette époque sont extrêmement révélateurs.

Aux Archives publiques, la principale source de documents provient des personnes ou groupements qui étaient à la tête du pays et, de ce fait, exerçaient la plus grande influence sur la vie de la nation; les papiers personnels des premiers ministres R.B. Bennett et W.L. Mackenzie King, ceux des différents membres de leur cabinet et de députés influents, les archives des ministères fédéraux, ceux des partis politiques libéral et conservateur, du parti CCF, du parti de la Reconstruction dirigé par l'honorable Harry Stevens, les archives des groupements protestataires, de fermiers et d'ouvriers, et celles des bureaux d'assistance sociale comme le Conseil canadien du Bien-être.

En outre toutes les indications que l'on peut trouver dans les peintures, dessins, photographies, écrits et toute forme de création personnelle, permettent d'obtenir un tableau complet de ce que furent ces années de dépression. Un jour peut-être, grâce aux méthodes modernes de recherche, ces éléments seront compilés et analysés pour déterminer l'influence de cette crise économique sur toute une génération.

Les papiers Bennett sont la propriété de l'Université du Nouveau-Brunswick qui a permis aux Archives de les microfilmer. Certains d'entre eux sont exposés et ne sont qu'un exemple des milliers de documents sur microfilm qui sont disponibles grâce à la généreuse coopération de ceux qui en détiennent l'original en Europe et en Amérique du Nord.

396174

Prime Minister R. B. Bennette
Ottawa Ont

Dear Sir it is with a very
humble heart I take the
opportunity of writing this letter
to you. to ask you if you will
please send for the underwear
in the Eaton order I made out
and enclosed in this letter
My husband will be 64 in Dec
and has rintis very bad at
times in his arms and
shoulders. we have had
very little crop for the last
three years. not enough
at all to pay taxes and live
and this year crops around
here (West of Saskatoon) are a
complete failure. My husband
is drawing wood on the waggon
for 34 miles. and had to draw
hay too. for feed for horses this
winter. He has to take two
days for a trip. and sleep

1 Letter to Prime Minister R. B. Bennett from a woman in
Saskatchewan, 1933 (*section*)
Lettre d'une femme du Saskatchewan au premier ministre
R.B. Bennett, 1933 (*partie*)

4 Telegram from the Premier of Alberta to Prime Minister
R.B. Bennett, 1935
Télégramme du premier ministre de l'Alberta au premier
ministre R.B. Bennett, 1935

5 Strikers boarding a train at Kamloops, British Columbia, 1935

5 Grévistes montant dans un train à Kamloops, Colombie-Britannique, 1935

1 Letter to Prime Minister R.B. Bennett from a woman in Saskatchewan, 28 September 1933, asking help for her husband
MS, ALS, 3 p, 42 x 24.2, Bennett Papers
'We have never asked for anything of anybody before … '

2 Letter to Prime Minister R.B. Bennett from E.A. McPherson, Provincial Treasurer of Manitoba, dated at Winnipeg, 13 February 1933, concerning the province's financial difficulties
MS, LS, 2 p, 40.7 x 27.5, Bennett Papers
' … under existing circumstances every possible attempt should be made to avoid complete disorganization of constituted authority.' In the 1930s declining revenues and expanding relief costs created untenable financial situations for all three prairie provinces.

3 Letter from Prime Minister R.B. Bennett to Sir Charles Gordon, president of the Bank of Montreal, dated at Ottawa, 31 May 1933, guaranteeing a loan to the Canadian Pacific Railway
MS, LS, 2 p, 40.7 x 25.4, Bennett Papers
Due to the depressed state of the financial markets the CPR was forced to raise $60,000,000 by a unique loan in order to meet its financial obligations. Five Canadian banks pooled the loan, on which principal and interest were guaranteed by the federal government. This extraordinary cabinet document, signed by the Prime Minister and initialled by his cabinet ministers, was 'cancelled' only after the enabling Order in Council had been passed.

4 Telegram of the Honourable R.G. Reid, Premier of Alberta, to Prime Minister R.B. Bennett, 4 June 1935, asking that the eleven hundred strikers from British Columbia relief camps be stopped before they entered Alberta
MS, telegram, 21.6 x 30.4, Bennett Papers
The strikers inspired much sympathy in some quarters and genuine fear in others, but this march made it impossible for anyone to ignore the plight of the single, homeless, and unemployed relief-camp worker.

5 Strikers boarding train at Kamloops, British Columbia, June 1935
Photograph from original bromide print, 16.3 x 20
The strikers hoped to reach Ottawa by train, but they were halted during disturbances at Regina – the 'Regina Riots.'

6 Delegates to the Imperial Conference held in Ottawa, 1932
Photograph from original bromide print, 21.6 x 68.6
Great expectations were held that preferential tariffs within the Empire would give a decided boost to lagging trade, and thereby to Canada's stagnant economy.

7 Minutes of the conference held in the Labor Temple, Calgary, 1 August 1932, resulting in the formation of the Co-operative Commonwealth Federation.
MS, 47 x 30.5, CCF Papers
During the Depression Canadians witnessed the creation of the national CCF party and the formation of the first Social Credit government in Alberta in 1935.

8 Depression scene, 1933
Pen and ink and pencil drawing by Ernst Neumann (1907–56), 42.5 x 31.1, Ernst Neumann Collection
Neumann sketched this drawing of a family along with others in a series on the unemployed in Canada.

1 Lettre d'une femme du Saskatchewan, au premier ministre R.B. Bennett, 28 septembre 1933, demandant une aide pour son mari
MS, LAS, 3 p, 42 x 24.2, Papiers Bennett
« We have never asked for anything of anybody before ... »

2 Lettre de E.A. McPherson, Trésorier de la province du Manitoba, au premier ministre R.B. Bennett, au sujet des difficultés financières de la province, Winnipeg, 13 février 1933
MS, LS, 2 p, 40.7 x 27.5, Papiers Bennett
« ... under existing circumstances every possible attempt should be made to avoid complete disorganization of constituted authority ». Dans les années 30, la diminution des revenus et l'augmentation des secours distribués ont créé une situation financière extrêmement difficile dans les trois provinces des prairies.

3 Lettre du premier ministre R.B. Bennett à Sir Charles Gordon, président de la Banque de Montréal, garantissant un prêt au Chemin de fer canadien du Pacifique, Ottawa, 31 mai 1933
MS, LS, 2 p, 40.7 x 25.4, Papiers Bennett
En raison de l'état critique des marchés financiers, le CP dut faire un emprunt de $60,000,000 pour faire face à ses obligations financières. Cinq banques canadiennes mirent leurs ressources en commun pour réunir les fonds garantis, principal et intérêt, par le gouvernement fédéral. Ce document extraordinaire est signé par le premier ministre et paraphé par les ministres de son Cabinet. Il ne fut « annulé » qu'après la signature d'un décret du conseil dans le même sens.

4 Télégramme de l'honorable R.G. Reid, premier ministre de l'Alberta, au premier ministre R.B. Bennett, 4 juin 1935, demandant d'arrêter les onze cents grévistes venant des camps de secours de Colombie-Britannique avant leur entrée dans l'Alberta
Télégramme manuscrit, 21.6 x 30.4, Papiers Bennett
Les grévistes inspirèrent la sympathie chez les uns et la peur chez les autres mais après cette marche, il fut impossible d'ignorer la condition du travailleur célibataire, sans maison et sans emploi, des camps de secours.

5 Grévistes montant dans un train à Kamloops, Colombie-Britannique, juin 1935
Photographie à partir du négatif original au bromure d'argent, 16.3 x 20
Les grévistes en route pour Ottawa, firent le trajet en train jusqu'à Régina où ils furent arrêtés au cours de troubles – les « émeutes de Régina ».

6 Délégués à la Conférence économique impériale qui s'est tenu à Ottawa en 1932
Photographie faite à partir du négatif original au bromure d'argent, 21.6 x 68.6
Tous s'attendaient à ce que des tarifs préférentiels à l'intétieur de l'Empire raniment un commerce défaillant et fassent sortir le Canada de son état de stagnation économique.

7 Procès-verbal de la conférence tenue dans le Temple du Travail à Calgary, 1er août 1932, qui a donné naissance au parti CCF
MS, 47 x 30.5, Papiers du CCF
Les années de dépression virent la création du parti national CCF et la formation du premier gouvernement du Crédit Social dans l'Alberta en 1935.

8 Scène de la dépression, 1933
Dessin à l'encre, à la plume et au crayon d'Ernst Neumann (1907–56), 42.5 x 31.1, Collection Ernst Neumann
Ce dessin d'une famille fait partie d'une série que Neumann consacra aux chômeurs pendant la dépression.

Religion is an important field of human activity, and the Public Archives has made a considerable effort to document its practice in Canada. The Archives takes an equal and unbiased interest in all religions, although documents about the Catholic and protestant churches are the most numerous.

The Archives does not usually hold records of dioceses or synods or those of religious orders or parishes. In many cases, however, particularly when the documents concerned contain valuable information about the origins of religion in Canada, it has obtained copies on microfilm or by other processes. The documentation on missionary activities is particularly extensive.

Apart from the official archives, in which religion often plays an important role, the Archives has in its possession the papers of many individuals who made significant contributions to the development of religious life in Canada. Because of their quantity, quality, and variety, the manuscripts in the Archives provide a valuable source of information on religion in Canada.

The manuscript material is complemented by thousands of printed items and a considerable quantity of sketches, maps, architectural plans, photographs, drawings, lithographs, and water-colours.

La religion est un domaine important de l'activité humaine, et les Archives publiques ont fait des efforts considérables pour documenter le phénomène religieux au Canada, s'intéressant à toutes les religions sans distinction ni préjugé; mais les documents concernant l'Église catholique et les églises protestantes sont les plus nombreux.

On ne trouvera pas normalement aux Archives publiques les archives des évêchés et des synodes, les archives des communautés religieuses et les archives paroissiales. Dans un bon nombre de cas cependant, nous en avons obtenu des copies, microfilmées ou autres, surtout lorsqu'il s'agissait de documents contenant de précieux renseignements sur les origines religieuses du Canada. La documentation se rapportant aux sociétées missionnaires est particulièrement importante.

En plus des archives officielles, où la religion a souvent une place importante, nous possédons un grand nombre de papiers privés d'individus qui ont joué un rôle significatif ou ont apporté une contribution valable au développement de la vie religieuse canadienne. La quantité, la qualité, et la diversité des manuscrits conservés constitue une très riche source de renseignements sur la religion au Canada.

Des milliers d'imprimés et une grande quantité de documents figurés, cartes, plans architecturaux, photographies, dessins, lithographies, aquarelles, relatifs à l'histoire ecclésiastique ou ecclésiale viennent compléter les sources manuscrites.

1 Book of Gregorian chants
Livre de chants grégoriens

Nous Jean Par La Grace Et du S.t
Siege apostolique Evêque de quebec, à Nostres Chers Enfants
Les habitans de La paroisse de Ville marie Salut Et
Benediction En N. S.

C'est auec douleur que nous auons appris a Notre retour
de france Le mauuais Vsage ou Vous estes desparoistre contre
La bienseance En Simple chemise sans caleçon Et Sanculotte pendant
L'été pour euiter La grande Chaleur cequi nous a d'autant
plus Surpris que nous Voions Violer par la Les regles de modestie
que L'apôtre demande dans touts Les Chretiens, Vne occasion
Si prochaine de peché a Vous Et aux autres personnes
qui peuuent Vous Voir dans cet etat, nous mettant dans
L'obligation de Vous representer Le Nombre innombrable
de pechés dont Vous Vous trouueres coupables a L'heure
de La mort, non seulement des Vôtres, mais Encore
de ceux d'autruy, dont Le prophete Roy demandoit
auec tant d'instance a Dieu d'etre deliuré, qui
Sont d'autant plus dangereux qu'on ne Les connoit

6 Pastoral letter of Mgr de Saint-Vallier, 1719 (*section*)
Mandement de Mgr de Saint-Vallier, 1719 (*partie*)

MORT HÉROIQUE DE QUELQUES PÈRES DE LA COMPAGNIE DE JÉSUS DANS LA NOUVELLE FRANCE

3 *Mort héroïque de quelques pères de la Compagnie de Jésus dans la Nouvelle France ...*

5 Hymns written in an Indian dialect
Versets de cantiques écrits en un dialecte indien

1 Book of Gregorian chants
MS, 100 p, 28 x 38.2
This book of Gregorian chants belonged to François-Xavier Borel, and was prepared by him while he was vicar of Sainte-Foy (1756–74, 1787–92) and of Charlesbourg (1774–86).

2 Saint-Vallier, J.-B. de la Croix Chevrières de 1653–1727
Estat présent de l'Eglise et de la colonie Françoise dans la Nouvelle France Paris, Chez Robert Pepie, 1688, 267 p, 19 cm
In the form of a letter to a friend, the author gave a very favourable account of what he saw in the colony during the first several months of his ministry (July 1685–November 1686).

3 *Mort héroique de quelques pères de la Compagnie de Jésus dans la Nouvelle France ...*
Coloured lithograph by Et. David, 43.8 x 58.1
The first missionaries tried to instruct and baptize the Indians. They also served as chaplains to the French. The Jesuits came to New France in 1625, and their attempts to impose a new culture on the Indians no doubt account for the violence shown in this document.

4 Wesleyan Methodist Church in Canada. *The doctrines and discipline of the Wesleyan Methodist Church in British North America ...*
York [i.e., Toronto], Printed at the Christian Guardian Office, 1834, 157 p, 14 cm
The Wesleyan Methodist Church in Canada was formed by a union of several smaller churches in 1833. Concentrated in Upper Canada, it was the largest Methodist denomination in British North America. This excerpt outlines the Wesleyan Methodist emphasis on singing in worship.

5 Hymns written in an Indian dialect, nd
MS, 112 p, 12.7 x 20.3
The missionaries used to compose such books in order to communicate more effectively with the Indians.

6 Pastoral letter of Mgr de Saint-Vallier, 26 April 1719
MS, 17.8 x 23.5
This pastoral letter of Mgr de Saint-Vallier contains useful information on the sartorial customs of the time. The Bishop of Quebec protested strongly against those who walked about 'en simple chemise et sans culotte' during the summer months.

7 'Interior view of Christ Church Cathedral, Montreal' nd
Water-colour, 34.7 x 26.6
This water-colour shows the present Christ Church Cathedral, constructed in 1859 in an elaborate Gothic style. The church, which is located on St. Catherine Street in Montreal, replaced two earlier buildings which were destroyed by fire, one in 1803 and the other in 1856.

1 Livre de chants grégoriens
MS, 100 p, 28 x 38.2
Ce livre de chants grégoriens a été préparé par François-Xavier Borel alors qu'il était curé de Sainte-Foy (1756–74, 1787–92) et de Charlesbourg (1774–86).

2 Saint-Vallier, J.-B. de la Croix Chevrières de 1653–1727
Estat présent de l'Eglise et de la colonie Françoise dans la Nouvelle France Paris, Chez Robert Pepie, 1688, 267 p, 19 cm
Sous forme de lettre à un ami, l'auteur donne un compte rendu très favorable de ce qu'il a vu dans la colonie au cours des premiers mois de son ministère (juillet 1685–novembre 1686).

3 *Mort héroique de quelques pères de la Compagnie de Jésus dans la Nouvelle France ...*
Lithographie en couleurs par Et. David, 43.8 x 58.1
Les premiers missionnaires tentaient d'instruire et de baptiser les Indiens. Ils servaient aussi d'aumoniers aux Français C'est en 1625 que les Jésuites arrivent en Nouvelle-France. Les difficultés nées de la tentative de faire accepter une nouvelle culture expliquent sans doute la violence décrite dans ce document.

4 Wesleyan Methodist Church in Canada. *The doctrines and discipline of the Wesleyan Methodist Church in British North America ...*
York [i.e. Toronto], Printed at the Christian Guardian Office, 1834, 157 p, 14 cm
L'église méthodiste wesleyenne au Canada a été formée en 1833 par l'union de plusieurs sectes moins importantes. Concentrée dans le Haut-Canada, elle était la plus importante dénomination méthodiste en Amérique du Nord britannique. Cet extrait montre la place importante que tenait le chant dans leurs offices.

5 Versets de cantiques écrits en un dialecte indien, nd
MS, 112 p, 12.7 x 20.3
Les missionnaires composaient des ouvrages de ce genre pour avoir un contact plus direct avec les Indiens.

6 Mandement de Mgr de Saint-Vallier, 26 avril 1719
MS, 17.8 x 23.5

Cette lettre pastorale de Mgr de Saint-Vallier est riche en information au sujet des moeurs vestimentaires de l'époque. En effet, l'évêque de Québec s'élève ici contre ceux qui se promènent « en simple chemise et sans culotte » pendant les mois d'été.

7 « Interior view of Christ Church Cathedral, Montreal » nd
Aquarelle, 34.7 x 26.6
Cette aquarelle représente l'actuelle cathédrale Christ Church, construite en 1859 dans un style gothique exubérant. La cathédrale, située sur la rue Ste-Catherine à Montréal, a remplacé deux édifices antérieurs détruits par le feu, l'un en 1803 et l'autre en 1856.

At the present time the Public Archives is considering the creation of a specialized science archives, similar to those recently established for ethnic groups and sport. In the meantime medicine remains the science best documented; there are descriptions of early medical treatment in manuscript and printed sources, as well as account books and letters of doctors such as Norman Bethune. The careers of some doctors spanned several fields; Sir Charles Tupper, for example was also a politician.

In the more general scientific field are the records of the Atomic Energy Commission, Geological Survey, and other subdivisions of the department currently named the Department of Energy, Mines and Resources.

The National Map Collection's thematic maps afford excellent coverage of geological, aeronautical, and hydrographic phenomena. Maps and records of explorers reflect the growing knowledge of latitude and longitude based on astronomy, and of hydrography. Many of these expeditions included individuals who advanced biological knowledge by faithfully recording the flora and fauna they found in different regions.

The individual interested in the history of science will find rich untapped resources in the Public Archives. To those who feel that the history of this broad field is unnecessary, the words of Auguste Comte should be recalled: 'L'histoire de la science, c'est la science même' ('The history of science is science itself').

Les Archives publiques envisagent la création d'une section consacrée aux sciences, semblable à celles spécialisées dans les sports et les groupes culturels de formation récente. Jusqu'à présent, c'est la médecine qui est la mieux documentée: sources manuscrites et imprimées décrivant les traitements prescrits, livres de compte, lettres de médecins (comme Norman Bethune). Les activités de certains d'entre eux s'étendaient aussi à d'autres domaines; ce fut le cas de Sir Charles Tupper qui fit également de la politique.

D'un point de vue plus général, les archives de la Commission de l'Energie atomique, de la Commission géologique et d'autres subdivisions du ministère portant actuellement le nom de ministère de l'Energie, des Mines et des Ressources contiennent des documents extrêmement intéressants.

La géologie, l'hydrographie, et l'aéronautique sont bien documentées grâce aux cartes de la Collection nationale des cartes et plans. Le progrès des connaissances dans le domaine de l'hydrographie, des longitudes et latitudes basées sur l'astronomie, peut être suivi grâce aux cartes et notes laissées par les explorateurs. Ceux-ci consignèrent aussi par écrit des détails sur la flore et la faune, ce qui contribua au développement des sciences biologiques.

Tous ceux qui s'intéressent à l'histoire de la science trouveront aux Archives publiques une documentation très riche qui n'a pas encore été exploitée. Il faut se rappeler ici les paroles d'Auguste Comte: « L'histoire de la science, c'est la science même ».

1 Print from Homann's *Atlas Novus*, 1716

   Gravure tirée de l'*Atlas Novus* de Homann, 1716

2 Log-book of HMS *Pegasus*, 1786

   Journal de bord du *Pegasus*, 1786

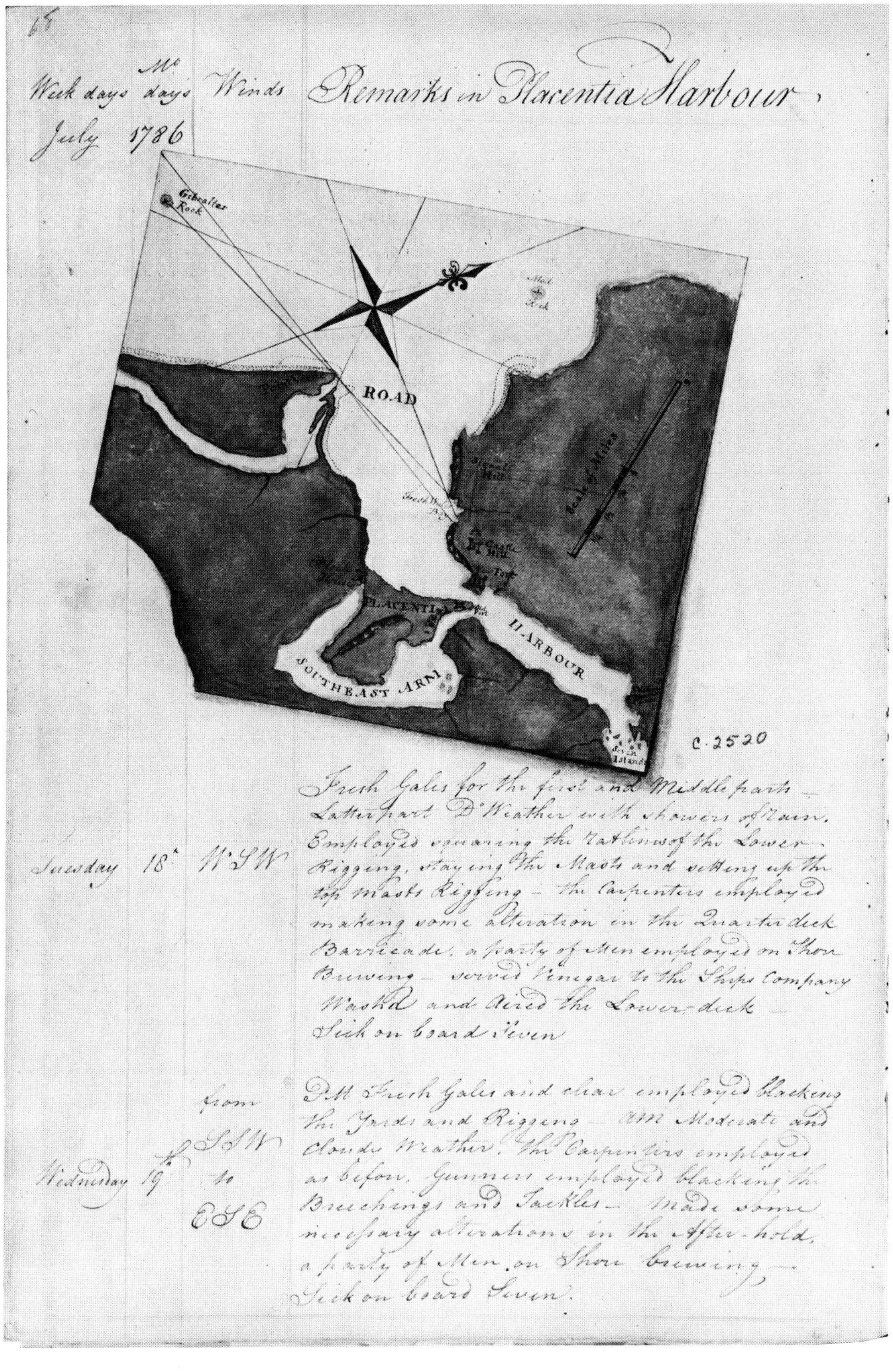

Week days | Mo days | Winds | Remarks in Placentia Harbour

July 1786

C. 2520

Tuesday 18° | WSW

Fresh Gales for the first and Middle parts — Latter part D° Weather with Showers of Rain. Employed squaring the ratlines of the Lower Rigging, Staying the Masts and setting up the top masts Rigging — the Carpenters employed making some alteration in the Quarter deck Barricade, a party of Men employed on Shore Brewing — served Vinegar to the Ships Company Washd and Aired the Lower deck — Sick on board Seven

Wednesday 19° | from SW to ESE

D° M° Fresh Gales and clear employed blacking the Yards and Rigging — A° M° Moderate and Cloudy Weather, the Carpenters employed as before, Gunners employed blacking the Breechings and Tackles — made some necessary alterations in the After hold, a party of Men on Shore brewing, — Sick on board Seven.

5 Draft copy of *Reforms in Time Reckoning* by Sandford Fleming

5 Brouillon du livre *Reforms in Time Reckoning* de Sandford Fleming

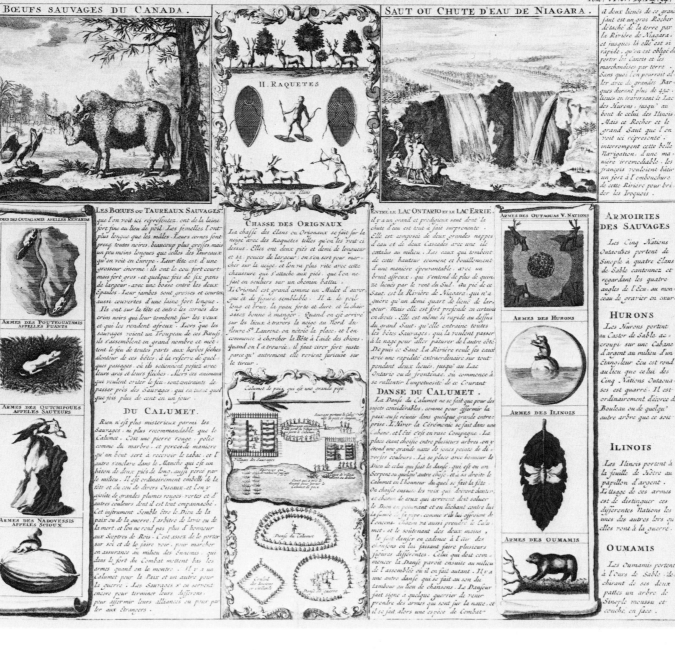

6 Print from Chatelain's *Atlas historique*, c1719

6 Page tirée de l'*Atlas historique* de Chatelain, vers 1719

1 *Tabula selenographica* ... J.B. Homann, c1707
Print, hand-coloured, 53.8 x 62.5
This map from Homann's *Atlas Novus*, 1716, reveals the
extent of lunar knowledge in this early period.

2 Log-book of HMS *Pegasus*, commanded by Prince William
Henry (later William IV) on his first visit to Canada, 1786
MS, 39.4 x 53.4
Early navigators necessarily made scientific observations.
On pages 68–9 of this log-book there is a sketch map and
view of Placentia (Plaisance), Newfoundland, with obser-
vations for 18 and 19 July 1786.

3 *Egmont Harbour* from *The Atlantic Neptune* by Joseph
Frederick Wallet DesBarres (1722–1824)
Coloured print, 74.7 x 54
The Atlantic Neptune was first published in 1777 to answer
the military demand for accurate surveys of the eastern
coast of America at the outbreak of the Revolutionary War.
DesBarres, a military engineer, had undertaken the first
detailed survey of the eastern coast of North America in the
decade beginning in 1764, and his charts are important not
only for their navigational value but also for their artistic
excellence.

4 Notebook of Charles Tupper when he was a medical student
MS, 20 cm, Tupper Papers
Tupper, who was Prime Minister of Canada in 1896, held a
degree in medicine from the University of Edinburgh; he
was also the first president of the Canadian Medical Association. The entry for 3 November 1841 concerns balanced
diets.

5 Draft copy of *Reforms in Time Reckoning* by Sandford Fleming
MS, 38 p, 20.2 cm, Sandford Fleming Collection
Sandford Fleming was largely responsible for the adoption
of the system of international standard time-measurement
that is still in use.

6 *Carte qui contient la manière dont se fait la chasse des boeufs
sauvages et des élans* ...
Print, 42.4 x 48.2

Among the animals represented on this sheet from Chatelain's *Atlas historique*, published in about 1719, are the
buffalo and the squirrel.

1 *Tabula selenographica ...* J.B. Homann, vers 1707
Gravure, couleurs à la main, 53.8 x 62.5
Cette carte, tirée de l'*Atlas Novus* d'Homann, 1716, montre
l'état des connaissances sur la lune à cette époque.

2 Journal de bord du *Pegasus* commandé par le prince
William Henry (plus tard Guillaume IV) lors de sa première
visite au Canada en 1786
MS, 39.4 x 53.4
Par la force des choses, les premiers navigateurs firent des
observations scientifiques. Aux pages 68–9 de ce journal se
trouvent un croquis de carte et une vue de Plaisance, Terre-
Neuve, ainsi que des observations consignées les 18 et 19
juillet 1786.

3 *Egmont Harbour* tiré de *The Atlantic Neptune* par Joseph
Frederick Wallet DesBarres (1722–1824)
Gravure en couleurs, 74.7 x 54
L'*Atlantic Neptune* fut publié en 1777 pour répondre à la
demande de l'armée qui souhaitait avoir une étude exacte
de la côte est de l'Amérique au début de la Révolution américaine. DesBarres, ingénieur de l'armée, est le premier qui
ait entrepris, à partir de 1764 et pour dix ans, une étude
détaillée de la côte est de l'Amérique du Nord. Ses cartes
sont très intéressantes non seulement pour la navigation
mais aussi d'un point de vue artistique.

4 Carnet de note de Charles Tupper, alors qu'il était étudiant
en médecine
MS, 20 cm, Papiers Tupper
Tupper, qui fut premier ministre du Canada en 1896, avait
fait ses études de médecine à l'université d'Edimbourg; il fut
le premier président de l'Association des Médecins canadiens. Le 3 novembre 1841, son carnet fait mention de
régimes alimentaires équilibrés.

5 Brouillon du livre *Reforms in Time Reckoning* de Sandford
Fleming
MS, 38 p, 20.2 cm, Collection Sandford Fleming
L'adoption du système international de mesure du temps,
qui est toujours en vigueur, est due en grande partie à
Sandford Fleming.

6 *Carte qui contient la manière dont se fait la chasse des boeufs
sauvages et des élans ...*
Gravure, 42.4 x 48.2
Le bison et l'écureuil figurent sur cette page tirée de l'*Atlas
historique* de Chatelain (publié vers 1719).

Northrop Frye has written that Canada's literature is more significantly studied as a part of Canadian life than as a part of an autonomous world of literature. In the literary holdings of the Public Archives most of the significant Canadian writers are represented, but the variety of papers preserved ensures that these writers may be studied in the broader context of Canadian life as well as for their literary merits.

Canadian literature has always served as a vehicle for collective introspection, giving voice to the various doubts and issues which have troubled the nation. Canadian authors have demonstrated a keen awareness of the problems associated with the search for identity that has permeated many aspects of Canadian life. This awareness has led many of them to take significant parts in the major events affecting Canada's development, and their interests and influence have often spread beyond the usually accepted boundaries of literature.

Apart from this, the manuscripts in the Archives are documents of individual creativity, which record the growth of a literature in a culturally hybrid nation. Caught amid the intellectual and practical influences of France, Great Britain, and the United States, Canada has created distinctive and unique literary traditions. This may be followed in the papers of individuals and organizations. Furthermore, the practical problems of publication and critical recognition faced by authors reveal much about the state of literary art in Canada's history – and these too are recorded in the literary holdings of the Public Archives.

The Public Archives is actively engaged in acquiring Canadian literary papers. It is setting out to inform living writers of the Archives' concern for the preservation of their papers, and to locate and preserve those which document the past development of literature in Canada. A nation's literature is an integral part of its history. The Public Archives has always recognized this fact.

D'après Northrop Frye, la littérature canadienne prend toute sa valeur si on l'étudie du point de vue de la vie même au Canada, et non simplement d'un point de vue littéraire. Les Archives publiques possèdent sur quelques-uns des écrivains les plus importants un nombre considérable de lettres et papiers qui permettent de les étudier sous un angle sociologique aussi bien que littéraire.

La littérature canadienne a toujours été le reflet de l'état d'esprit général, exprimant les doutes et les questions qui ont préoccupé la nation. Les problèmes soulevés par la recherche d'une identité nationale ont affecté bien des aspects de la vie canadienne et se retrouvent sans cesse dans les oeuvres des écrivains. Ceci les a amenés à prendre une part active dans les grands événements de la vie du pays. De ce fait leur influence a souvent dépassé les limites normales de la littérature.

En outre, à travers les manuscrits que détiennent les Archives publiques, on assiste à la naissance d'une littérature homogène issue d'éléments culturels disparates. Subissant l'influence de la France, de la Grande-Bretagne, et des États-Unis le Canada a réussi à créer une tradition littéraire qui lui est propre et que nous retrouvons dans les papiers appartenant à des personnes privées ou à des organisations. En outre, les problèmes pratiques auxquels les écrivains ont eu à faire face (publication et réaction de la critique) permettent de situer l'histoire littéraire dans le contexte plus général de l'histoire du pays, ainsi qu'on peut le voir dans les documents détenus par les Archives publiques.

Les Archives publiques ont établi un programme en vue d'acquérir la documentation se rapportant à la littérature canadienne. Elles veulent que les écrivains contemporains soient conscients de l'intérêt qu'elles portent à la conservation de leurs papiers personnels, sans pour autant négliger la recherche et la conservation de tout ce qui documente l'histoire littéraire passée car les Archives considèrent que la littérature d'une nation fait partie intégrante de l'histoire du pays.

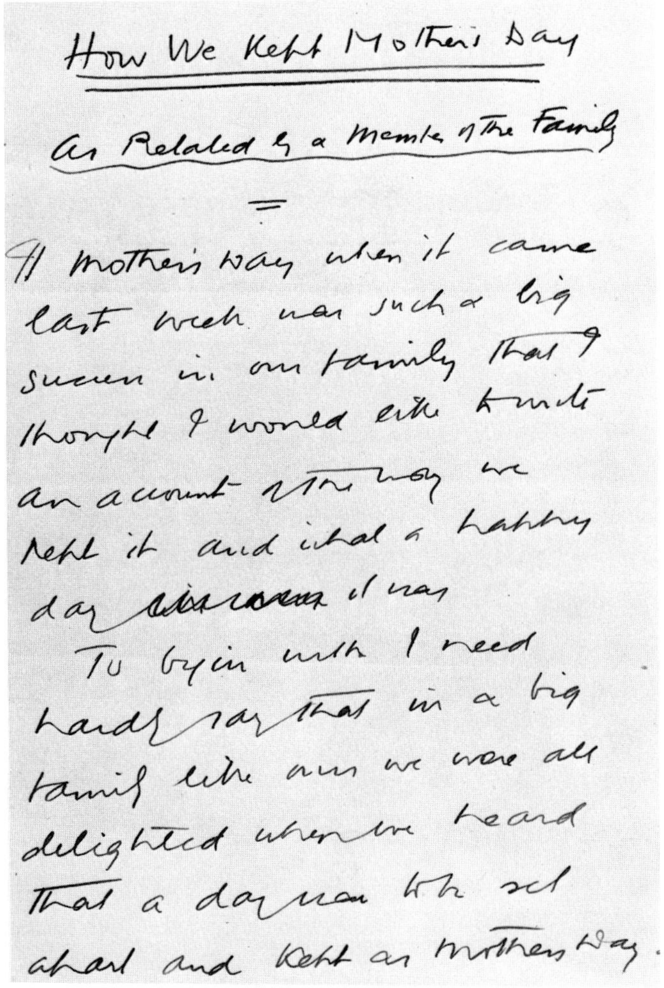

How We Kept Mother's Day

As Related by a Member of the Family

—

Of Mother's Day when it came last week was such a big success in our family that I thought I would like to note an account of the way we kept it and what a happy day ... it was

To begin with I need hardly say that in a big family like ours we were all delighted when we heard that a day was to be set apart and kept as Mother's Day.

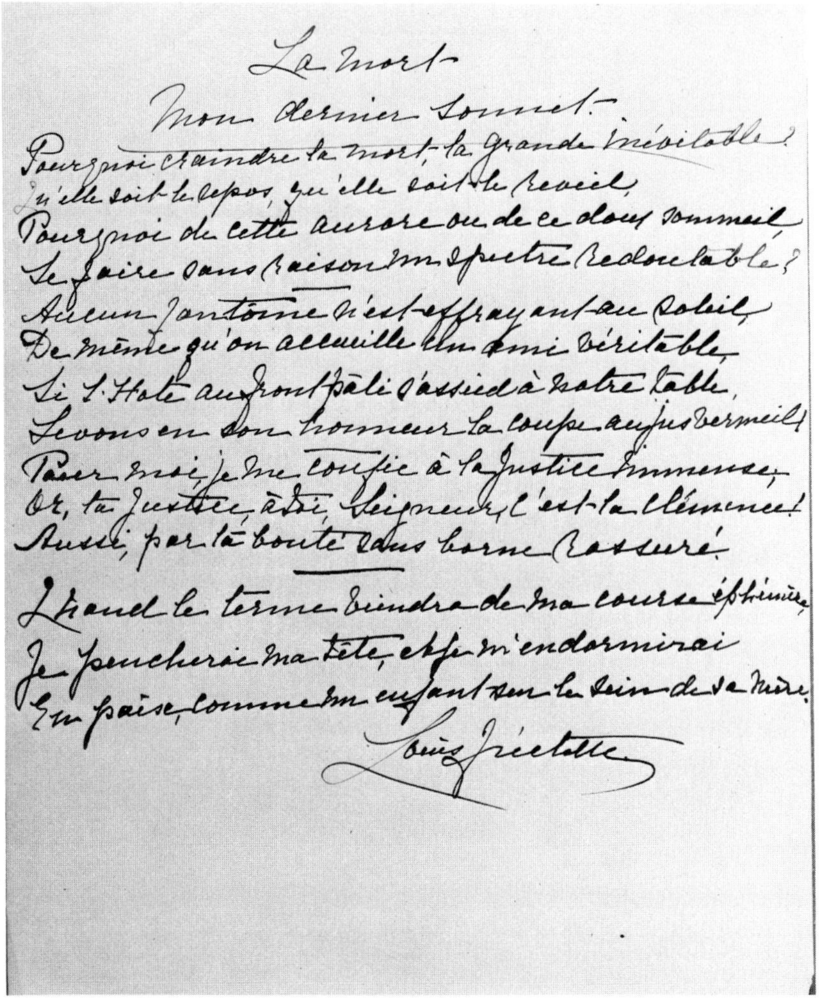

La Mort

Mon dernier sonnet.

Pourquoi craindre la mort, la grande inévitable?
Qu'elle soit le repos, qu'elle soit le réveil,
Pourquoi de cette aurore ou de ce doux sommeil,
Se faire sans raison un spectre redoutable?
Aucun fantôme n'est effrayant au soleil,
De même qu'on accueille un ami véritable,
Si l'Hôte au front pâli s'assied à notre table,
Levons en son honneur la coupe au jus vermeil;
Pour moi, je me confie à la justice immense;
Or, ta justice, ô toi, Seigneur, c'est la clémence!
Aussi, par ta bonté déjà borne rassuré.

Quand le terme viendra de ma course éphémère,
Je pencherai ma tête, et je m'endormirai
En paix, comme un enfant sur le sein de sa mère.

Louis Fréchette

7 Stephen Leacock 'How We Kept Mother's Day' (*section*)   6 Louis Fréchette « La Mort » [1907 ?]

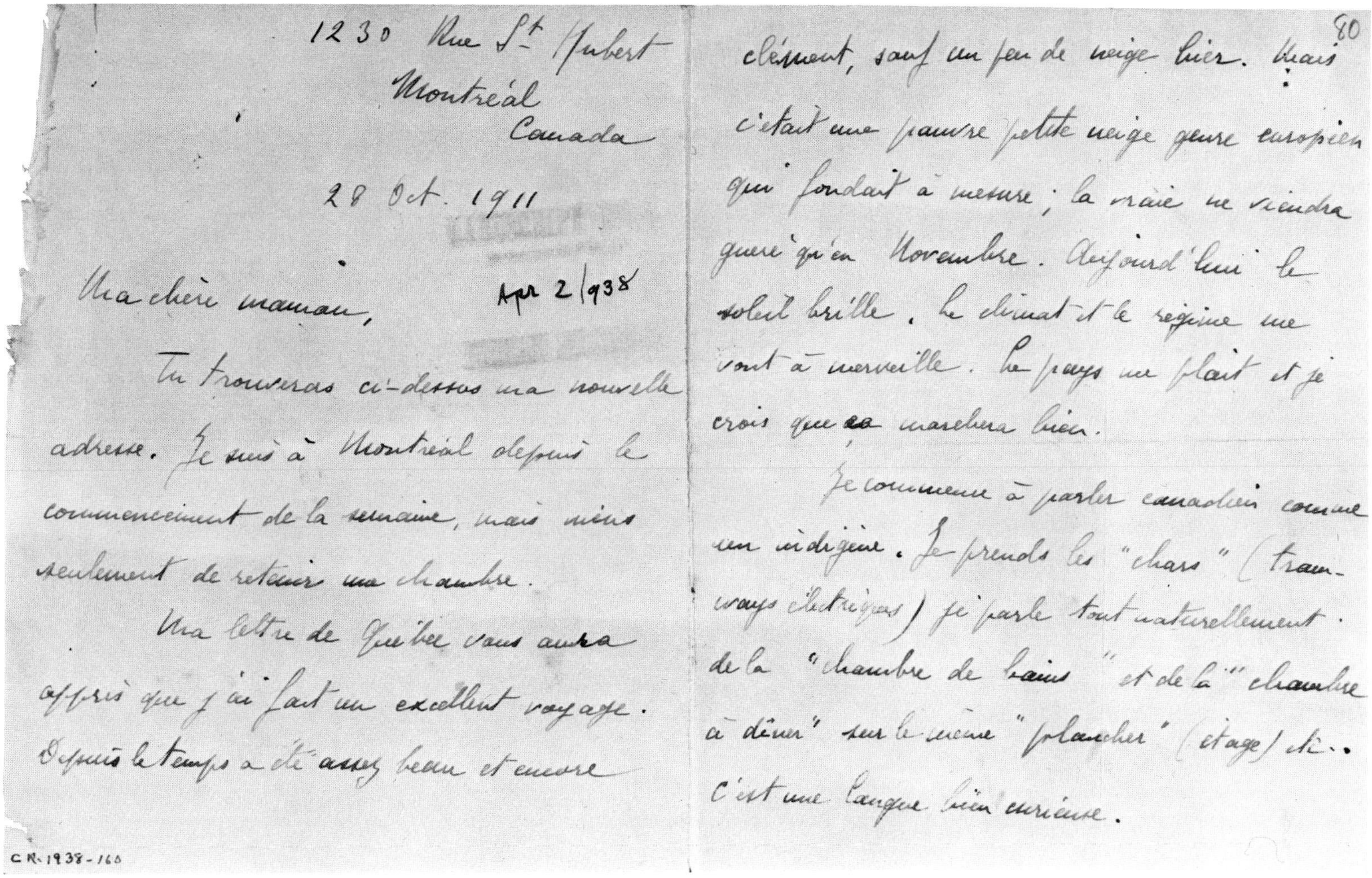

1230 Rue St Hubert
Montréal
Canada

28 Oct. 1911

Apr 2/1938

Ma chère maman,

Tu trouveras ci-dessus ma nouvelle adresse. Je suis à Montréal depuis le commencement de la semaine, mais viens seulement de retenir une chambre.

Une lettre de Québec vous aura appris que j'ai fait un excellent voyage. Depuis le temps a été assez beau et encore clément, sauf un peu de neige hier. Mais c'était une pauvre petite neige genre européen qui fondait à mesure; la vraie ne viendra guère qu'en Novembre. Aujourd'hui le soleil brille. Le climat et le régime me vont à merveille. Le pays me plaît et je crois que ça marchera bien.

Je commence à parler canadien comme un indigène. Je prends les "chars" (tramways électriques) je parle tout naturellement de la "chambre de bains" et de la "chambre à dîner" sur le même "plancher" (étage) etc.. C'est une langue bien curieuse.

CR·1938-160

10 Letter from Louis Hémon to his mother, 1911 (*section*)

10 Letter de Louis Hémon à sa mère, 1911 (*partie*)

1 Letter from Charles Dickens to Sir John Archibald, Lord Murray, dated at London, 21 July 1841
MS, ALS, 2 p, 23 x 18.5
Sir John Archibald, Lord Murray (1779–1859) was a Scottish judge and patron of the arts who was famous for entertaining literary figures. In this letter to Murray, Charles Dickens thanks him for his hospitality during Dickens's recent visit to Scotland.

2 Letter from Matthew Arnold to M.J. Griffin, dated at Cobham, Surrey, 19 April 1885
MS, ALS, 2 p, 23 x 18.5
This letter from Matthew Arnold to M.J. Griffin is interesting for the comments which the English poet and critic makes upon Goldwin Smith in Canada. M.J. Griffin was editor of the Toronto *Mail* when he met Matthew Arnold. He became a Parliamentary librarian in 1885 and remained in that position until his death in 1921.

3 Letter from John Ruskin to Professor H.G. Seeley, dated at Brantwood, Coniston, Lancashire, 3[1] March 1885
MS, ALS, 2 p, 22.8 x 17.8
This letter to Professor Seeley (1839–1909) indicates the breadth of the literary sources available in the Public Archives. In it, Ruskin comments upon contemporary geology and makes reference to Charles Darwin. Professor Seeley was a noted geologist who taught at King's College, London.

4 Susanna Moodie, 'Education, The True Wealth of the World'
Autograph MS signed, nd, bound volume, 21 x 25.5
Susanna Moodie (1803–1885) is best known for *Roughing It in the Bush*, an account of her experiences as a settler in Upper Canada. She also wrote poetry and essays. 'Education, The True Wealth of the World' is a good example of the didactic essay, designed to uplift the social and moral levels of Canadian life, which was characteristic of Mrs Moodie.

5 Bliss Carman, 'The Choristers'
Autograph MS signed, nd, 5 p, 20.3 x 26.7
'The Choristers' by Bliss Carman (1861–1929) was published in *Later Poems* (Toronto, 1921). Considered by many to have been Canada's poet laureate, Carman did most of his writing in the United States. His first volume of poetry was *Low tide on Grand Pré* (New York, 1893). As well as numerous books of poetry, Carman published essays and criticisms, and edited anthologies of verse.

6 Louis Fréchette, 'La Mort'
Autograph MS signed, [1907?], 1 p, 21 x 26.2
'La Mort' was one of the last poems written by Louis Fréchette (1839–1908). A prolific writer, Fréchette also published plays and stories. He was perhaps the most important poet in French Canada of his time. His reputation has endured, and, as one critic has noted, 'Fréchette est encore considéré communément comme le poète national du Canada français.'

7 Stephen Leacock, 'How We Kept Mother's Day'
Autograph MS signed, nd, 21 p, 15.3 x 24.3
Stephen Leacock's story, 'How We Kept Mother's Day,' was first published in *Winnowed Wisdom* (Toronto, 1926). It also later appeared in *Laugh with Leacock* and *The Leacock Roundabout*, two anthologies of his stories.

8 Hector de Saint-Denys Garneau, 'L'Enfant'
Autograph MS signed, nd, 2 p, 25.4 x 16
'L'Enfant' by Hector de Saint-Denys Garneau (1912–43) is not included in his *Poésies complètes* and may have been written early in his life. Although he published only one book of poetry, *Regards et Jeux dans l'espace* (1937), during his brief lifetime, Garneau's work is today considered a turning point in French-Canadian poetry.

9 *The Literary Garland; a monthly magazine devoted to the advancement of general literature* Montreal, John Lovell, 1838–9, 24 cm
The Literary Garland was first published by John Gibson at Montreal in December 1838, and lasted until 1851. Dedicated to the promotion of refinement and gentility, it attracted the writings of female authors such as Susanna Moodie who hoped to elevate Canadian life. The dramatic

1 Lettre de Charles Dickens à Sir John Archibald, Lord Murray, Londres, 21 juillet 1841
MS, LAS, 2 p, 23 x 18.5
Sir John Archibald, Lord Murray (1779–1859), juge et mécène écossais, était célèbre pour la façon dont il recevait les personnalités littéraires. Dans cette lettre, Charles Dickens le remercie de son hospitalité au cours du récent séjour qu'il a fait en Écosse.

2 Lettre de Matthew Arnold à M.J. Griffin, Cobham, Surrey, 19 avril 1885
MS, LAS, 2 p, 23 x 18.5
Cette lettre de Matthew Arnold à M.J. Griffin présente un intérêt particulier en raison des commentaires que le poète et critique anglais fait sur Goldwin Smith au Canada. M.J. Griffin était éditeur du *Mail* de Toronto quand il rencontra Matthew Arnold. Il fut bibliothécaire du Parlement de 1885 jusqu'en 1921, année de sa mort.

3 Lettre de John Ruskin au professeur H.G. Seeley, Brant-wood, Coniston, Lancashire, 3 [1] mars 1885
MS, LAS, 2 p, 22.8 x 17.8
Cette lettre adressée au professeur Seeley (1839–1909) est un exemple de la variété de documents que détiennent les Archives publiques. Ruskin commente la géologie contemporaine et fait des références à Darwin. Le professeur Seeley était un géologue connu qui enseignait à King's College à Londres.

4 Susanna Moodie, « Education, The True Wealth of the World »
MS autographe signé, nd, volume relié, 21 x 25.5
Susanna Moodie (1803–1885) est plus connue pour *Roughing It in the Bush*, qui relate ses expériences de colon dans le Haut-Canada. Elle a aussi écrit des poésies et des essais. «Education, The True Wealth of the World » est un essai didactique caractéristique de la prose de Mme Moodie qui voulait élever le niveau moral et social de la société canadienne.

5 Bliss Carman, « The Choristers »

MS autographe signé, nd, 5 p, 20.3 x 26.7
« The Choristers » de Bliss Carman (1861–1929) a été publié dans *Later Poems* (Toronto, 1921). Considéré par beaucoup comme le poète lauréat du Canada, il composa la majeure partie de ses oeuvres aux États-Unis. *Low tide on Grand Pré* est le titre de son premier volume de poésie (New York, 1893). Outre de nombreux livres de poésie, il publia des essais critiques, et des anthologies de poésie.

6 Louis Fréchette, « La Mort »
MS autographe signé, [1907 ?], 1 p, 21 x 26.2
« La Mort » fut un des derniers poèmes écrit par Louis Fréchette (1839–1908). Son oeuvre est considérable et comprend des pièces de théâtre et des nouvelles aussi bien que des poèmes. Il fut peut-être le poète le plus important de son époque au Canada français et, ainsi que l'a écrit un critique, « Fréchette est encore considéré communément comme le poète national du Canada français ».

7 Stephen Leacock, « How We Kept Mother's Day »
MS autographe signé, nd, 21 p, 15.3 x 24.3
« How We Kept Mother's Day » parut pour la première fois dans *Winnowed Wisdom* (Toronto, 1926), ensuite dans *Laugh with Leacock* et *The Leacock Roundabout*, deux anthologies de ses nouvelles.

8 Hector de Saint-Denys Garneau, « L'Enfant »
MS autographe signé, nd, 2 p, 25.4 x 16
« L'Enfant » d'Hector de Saint-Denys Garneau (1912–43) ne fait pas partie de ses *Poésies complètes* et a peut-être été composé tôt dans sa vie. Il ne publia qu'un volume de poésie durant sa courte vie : *Regards et Jeux dans l'espace* (1937) ; on le considère cependant comme une des grandes figures de la poésie canadienne-française.

9 *The Literary Garland; a monthly magazine devoted to the advancement of general literature* Montréal, John Lovell, 1838–9, 24 cm
The Literary Garland, publié par John Gibson, parut à Montréal de décembre 1838 à 1851. Destiné à encourager la délicatesse et le raffinement, il attira des écrivains fémi-

sketch by E.L.C. was written by Mrs Eliza L. Cushing, the magazine's associate editor.

10 Letter from Louis Hémon to his mother, dated at Montreal, 28 October 1911

MS, ALS, 2 p, 25.7 x 16.3

Louis Hémon (1880–1913) was the author of *Maria Chapdelaine*, published posthumously in 1914. Born in France, Hémon came to Canada in October 1911, and this letter written to his mother gives his impressions of the French spoken in Canada. He was killed by a transcontinental train while walking along the CPR tracks to Western Canada.

nins comme Susanna Moodie. Ce sketch dramatique de E.L.C. fut écrit par Mme Eliza L. Cushing, éditeur adjoint de la revue.

10 Lettre de Louis Hémon à sa mère, Montréal, 28 octobre 1911
MS, LAS, 2 p, 25.7 x 16.3
Louis Hémon (1880–1913) est l'auteur de *Maria Chapdelaine*, publié en 1914 après sa mort. Né en France, il vint au Canada en octobre 1911. Cette lettre adressée à sa mère donne ses impressions sur le français parlé au Canada. Il fut tué par un train transcontinental alors qu'il marchait le long de la voie du Chemin de fer canadien du Pacifique.

Newspapers represent a basic source of information about the past of a nation, and journalists have often been involved in the events and decisions which shape history. The latter fact is fully recognized by the Public Archives, where are preserved the collections of many great Canadian journalists. Holdings include the papers of William Lyon Mackenzie, Joseph Howe, J. S. Willison, Ernest Pacaud, and Phillips Thompson, and of other journalists whose importance rests in their association with historically significant newspapers, such as John Dougall, founder of the temperance *Montreal Witness*, and James Moylan, editor of the Irish-Catholic *Freeman*.

The Public Archives contains periodicals such as *L'Opinion Publique* and *Grip*, which made contributions to Canadian journalism. The Archives also has a bound collection of the *Quebec Gazette*, indexed from the first issue in 1764 to 1823. The Picture Division has political cartoons and drawings by Sam Hunter, Henri Julien, and Duncan Macpherson. Finally, holdings in other areas, especially political papers, often contain material relevant to journalism in Canada.

With the advent of radio and television, news coverage has ceased to be the concern only of newspapers. The Public Archives has, therefore, acquired the papers of such broadcasting figures as Austin Weir and Gladstone Murray. The Picture Division is engaged in the collection of news photographs, film, video tape, and recordings. At the same time the traditional form of journalism has not been ignored, and the Archives continues to acquire and preserve the papers of significant individuals and organizations associated with Canadian newspapers.

Les journaux constituent une source d'information essentielle pour l'histoire d'une nation et les journalistes ont souvent été mêlés aux grands événements qui jalonnent l'histoire. Les Archives publiques ont pris soin de recueillir et préserver les collections des grands journalistes canadiens, entre autres William Lyon Mackenzie, Joseph Howe, J.S. Wilinson, Ernest Pacaud, et Phillips Thompson. Les papiers de certains autres journalistes ont aussi été conservés en raison de leur collaboration à des journaux ayant une valeur historique: John Dougall, fondateur du journal de tempérance le *Witness* de Montreal, et James Moylan, éditeur du journal catholique irlandais *Freeman*.

Les Archives publiques possèdent des périodiques comme *L'Opinion Publique* et *Grip* qui contribuèrent grandement au journalisme canadien, et une collection de la *Gazette de Québec* indexée de 1764 à 1823. La Division des gravures a des caricatures et dessins politiques faits par Sam Hunter, Henri Julien, et Duncan Macpherson. Enfin, des renseignements sur le journalisme au Canada peuvent être trouvés dans des documents appartenant à un autre centre d'intérêt, et tout spécialement dans les papiers politiques.

Avec la radio et la télévision, les journaux ont cessé d'être le seul moyen d'information. C'est pourquoi les Archives publiques ont acquis les papiers de personnalités telles que Austin Weir et Gladstone Murray. La Division des gravures s'occupe de rassembler tout ce qui touche à l'actualité: photos, films, rubans sonores et de télévision. En même temps le journalisme traditionnel n'a pas été négligé et les Archives publiques continuent à acquérir et à conserver les papiers appartenant aux personnes et organisations les plus en vues du monde journalistique canadien.

1 *The Quebec Gazette/La Gazette de Québec*, 1764   2 *L'Opinion Publique*, 1870

L'OPINION PUBLIQUE — *Journal Illustré*

Vol. I.—No. 23.   MONTREAL, JEUDI, 9 JUIN, 1870.   ABONNEMENT $2 50 / Par Numéro 5 Centins.

L'IMBROGLIO FÉNIEN.

L'expédition est finie ; le brave O'Neil s'est fait coffrer et ses bandes héroïques se sont donné un trouble infini pour épargner de l'ouvrage à nos milices. C'est fort bien : on en rit, on les méprise souverainement, ces féniens en guenilles qui se sauvent à l'approche du soldat et du volontaire. Mais leur fuite, si risible qu'elle soit, ne nous laisse pas moins en face de deux faits fort désagréables qui s'imposent à notre plus sérieuse attention : c'est la carte à payer et la perspective d'être soumis à l'avenir à de semblables expéditions qui, mieux combinées et plus judicieusement commencées, pourraient être très-dangereuses.

Le premier mouvement fénien, celui d'avril, a coûté deux cent mille piastres au trésor, à part la perturbation jetée dans les affaires ; et pourtant, les féniens n'avaient pas même traversé la frontière ! La dernière affaire ne peut coûter moins que 7 ou 8 cent mille piastres, ce qui fera près d'un million, le quatorzième ou le quinzième de notre revenu, dans une seule année, pour repousser les ennemis invétérés de l'Angleterre. Et cela peut arriver tous les ans, et même plusieurs fois par année, comme ce printemps.

Un tel état de choses est tout simplement intolérable, et il y faut un remède prompt, absolu et radical. Et ce serait fort mal trancher la question que de se contenter de mépriser les féniens et de déclarer qu'ils ne valent pas la peine qu'on se donne pour rappeler la métropole à ses devoirs. Nous sommes loin de partager là dessus l'avis de notre ami du *Constitutionnel*.

Il demeure aujourd'hui avéré que ces brigands avaient sur notre frontière des dépôts d'armes suffisants pour 25 mille hommes. Qui peut calculer les désastres qui auraient suivi une invasion bien combinée et inaugurée avec le moindre succès ?

Mais ce remède qu'il nous faut absolument, où le prendre ? Nous pensons qu'il ne peut pas y avoir deux manières de voir sur ce point : forcer l'Angleterre, par d'énergiques représentations, à remplir ses obligations. Quelques-uns semblent croire qu'elle restera sourde à notre appel. Elle a toujours montré, depuis quelques années, une faiblesse extraordinaire avec les Etats-Unis : arrogante et fière avec le ci-devant roi de Naples, qu'elle appelait dédaigneusement *Bomba*, elle le menaçait de ses foudres dès la moindre insulte, la moindre faute. Elle est allée en Abyssinie, au prix de sept millions sterling, pour venger une injure faite à son nom et délivrer quelques captifs anglais. Aujourd'hui même, elle parle d'ex-

INCENDIE À QUÉBEC, LE 24 MAI, 1870. D'après un croquis de W. O. C., Lt. A. R.—Voir No. 22, page 172.

4 Sam Hunter 'Political March Comes in Like a Lion' 1908

5 Sam Hunter 'The Poet and the Farmer' 1908

7 Duncan Macpherson 'Searching Spectators and Press Outside Court Room' 1971

1 *The Quebec Gazette/La Gazette de Québec*, 23 August 1764
Newspaper, 25 x 36.7
Founded by William Brown and Thomas Gilmour in 1764,
the *Quebec Gazette* was published weekly in bilingual format.
After the deaths of Gilmour and Brown, the newspaper was
published by the Neilson family.

2 *L'Opinion Publique*, Montreal, 9 June 1870
Newspaper, 29.3 x 40.7
L'Opinion Publique was an illustrated journal, published
weekly in Montreal, 1870–83. Founded by G.-E. Desbarats,
J.-A. Mousseau, and L.-O. David, it was noted for the high
quality of its illustrations.

3 *The Elkhorn Breeze*, 3 February 1887
Newspaper, 21 x 34.4
The *Elkhorn Breeze* was a handwritten newspaper, repro-
duced by a duplicating process and published every Thursday in Elkhorn, Northwest Territories.

4–6 Three cartoons which deal with the political career and
death of Sir Wilfrid Laurier
Pen and ink cartoons by Sam Hunter (1858–1939), Samuel
Hunter Collection
'Political March Comes in Like a Lion'
Toronto *World*, 3 March 1908, 19.2 x 15.5
'The Poet and the Farmer'
Toronto *World*, 10 March 1908, 18.5 x 20.7
'At the End of the Day'
Toronto *World*, 19 February 1919, 21.7 x 25.7
Early in his career, Hunter supplied political cartoons for
J.W. Bengough's publication, *Grip*. He later worked in
Toronto for the *World*, the *Globe*, and the *Daily Star*. The
three cartoons date from the period of Hunter's association
with William Findlay Maclean, founder of the Toronto *World*.

7 'Searching Spectators and Press Outside Court Room' 1971
Water-colour, pen and ink, and pencil cartoon by Duncan
Macpherson (1924–), 50.8 x 76.2, Macpherson Collection
One of a series of water-colour sketches made by Duncan
Macpherson during the coroner's inquest into the death of
Pierre Laporte, and used on CBC television. Macpherson,
an editorial cartoonist for the *Toronto Star*, has gained
international recognition for the artistic quality and incisive
wit of his work.

8 Minute book of the Executive of the Canadian Press Association, Toronto, 30 November 1900
MS, 20.3 x 33
The minutes of this meeting are signed by J.S. Willison,
editor-in-chief of the Toronto *Globe*, and John A. Cooper,
editor of the *Canadian Magazine*. The minutes contain a
reference to a W.L.M. King as a possible speaker for labour
unions in the draft program of the annual meeting. Founded
in 1859, the Canadian Press Association claimed a membership of 75 per cent of all the daily newspapers in Canada
by 1914.

9 Letter from Wilfrid Laurier to J.S. Willison, dated at
Ottawa, 13 July 1898
MS, LS, 2 p, 20.3 x 25.4
This letter from the Prime Minister to J.S. Willison, editor
of the *Globe*, expressed Laurier's concern that the opposition could use an article recently printed in the *Globe* to
enflame French Canadians. It is an example of the way in
which politicians viewed the influence of newspapers in
Canadian politics, and attempted to instruct editors concerning the possible political consequences of specific
articles.

10 The Right Honourable Winston Churchill and the Right
Honourable W.L. Mackenzie King, Quebec Conference, 1944
Photograph from original negative by Ray Munro (1921–),
10.2 x 12.8, Ray Munro Collection
Ray Munro is a noted photographer and journalist who has
won numerous national and international awards. This is a
good example of press photography of the time and was
widely used by newspapers.

1 *The Quebec Gazette/La Gazette de Québec*, 23 août 1764
Journal, 25 x 36.7
Fondée par William Brown et Thomas Gilmour en 1764, la
Gazette de Québec est un hebdomadaire qui parut en édition
bilingue. Après la mort de ses fondateurs, le journal fut
publié par la famille Neilson.

2 *L'Opinion Publique*, Montréal, 9 juin 1870
Journal, 29.3 x 40.7
L'Opinion Publique était un journal illustré paraissant toutes
les semaines à Montréal de 1870 à 1883. Fondé par G.-E.
Desbarats, J.-A. Mousseau et L.-O. David, il était célèbre
pour l'excellence de ses illustrations.

3 *The Elkhorn Breeze*, 3 février 1887
Journal, 21 x 34.4
The Elkhorn Breeze était un journal écrit à la main, reproduit
à la machine, et qui sortait tous les jeudis à Elkhorn, Territoires du Nord-Ouest.

4–6 Trois caricatures se rapportant à la carrière politique et
à la mort de Sir Wilfrid Laurier
Caricatures à l'encre et à la plume par Sam Hunter (1858–
1939), Collection Samuel Hunter
« Political March Comes in Like a Lion »
Le *World* de Toronto, 3 mars 1908, 19.2 x 15.5
« The Poet and the Farmer »
Le *World* de Toronto, 10 mars 1908, 18.5 x 20.7
« At the End of the Day »
Le *World* de Toronto, 19 février 1919, 21.7 x 25.7
Au début de sa carrière Hunter exécuta des caricatures pour
Grip publié par J.W. Bengough. Il travailla plus tard à
Toronto pour le *World*, le *Globe*, et le *Daily Star*. Ces trois
caricatures datent de l'époque où Hunter collaborait au
World de Toronto, fondé par William Findlay Maclean.

7 « Searching Spectators and Press Outside Court Room »
1971
Caricature à l'encre, à la plume, et au crayon rehaussé
d'aquarelle par Duncan Macpherson (1924–   ),
50.8 x 76.2, Collection Macpherson

Ce dessin, utilisé à la télévision par Radio-Canada, fait partie
des croquis rehaussés à l'aquarelle que fit Duncan
Macpherson au cours de l'enquête sur la mort de Pierre
Laporte. Macpherson est un caricaturiste du *Daily Star* de
Toronto; l'esprit mordant et la qualité artistique de ses
dessins lui ont valu une réputation internationale.

8 Procès-verbaux de la Presse Canadienne, Toronto,
30 novembre 1900
MS, 20.3 x 33
Le procès-verbal de cette réunion est signé par J.S. Willison,
éditeur en chef du *Globe* de Toronto, et John A. Cooper,
éditeur du *Canadian Magazine*. Le programme prévu pour
la réunion annuelle mentionne W.L.M. King comme
orateur possible pour les unions de travailleurs. Fondée en
1859, l'Association de la Presse Canadienne disait grouper
75 pour cent de tous les quotidiens canadiens dès 1914.

9 Lettre de Wilfrid Laurier à J.S. Willison, Ottawa, 13 juillet
1898
MS, LS, 2 p, 20.3 x 25.4
Dans cette lettre à J.S. Willison, éditeur du *Globe*, le premier
ministre s'inquiète de la portée d'un article récent du *Globe*,
dont pourrait se servir l'opposition pour enflammer les
Canadiens français. Nous voyons ici l'importance que les
politiciens attribuaient aux journaux, et la façon dont ils
essayaient d'influencer les rédacteurs pour éviter des résultats fâcheux.

10 Le très honorable Winston Churchill et le très honorable
W. L. Mackenzie King, Conférence de Québec, 1944
Photographie faite à partir du négatif original de Ray Munro
(1921–   ), 10.2 x 12.8, Collection Ray Munro
Ray Munro est un photographe et un journaliste connu qui
a remporté de nombreux prix nationaux et internationaux.
Nous avons ici est un bon exemple de photographie de
presse de l'époque; elle fut largement reproduite par les
journaux.

In all parts of the world archives are dear to historians, both professional and amateur, containing as they do the documents that provide evidence about past generations and the indispensable source of historiography. Each generation rewrites history, because each generation has its own philosophy and its own concerns, and also because, thanks to archives, information is more centralized, better catalogued, and more accessible to researchers.

The Public Archives of Canada tries to adapt to the needs of researchers and to the new techniques of information retrieval, and provides an ever widening variety of types of information. The archives of printed and manuscript material are now supplemented by masses of audio-visual documents, pictures, films, and sound recordings. Although the archives was once frequented almost exclusively by historians, it is now used by sociologists, economists, statisticians, researchers from a number of other fields, and by the mass media.

Dans tous les pays, les dépôts d'archives sont les lieux privilégiés des historiens et amateurs d'histoire. C'est, en effet, dans ces lieux que s'accumulent les documents, qui sont les témoignages des générations passées et la source essentielle de l'historiographie.

Chaque génération réécrit l'histoire, parce que chaque génération a une philosophie et des préoccupations propres, mais aussi parce que la documentation, grâce aux archives, est plus centralisée, mieux classée et plus accessible aux chercheurs.

Les archives s'adaptent aux besoins des chercheurs comme aux nouvelles techniques de transmission de l'information et présentent à ceux-ci un éventail toujours plus grand de types de documentation : aux archives imprimées et manuscrites, s'ajoutent massivement les archives visuelles et sonores. Les archives, qui étaient presque réservées aux historiens, sont maintenant utilisées aussi bien par les sociologues, les économistes, les démographes et les chercheurs de plusieurs autres disciplines, que par les media d'information de masse.

137806

Columbia University
in the City of New York

DEPARTMENT OF HISTORY

January 23, 1946

The Right Honorable Arthur Meighen
Canadian General Securities, Ltd.
Canada Permanent Building
Toronto, Canada

Dear Senator Meighen:

I am sorry that you find the paragraph on p. 279 of my book objectionable. I need hardly assure you that it was as carefully considered as my account of your achievement at London in 1921.

The whole matter of Canadian conscription in 1917-1918 has been investigated assiduously by scholars. We need not be concerned with the accounts in secondary books, for they are based on other primary investigations. Of the latter, two have been generally accepted as soundly argued from the evidence. The most comprehensive one, based on years of research, long visits and many interviews in Canada, and a thorough survey of the Canadian press (including the French-Canadian), is by a distinguished American scholar, Elizabeth H. Armstrong. It is The Crisis of Quebec, 1914-18 (New York, 1937) and is in all good libraries. Chapter IX covers the enforcement of the Act, including the Quebec riots of March 29th to April 1st inclusive. The other basic account is equally searching, but narrowed in its focus to purely military considerations. It is by Canada's leading military historian, Colonel C. P. Stacey, who now heads the Historical Section at Canadian Military Headquarters in Great Britain. His account can be read on pp. 78-81 of his The Military Problems of Canada (Toronto,1940). You will find that the two investigators are in agreement, that they went into all the available evidence, and that my own resolution of it all is in accord with their findings. I might add that I was in England from August 1917 to the end of the war, more or less incapacitated by Malaria. I met the conscripts and repeatedly discussed the situation with officers and men at the depots and on leave from the front. The prevailing opinion was that "conscription was a pretty complete failure". You'll find

137807

-2-

this reflected in many of the books about that part of the war which were written by soldiers overseas.

If you will read Armstrong and Stacey and possibly the evidence to which they refer, you will understand why I could not have written otherwise than I did. Yet history does not presume to be an exact science and it is highly desirable that critical opinion should be expressed. You will recall my urging ~~arguing~~ after our acquaintance eleven years ago that you write your memoirs. Surely an incident of the present sort supplies added urging. I know that all serious students of Canada's development would applaud your taking the time to do so.

Yours very truly,

J. Bartlet Brebner

HISTOIRE
DE LA NOVVELLE
FRANCE

Contenant les navigations, découvertes, & habitations faites par les François és Indes Occidentales & Nouvelle-France souz l'aveu & authorité de noz Rois Tres-Chrétiens, & les diverses fortunes d'iceux en l'execution de ces choses, depuis cent ans jusques à hui.

En quoy est comprise l'Histoire Morale, Naturele, & Geographique de ladite province: Avec les Tables & Figures d'icelle.

Par MARC LESCARBOT *Advocat en Parlement, Témoin oculaire d'vne partie des choses ici recitées.*

Multa renascentur quæ iam cecidere, cadéntque.

A PARIS
Chez IEAN MILOT, tenant sa boutique sur les degrez de la grand' salle du Palais.

M. DC. IX.
AVEC PRIVILEGE DV ROY.

1 Marc Lescarbot *Histoire de la Nouvelle France* ... 1609

4 Letter from J. Bartlet Brebner to Arthur Meighen, 1946
Lettre de J. Bartlet Brebner à Arthur Meighen, 1946

From accounts that reached me I knew that the Dept. was in dangerous state. You are the right man to take hold of it and I am glad you have accepted the post.

By the way H. P. Biggar a Canadian living in Paris knows more about early Canadian archives than any other man living I fancy. You probably know his "Early Trading Colonies of New France"; and in the autumn we are publishing a new edition and translation of Cartier by him. Cannot you use him in Paris? His family are prominent on the Liberal side & Mr Fisher knows about him. He is anxious to get something to add to his income, has a genius for finding new material & can always be relied upon for scholarly thoroughness.

I wish you all success in your new sphere.

Yours sincerely
George M. Wrong

A. G. Doughty Esq LL.

3 Letter from G. M. Wrong to Arthur Doughty, 1904 (*section*)   3 Lettre de G.M. Wrong à Arthur Doughty, 1904 (*partie*)

1 Lescarbot, Marc 1570–1630?
Histoire de la Nouvelle France contenant les navigations, découvertes & habitations faites par les François ... A Paris, Chez Iean Milot, 1609, 888 p, 17 cm
The history of New France written by Lescarbot is a chronicle of the French explorations in North America, as well as a study on Indians.

2 Charlevoix, Pierre-François-Xavier de 1682–1761
Histoire et description générale de la Nouvelle France, avec le Journal historique d'un Voyage fait par ordre du Roi dans l'Amérique Septentrionnale Paris, Chez la veuve Ganeau, 1744, 6 v, 17 cm
In this book, Father Charlevoix is the first to write a synthesis in French of colonialism in the New World.

3 Letter from G.M. Wrong to Arthur Doughty, 14 July 1904
MS, ALS, 20.3 x 15.3
In this letter, G.M. Wrong, head of the history department at the University of Toronto, recommended the services of H.P. Biggar to A.G. Doughty, Dominion Archivist and Keeper of the Records. Biggar was at that time living in Paris and doing research on the early history of New France.

4 Letter from J. Bartlet Brebner to Arthur Meighen, 23 January 1946
MS, LS, 20.3 x 26.5, Meighen Papers
J. Bartlet Brebner answers Meighen's criticism of his work, *North Atlantic Triangle*.

5 Ramusio, Giovanni Battista 1485–1557
Terzo volume delle navigationi et viaggi ... Venitia, Nella stamperia de Giunti, 1565, 456 p, 32 cm
One of the earliest and most important collections on travel and exploration in the sixteenth century. The third volume is devoted only to America.

6 Thevet, André 1502–90
La Cosmographie universelle ... Paris, Chez Pierre l'Huillier, 1575, 2 v, 38 cm
Thevet entered the Franciscan order at an early age. In 1549 he was allowed to visit Italy, Constantinople, Asia Minor, Greece, and the Holy Land. Returning to France in 1554, he left the following year for Brazil, where he stayed a few months. He later became confessor to Catharine de Medici, then was appointed historiographer and cosmographer to the King.

7 Garneau, François-Xavier 1809–66
Histoire du Canada depuis sa découverte jusqu'à nos jours Québec, Imprimé par J. Lovell, 1852, 4 v, 23 cm
The first real history in French; the work's success is attested to by the fact that it appeared in eight editions. This second edition is signed by the author.

8 Faribault, G.-B.
Catalogue d'ouvrages sur l'histoire de l'Amérique, et en particulier sur celle du Canada, de la Louisiane, de l'Acadie, et autres lieux, ci-devant connus sous le nom de Nouvelle-France; avec des notes bibliographiques, critiques, et littéraires En trois parties, rédigé par G.-B. Faribault, avocat, Québec, W. Cowan, 1837, 207 p, 21 cm
The first Canadian bibliographical essay.

1 Lescarbot, Marc 1570–1630?
*Histoire de la Nouvelle France contenant les navigations,
découvertes & habitations faites par les François ...* A Paris,
Chez Iean Milot, 1609, 888 p, 17 cm
L'histoire de la Nouvelle-France de Lescarbot est une chronique des explorations françaises en Amérique ainsi qu'une
étude sur les Indiens.

2 Charlevoix, Pierre-François-Xavier de 1682–1761
*Histoire et description générale de la Nouvelle France, avec
le Journal historique d'un Voyage fait par ordre du Roi dans
l'Amérique Septentrionale* Paris, Chez la veuve Ganeau,
1744, 6 v, 17 cm
Dans cet ouvrage, le Père de Charlevoix est le premier à
faire la synthèse française de l'oeuvre coloniale au Nouveau
Monde en langue française.

3 Lettre de G.M. Wrong à Arthur Doughty, 14 juillet 1904
MS, LAS, 20.3 x 15.3
Dans cette lettre, G.M. Wrong, directeur du Département
d'histoire à l'Université de Toronto, recommande H.P.·
Biggar à A.G. Doughty, Archiviste fédéral et Conservateur
des Archives. A cette époque Biggar vivait à Paris où il fai-
sait des recherches sur l'histoire des débuts de la Nouvelle-
France.

4 Lettre de J. Bartlet Brebner à Arthur Meighen, 23 janvier
1946
MS, LS, 20.3 x 26.5, Papiers Meighen
Réponses aux critiques de Meighen à propos de son ouvrage,
North Atlantic Triangle.

5 Ramusio, Giovanni Battista 1485–1557
Terzo volume delle navigationi et viaggi ... Venitia, Nella
stamperia de Giunti, 1565, 456 p, 32 cm
Une des premières et plus importantes collections de voyages
et explorations du seizième siècle. Le troisième volume est
consacré uniquement à l'Amérique.

6 Thevet, André 1502–90
La Cosmographie universelle ... Paris, Chez Pierre l'Huillier,
1575, 2 v, 38 cm

Entré jeune dans l'ordre des cordeliers, Thevet obtint de
ses supérieurs, en 1549, l'autorisation de visiter l'Italie,
Constantinople, l'Asie Mineure, la Grèce, la Terre Sainte,
et, de retour en France en 1554, repartit dès l'année suivante pour le Brésil, où il ne demeura que quelques mois.
Il devint par la suite aumonier de Catherine de Médicis,
puis fut nommé historiographe et cosmographe du roi.

7 Garneau, François-Xavier 1809–66
Histoire du Canada depuis sa découverte jusqu'à nos jours
Québec, Imprimé par J. Lovell, 1852, 4 v, 23 cm
La première véritable histoire en langue française. Ses huit
éditions attestent le succès de cette oeuvre. Cette deuxième
édition est autographiée par l'auteur.

8 Faribault, G.-B.
*Catalogue d'ouvrages sur l'histoire de l'Amérique, et en par-
ticulier sur celle du Canada, de la Louisiane, de l'Acadie, et
autres lieux, ci-devant connus sous le nom de Nouvelle-France;
avec des notes bibliographiques, critiques, et littéraires* En trois
parties, rédigé par G.-B. Faribault, avocat, Québec,
W. Cowan, 1837, 207 p, 21 cm
Le premier essai bibliographique canadien.

The Public Archives' continuing interest over a number of years in Canada's architectural history culminated in 1970 with the creation of the National Architectural Archives. The Public Archives of Canada and the Royal Architectural Institute of Canada co-operated to establish a central repository of architectural data on current buildings, such as the new Toronto City Hall, and a permanent record of older buildings by means of contemporary photographs and measured architectural drawings.

The existing collection of architectural elevations and plans dates back to Franquelin's *Carte du Fort St. Louis de Québec* (1683) and constitutes a valuable resource for the historian and restorer. The Public Records contain documentation on military and civil construction projects from the eighteenth century to the present, particularly those of the Department of Public Works and the Canadian National Railways. Of note are the building specifications and architectural elevations of the original Parliament Buildings in Ottawa. There is also an impressive collection of historical photographs and paintings, drawings, and prints ranging from eighteenth-century views of Quebec and its environs to the 157,000 drawings and specifications of Expo '67.

It is evident from the material that the seventeenth-century Baroque taste of the educated clergy and seigneurial upper class was often reflected in the ecclesiastical architecture of New France. In marked contrast, domestic architecture derived from the simple medieval cottages of Brittany or Nor-mandy – the influence of which is observable today. During the eighteenth and nineteenth centuries, functional structures such as forts, canals, bridges, and blockhouses sprang up. In the nineteenth century the Victorian tradition developed in a series of eclectic waves of revival styles – Gothic, Classical, and Romanesque.

L'intérêt constant qu'ont manifesté les Archives publiques pour l'histoire de l'architecture au Canada a abouti, en 1970, à la création des Archives nationales d'Architecture. Les Archives publiques et l'Institut royal d'Architecture du Canada ont réuni leurs efforts pour centraliser toutes les données qu'ils possédaient sur les constructions modernes (comme l'hôtel de ville de Toronto), et constituer des archives permanentes sur les bâtiments plus anciens – épures et photographies de l'époque.

La collection d'élévations et de plans remonte à la *Carte du Fort St. Louis de Québec* (1683) de Franquelin et présente un très grand intérêt pour l'historien et le restaurateur. On y trouve aussi une documentation sur les ouvrages civils et militaires, du dix-huitième siècle à nos jours, en particulier celle qui provient du ministère des Travaux publics et des Chemins de fer Nationaux du Canada. Les détails techniques – devis et élévations – du Parlement original d'Ottawa sont dignes d'être remarqués. Il existe en outre une collection impressionnante de photographies, peintures, dessins et gravures, depuis des vues de Québec et de ses environs faites au dix-huitième siècle jusqu'aux 157,000 plans et devis de l'Expo 67.

Au dix-septième siècle, le style baroque qui est présent dans l'architecture religieuse de la Nouvelle-France reflète le goût du clergé et de la classe seigneuriale; en revanche, l'architecture des maisons de cette même époque ressemble à celles des maisons normandes ou bretonnes d'inspiration médiévale, et dont on voit encore l'influence aujourd'hui. Aux dix-huitième et dix-neuvième siècles furent construits des ponts, forts, canaux, blockhaus, d'une architecture plus fonctionnelle. Au dix-neuvième siècle, les goûts éclectiques de la tradition victorienne firent revivre des styles anciens: roman, gothique, classique.

A View of the Inside of the Recollect Friars Church. Vue de l'Intérieur de l'Église des Récollets.
Drawn on the SPOT by Rich.d Short, Engraved by C. Grignion.

1 Recollect Friars Church, Quebec, 1761   1 Église des Récollets, Québec, 1761

4 Joseph Villeneuve's house, Charlesbourg, Quebec, built
   c.1700

4 Maison de Joseph Villeneuve, Charlesbourg, Québec,
   construite vers 1700

PARLIAMENT BUILDINGS.
OTTAWA.

INTERNAL AND EXTERNAL ELEVATIONS
OF ONE COMPARTMENT OF HOUSES.
(Scale 4 feet to an inch)

8 'Internal and External Elevations of one Compartment
of Houses, Parliament Buildings, Ottawa, 1859'

11 Windsor Station, Montreal, c 1888
La gare Windsor, Montréal, vers 1888

1 *A View of the Inside of the Recollect Friars Churche*,
   Quebec, published in 1761
   Engraving by C. Grignion after a drawing by Richard Short,
   31.8 x 50.3, Richard Short Portfolio
   The church was built in 1693 and demolished in 1796. The
   engraving illustrates the damage done by the British during
   the bombardment of Quebec in 1759.
2 Church, Beauport, Quebec, 1919
   Photograph by C.M. Barbeau, 8.9 x 14.6, C.M. Barbeau
   Collection
3 Church façade, Charlesbourg, Quebec (designed by Jérôme
   Demers in 1828), 1919
   Photograph by C.M. Barbeau, 14.6 x 8.9, C.M. Barbeau
   Collection
   Ecclesiastical architecture is the most tangible remnant of
   the French regime in Canada. The Québecois tradition is
   an architectural style derived from the seventeenth-century
   Baroque of Europe (most noticeable in the interior) combined with certain medieval elements: 'thick walls of field-
   stone, plastered and whitewashed ... high, steep-pitched
   roofs; small round windows; a proportionately quite high
   spire; and a peculiar splaying out of the eaves ...' (Alan
   Gowans, *Building Canada: An Architectural History of Canadian Life*, Toronto, Oxford University Press, 1966, p 23)
4 Joseph Villeneuve's house, Charlesbourg, Quebec, built
   c1700
   Photograph by C.M. Barbeau, 8.9 x 14.6, C.M. Barbeau
   Collection
5 House at Charlesbourg, near Carrière, Quebec
   Photograph by C.M. Barbeau, 8.9 x 14.6, C.M. Barbeau
   Collection
   Derived from the medieval cottages of Normandy and
   Brittany, these dwellings are representative of a domestic
   architecture common in Quebec from the late 1600s to the
   nineteenth century.
6 *Port de Louisbourg*, 1758
   Print, hand-coloured, 51.5 x 61.1

The major buildings within the fortification are indicated;
the inset is a view of the town and fortification.
7 Blockhouse at Merricksville on the Rideau Canal between
   Bytown and Kingston, Upper Canada, finished March 1839
   Water-colour by Col H.F. Ainslie (1803–79), 23 x 32.2,
   Ainslie Album
   The military engineering projects executed by the French
   and British forces in Canada during the eighteenth and
   nineteenth centuries included numerous functional structures such as forts, canals, bridges, and blockhouses.
8 'Internal and External Elevations of one Compartment of
   Houses, Parliament Buildings, Ottawa, 1859'
   Coloured MS, 64 x 39.5
   One of the building plans of the Centre Block prepared by
   Fuller and Jones, architects, Toronto, for the construction
   of the Parliament Buildings.
9 Canada. Department of Public Works. *Documents relating
   to the Construction of the Parliamentary and Departmental
   Buildings at Ottawa* Quebec, 1862, 435 p, 25 cm
   The book is an annotated copy owned by Frederick Preston
   Rubidge (1806–98) who began his career as a deputy pro-
   vincial surveyor and later, as architect of the Public Works
   Department in Ottawa, had considerable influence on the
   final style, design, and construction of the Parliament
   Buildings.
10 University College, University of Toronto, Toronto,
    Ontario, c1856
    Photograph from a gold chloride print, 16.6 x 23.5, General
    Grant Album
11 Windsor Station, Montreal, c1888
    Photograph taken from an original dry plate negative by
    William J. Topley (1845–1930), 10.2 x 12.8, William J.
    Topley Collection
    The nineteenth-century Victorian tradition in architecture,
    more particularly the Gothic Revival style, is best repre-
    sented in Canada by the Parliament Buildings in Ottawa.
    University College, Toronto, runs a close second while

1 *Intérieur de l'Église des Récollets*, Québec, publié en 1761
Gravure par C. Grignion d'après un dessin de Richard
Short, 31.8 x 50.3, Portefeuille Richard Short
Cette église fut construite en 1693 et démolie en 1796. On
peut voir sur cette gravure les dommages causés par les
Britanniques au cours du bombardement de Québec en 1759.

2 Église, Beauport, Québec, 1919
Photographie par C.M. Barbeau, 8.9 x 14.6, Collection
C.M. Barbeau

3 Façade d'Église, Charlesbourg, Québec (conçue par Jérôme
Demers en 1828), 1919
Photographie par C.M. Barbeau, 14.6 x 8.9, Collection
C.M. Barbeau
Le régime français au Canada a marqué l'architecture religieuse. La tradition québécoise en architecture consiste en
un mélange de styles où l'on retrouve l'influence du baroque
du dix-septième siècle européen (plus sensible dans la déco-
ration intérieure) et certains éléments du Moyen-Age:
« thick walls of field-stone, plastered and whitewashed ...
high, steep-pitched roofs; small round windows; a proportionately quite high spire; and a peculiar splaying out of the
eaves. . . » . (Alan Gowans, *Building Canada: An
Architectural History of Canadian Life*, Toronto, Oxford
University Press, 1966, p 23.)

4 Maison de Joseph Villeneuve, Charlesbourg, Québec, cons-
truite vers 1700
Photographie par C.M. Barbeau, 8.9 x 14.6, Collection
C.M. Barbeau

5 Maison de Charlesbourg, près de Carrière, Québec
Photographie par C.M. Barbeau, 8.9 x 14.6, Collection
C.M. Barbeau
Semblables aux petites maisons bretonnes et normandes
d'inspiration moyenâgeuse, ces habitations québécoises sont
typiques du style qui prévalait dans tout le Québec de la fin
du dix-septième siècle au dix-neuvième siècle.

6 *Port de Louisbourg*, 1758
Gravure, couleurs à la main, 51.5 x 61.1

La gravure représente les principaux bâtiments dans
l'enceinte des fortifications, et le médaillon, une vue de la
ville et des fortifications.

7 Blockhaus à Merricksville sur le canal Rideau entre Bytown
et Kingston, Haut-Canada, terminé en mars 1839
Aquarelle du colonel H.F. Ainslie (1803–79), 23 x 32.2,
Album Ainslie
La présence de troupes françaises et britanniques au Canada
aux dix-huitième et dix-neuvième siècles amena la
construction de forts, canaux, ponts et blockhaus.

8 « Internal and External Elevations of one Compartment of
Houses, Parliament Buildings, Ottawa, 1859 »
MS en couleurs, 64 x 39.5
Un des plans de l'édifice central, exécuté par Fuller et
Jones, architectes, en vue de la construction du Parlement.

9 Canada. Ministère des Travaux Publics. *Documents relating
to the Construction of the Parliamentary and Departmental
Buildings at Ottawa* Québec 1862, 435 p, 25 cm
Il s'agit d'un exemplaire annoté ayant appartenu à Frederick
Preston Rubidge (1806–98) qui fut d'abord arpenteur
provincial adjoint, puis architecte auprès du ministère des
Travaux publics à Ottawa. Il exerça une influence
considérable sur le style, l'aménagement intérieur, et la
construction des bâtiments parlementaires.

10 L'University College, Université de Toronto, Toronto,
Ontario, vers 1856
Photographie à partir d'une épreuve au chlorure d'or,
16.6 x 23.5, Album Général Grant

11 La gare Windsor, Montréal, vers 1888
Photographie à partir d'un négatif à plaque sèche de
William J. Topley (1845–1930), 10.2 x 12.8, Collection
William T. Topley
Le Parlement d'Ottawa est un exemple caractéristique de la
tradition victorienne en architecture au dix-neuvième siècle,
et plus spécialement du renouveau gothique. Au second
rang vient l'University College à Toronto; mais la gare
Windsor à Montreal (conçue par Bruce Price) est plus

Windsor Station, Montreal, (designed by Bruce Price) is an equally notable building typical of the concurrent Romanesque Revival.

12 A View of Brockville, Ontario

Water-colour drawing by Robert Ackermann (c1812–after 1860), 35 x 52.3, Coverdale-Manoir Richelieu Collection

During the nineteenth century Upper Canada in particular witnessed a classical revival derived from American and British precedents in domestic, civic, and church architecture. This water-colour gives a clear statement of the style.

représentative du renouveau du style roman qui se produisit
à la même époque.

12 Vue de Brockville, Ontario

Dessin à l'aquarelle de Robert Ackermann (né vers 1812,
mort après 1860), 35 x 52.3, Collection Coverdale-Manoir
Richelieu

Cette aquarelle fait ressortir le renouveau classique qui
influença l'architecture du dix-neuvième siècle, surtout
dans le Haut-Canada. Cette influence d'origine britannique
et américaine se fit sentir dans le style des églises, des
bâtiments publics et des maisons privées, dont nous avons
ici une excellente illustration.

The engineering feats accomplished in the development of
this vast country deserve greater recognition than they have
been given. Good histories of the building of canals, railways,
and bridges have been written, but they are few in number
and limited in scope.

Records of the government departments concerned with
canals, railways, public works, and marine activities are a
rich source of engineering history. Military records are
important too, since it was the military agencies which, until a
century or so ago, carried out most of the engineering work
in Canada.

Plans, sketches, photographs, and published works relating
to many of the great works of engineering are also available
in the Public Archives. Hundreds of plans of the Rideau and
Welland canals, and of the St. Lawrence Seaway tell much
of the story of the engineering challenge of these works.

Plans of some ships and aircraft are also being collected.

Les exploits accomplis par le génie civil au cours de notre
histoire méritent qu'on y accorde une plus grande attention.
D'excellents ouvrages retracent la construction des canaux,
forts et chemins de fer, mais ils sont peu nombreux et d'une
portée limitée.

Les archives ministérielles se rapportant aux canaux,
chemins de fer, travaux publics et activités de la marine, sont
une source importante de documentation; il en est de même
des archives de l'armée car, jusqu'à il y a un siècle au Canada,
ce fut l'armée qui fut chargée la plupart du temps des travaux
d'organisation du terrain et de l'aménagement des voies de
communication.

Plans, croquis, photographies, et oeuvres publiées se
rapportant aux ouvrages importants du génie civil sont aussi
disponibles aux Archives publiques. Des centaines de plans
retracent l'histoire de la construction du canal Rideau et
celui de Welland, de la voie maritime du Saint-Laurent, et les
difficultés que les ingénieurs eurent à surmonter.

Les Archives publiques s'occupent aussi de rassembler les
plans de certains bateaux et appareils de navigation aérienne.

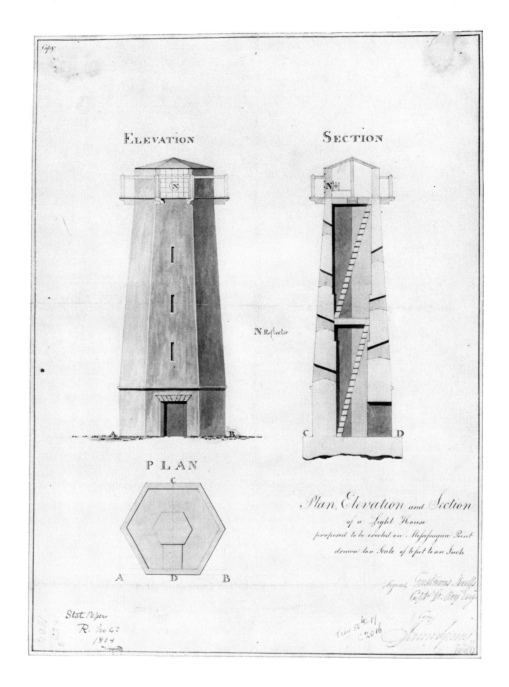

ELEVATION

SECTION

N Reflector

PLAN

Plan, Elevation and Section of a Light House proposed to be erected on Mississauga Point drawn to a Scale of 6 feet to an Inch

5 'Plan, Elevation and Section of a Light House proposed to be erected on Mississauga Point' 1804

4 Sketches from notebook of P. J. Bainbrigge, 1838

4 Esquisses tirées du carnet de note de P. J. Bainbrigge, 1838

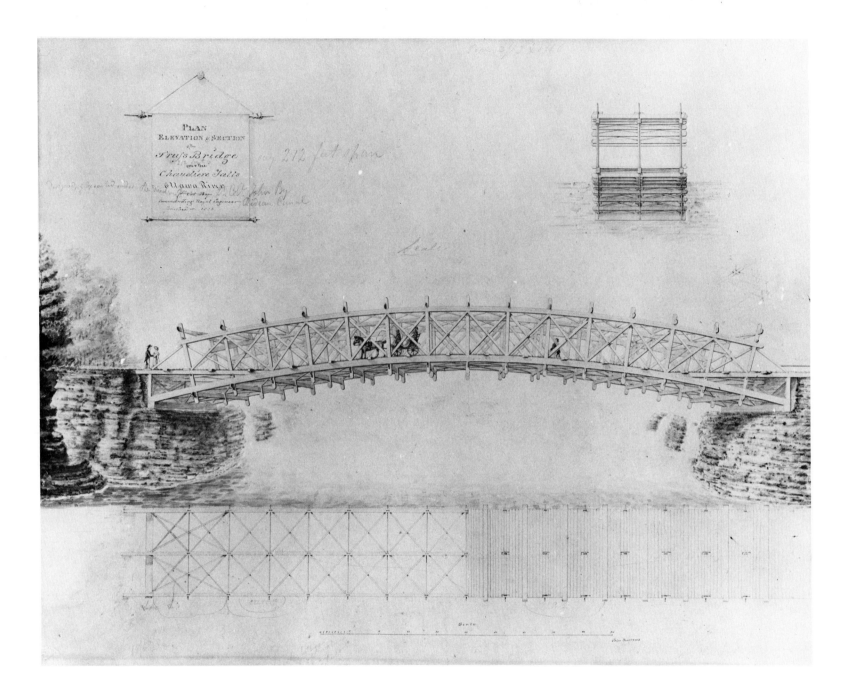

6 'Plan, Elevation & Section of the Truss Bridge over the Chaudière Falls, Ottawa River ...' 1828

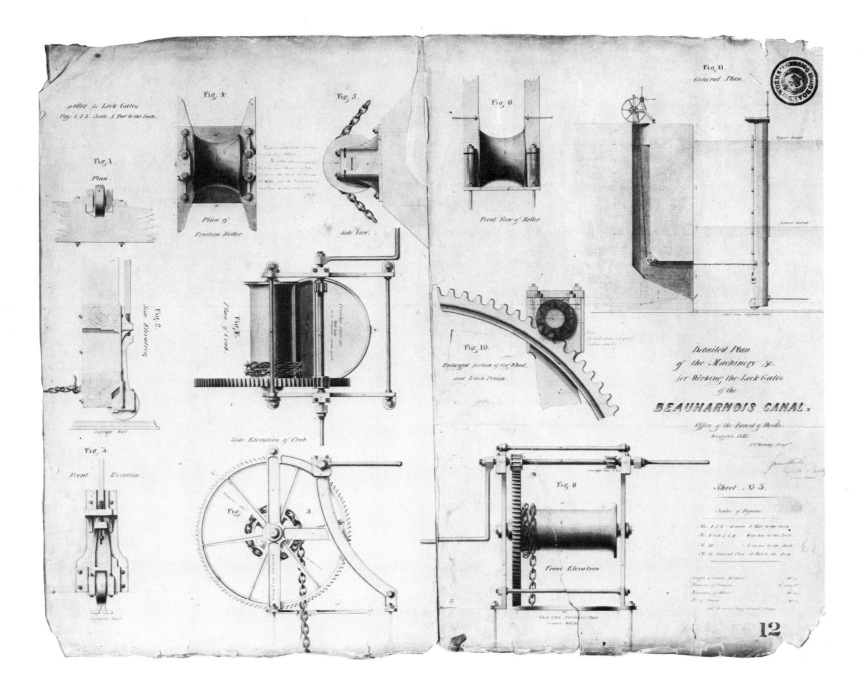

7 'Detailed Plan of the Machinery &c. for Working the Lock Gates of the Beauharnois Canal' 1843

1 Vauban, Sebastien-Le-Prestre de 1633–1707
De l'attaque et de la défense des places A la Hare, Chez Pierre
de Hondt, 1737, 2 v in 1, 28 cm
This copy of Vauban belonged to James Wolfe. The book
illustrates methods of attack and defence.

2 Franquet, Louis 'Rapport sur des voyages effectués à titre
d'inspecteur général des fortifications' 1752
MS, 43 p, 16 plans, 46.6 cm
Louis Franquet, who had supervised the fortifications at
Louisbourg, visited other points to discuss needed defence
projects.

3 'Kingston, Fort Frederick Battery, Proposed Armament' 1851
Coloured MS, 45 x 56, 1 inch to 5 feet
Drafted by Robert Pilkington, the plan shows the proposed
additional masonry and the pivot details which permitted
the guns to be swung.

4 Bainbrigge, P.J. (1817–81) 'Roads along the frontier' 1838
MS notebook, illustrated, 18.8 cm
P.J. Bainbrigge was with the Royal Engineers when he noted
items of interest and sketched structures and settlements,
such as a turnpike and a view of 'St. John's' (St. Jean,
Quebec) from the harbour.

5 'Plan, Elevation and Section of a Light House proposed to be
erected on Mississagua Point' 1804
Coloured MS, 43.5 x 32.3, 1 inch to 6 feet
A floor plan, elevation, and section of the lighthouse are
included.

6 'Plan, Elevation & Section of the Truss Bridge over the
Chaudière Falls, Ottawa River ... '
Water-colour and pen and ink drawing by John Burrows
(1789–1848), 46.7 x 56.2, John Burrows Collection
In planning and constructing the Rideau Canal the Royal
Engineers, under the direction of Colonel By, prepared
numerous detailed plans in addition to maps. This plan of
the truss bridge completed in 1828 is typical.

7 'Detailed Plan of the Machinery &c. for Working the Lock
Gates of the Beauharnois Canal' F.P. Rubidge, 1843
Coloured MS, 61 x 78.8
This plan of rollers, crabs, cogwheels, cranks, etc, prepared
with an artistry not often seen in current engineering drawings, is a fine example of the engineering plans prepared in
the nineteenth century by the Board of Works.

1 Vauban, Sebastien-Le-Prestre de 1633–1707
De l'attaque et de la défense des places A la Hare, Chez Pierre
de Hondt, 1737, 2 v en 1, 28 cm
Cet exemplaire du livre de Vauban appartenait à James
Wolfe. Le livre expose des méthodes d'attaque et de défense.

2 Franquet, Louis « Rapport sur des voyages effectués à titre
d'inspecteur général des fortifications » 1752
MS, 43 p, 16 plans, 46.6 cm
Louis Franquet, qui dirigea la construction de fortifications
à Louisbourg, visita d'autres points dont les défenses avaient
besoin d'être renforcées.

3 « Kingston, Fort Frederick Battery, Proposed Armament »
1851
MS en couleurs, 45 x 56, 1 pouce pour 5 pieds
Dessiné par Robert Pilkington, ce plan montre les détails
du pivot sur lequel les canons pouvaient tourner, ainsi que
la maçonnerie qu'on se proposait d'ajouter.

4 Bainbrigge, P.J. (1817–81) « Roads along the frontier » 1838
Carnet de note manuscrit, illustré, 18.8 cm
P.J. Bainbrigge était avec les Ingénieurs royaux quand il
consigna des points intéressants et fit des esquisses d'agglomérations et de constructions. Nous avons ici une barrière
de péage et un aperçu de Saint-Jean, Québec, vu du port.

5 « Plan, Elevation and Section of a Light House proposed to
be erected on Mississagua Point » 1804
MS en couleurs, 43.5 x 32.3, 1 pouce pour 6 pieds
On y voit l'élévation, la section, et le plan de base du phare.

6 « Plan, Elevation & Section of the Truss Bridge over the
Chaudière Falls, Ottawa River ... »
Dessin à l'encre et à la plume rehaussé d'aquarelle de John
Burrows (1789–1848), 46.7 x 56.2, Collection John Burrows
En vue de la construction du canal Rideau et au cours
des travaux, les ingénieurs ont dressé d'innombrables plans
et cartes. Nous avons ici le plan typique d'un pont à
poutres armées, qui fut achevé en 1828.

7 « Detailed Plan of the Machinery &c. for Working the
Lock Gates of the Beauharnois Canal » F.P. Rubidge, 1843
MS en couleurs, 61 x 78.8
Ces dessins de cylindres, treuils, roues dentées, manivelles,
etc, ont été exécutés avec un art qu'on ne retrouve plus
souvent dans les dessins modernes du même genre. C'est un
bel exemple des plans que préparait le bureau des Travaux
publics au dix-neuvième siècle.

Although documentary pictures had been acquired earlier, only in 1906 were they organized in the Public Archives as a collection. The period prior to 1760 is restricted almost entirely to engravings. The British military officer-artist is well represented by the water-colours of over sixty men, among them James Peachey, George Heriot, Sir George Back, P.J. Bainbrigge, and H.J. Warre. Western exploration and settlement is recorded in the works of such artists as Peter Rindisbacher (a Swiss settler), W.G.R. Hind (an adventurer), William Armstrong (a civil engineer), and Sidney P. Hall (a journalist). The collection also includes several works by Frances Hopkins and Cornelius Krieghoff.

The Public Archives has in addition been securing papers relating to Canadian art and artists. Among its holdings are the official records of the Royal Canadian Academy and papers relating to David Milne, James E.H. Macdonald, and Tom Thomson. A valuable source of information for research on military artists is the British Military group known as the 'C Series.' The Archives Library acquires catalogues and books relating to Canadian art as part of its Canadiana Collection.

James Pattison Cockburn, a military artist trained at the Royal Academy at Woolwich, was extensively published and has been chosen to represent the work of Canadian artists to be found in the Archives. Before coming to Canada about 1823, Cockburn was already an artist of note and the author of several illustrated publications. During his service in the colony he made a great number of water-colours and drawings of Quebec, Montreal, Kingston, and Niagara Falls. Six large aquatints in colour of his sketches of Niagara Falls, and a similar set of his views of Quebec, were published by Ackermann and Co in 1833.

Il faut attendre 1906 pour que les divers dessins et documents réunis auparavant soient constitués en collection. La période qui précède 1760 nous a laissé que des gravures. De nombreuses aquarelles ont été faites par plus de soixante artistes, officiers de l'armée britannique, parmi lesquels James Peachy, George Heriot, Sir George Back, P.J. Bainbrigge, et H.J. Warre. Les artistes Peter Rindisbacher, colon suisse, W.G.R. Hind, aventurier, William Armstrong, ingénieur, et Sidney P. Hall, journaliste, se sont faits les témoins de l'exploration de l'Ouest. La collection comprend aussi plusieurs oeuvres de Frances Hopkins et Cornelius Krieghoff.

En outre les Archives publiques ont réussi à se procurer des documents qui se rapportent à l'art et aux artistes canadiens. Elles détiennent aussi les archives officielles de l'Académie royale du Canada ainsi que des papiers relatifs à David Milne, James E.H. Macdonald, et Tom Thomson. Une source de recherche extrêmement précieuse sur les artistes militaires est constituée par les archives militaires britanniques connues sous les désignation de « C Series ». Les Archives publiques font l'acquisition des catalogues et des livres qui se rapportent à l'art canadien pour sa Collection de Canadiana.

James Pattison Cockburn, qui a été choisi pour représenter les artistes canadiens à cette exposition, était un militaire qui avait suivi les cours de l'Académie royale de Woolwich. Lorsqu'il vint au Canada vers 1823, il avait déjà acquis une certaine réputation en tant qu'artiste et auteur de plusieurs publications illustrées. Pendant son service dans la colonie, il exécuta un grand nombre de dessins et d'aquarelles de Québec, de Montréal, de Kingston, et des chutes du Niagara. En 1833, Ackermann and Co publia six aquatintes en couleur des croquis qu'il avait faits des chutes du Niagara, et une série similaire de ses vues de Québec.

Plate 2

— This View of —

THE ICE PONT FORMED BETWEEN QUEBEC & POINT LEVI,

in the Year 1831

Is by Special Permission dedicated to His Most Excellent Majesty William the Fourth —

1 Aquatint from a drawing by J.P. Cockburn, 1831   1 Aquatinte d'après un dessin de J.P. Cockburn, 1831

2 J.P. Cockburn 'Kingston from a Group of Trees; July 29, 1829'

3 J.P. Cockburn 'Cone at Montmorency'

5 J.P. Cockburn *View from the Ramparts*

1 *The ice pont formed between Quebec and Point Levi* 1831
Aquatint engraved by I. Stewart after a drawing by Lieut Col
James Pattison Cockburn (1778–1847), 51 x 70.7,
Cockburn Collection
This crowded scene at first sight may appear somewhat un-
real, but a contemporary description by Lady Aylmer con-
firms that the artist has faithfully rendered what he saw:
'the sight on Sunday last greatly exceeded your Hyde Park.'

2 'Kingston from a Group of Trees; July 29, 1829'
Water-colour and pen and ink drawing by J.P. Cockburn,
37 x 49.7, Cockburn Collection

3 'Cone at Montmorency'
Water-colour by J.P. Cockburn, 16 x 24.6, Cockburn
Collection

4 'English Cathedral & Aboriginal Forest Tree, Quebec'
Pencil drawing by J.P. Cockburn, 15.3 x 23.9, Cockburn
Collection

5 *View from the Ramparts, Quebec*, from *Quebec and its environs:
being a picturesque guide to the stranger* Quebec, Thomas
Cary & Co, 1831, 42 p, 22 cm
Etching after a drawing by J.P. Cockburn, 9 x 14.3

1 *The ice pont formed between Quebec and Point Levi* 1831
Aquatinte gravée par I. Stewart d'après un dessin du
lieutenant colonel James Pattison Cockburn (1778–1847),
51 x 70.7, Collection Cockburn
La foule qui se presse peut sembler exagérée au premier
abord, mais une description de Lady Aylmer confirme que
l'artiste ne fait que reproduire ce qu'il a vu : « the sight on
Sunday last greatly exceeded your Hyde Park ».
2 « Kingston from a Group of Trees; July 29, 1829 »
Dessin à l'encre et à la plume rehaussé à l'aquarelle par
J.P. Cockburn, 37 x 49.7, Collection Cockburn
3 « Cone at Montmorency »
Aquarelle de J.P. Cockburn, 16 x 24.6, Collection Cockburn
4 « English Cathedral & Aboriginal Forest Tree, Quebec »
Dessin au crayon de J.P. Cockburn, 15.3 x 23.9, Collection
Cockburn.
5 *View from the Ramparts, Quebec*, tiré de *Quebec and its environs: being a picturesque guide to the stranger* Québec,
Thomas Cary & Co, 1831, 42 p, 22 cm
Gravure d'après un dessin de J.P. Cockburn, 9 x 14.3

In the Historical Photographs Section, current holdings total more than two million negatives and prints, representing the work of Canadian professionals and amateurs from the middle of the nineteenth century to the present. The section has begun a card file on Canadian photographers as a basic reference tool and is acquiring microfilm copies of a number of nineteenth-century photographic periodicals.

In the Manuscript Division documentary material on photographers is spotty and scattered, revealing the general public inattention to the subject up to the present. There is available, however, a microfilm copy of the diary of Pierre-Gustave Joly de Lotbinière, who began making daguerreotypes shortly after the process was announced in 1839. In addition the Public Archives has on deposit the Ottawa Camera Club's minute books, covering a period up to the 1890s. Scattered throughout the various federal government Record Groups is considerable information relating to the hiring and work of photographers within the government. Of particular interest is the material relating to the development of phototopography in Canada under the Surveyor General, Edouard Deville.

The Historical Sound Recordings Unit, in co-operation with the Historical Photographs Section, has recently begun to interview outstanding Canadian photographers. The information thus gained about their careers, when set beside their work, will provide much fuller documentation than has been available until now.

La Section des photographies historiques détient actuellement plus de deux millions de négatifs et d'épreuves sur papier, qui représentent le travail de Canadiens professionnels et amateurs, du dix-neuvième siècle à nos jours. La section a commencé à constituer un fichier sur les photographes canadiens, qui servirait de référence de base; elle fait aussi faire des microfilms de divers périodiques publiés au dix-neuvième siècle spécialisés dans la photographie.

Dans la Division des manuscrits, la documentation se rapportant aux photographes est fort peu nombreuse et disséminée; jusqu'à présent ce sujet n'avait guère attiré l'attention du public. Nous possédons un microfilm du journal de Pierre-Gustave Joly de Lotbinière qui se mit à faire des daguerréotypes peu après l'invention de ce procédé en 1839. En outre le Camera Club d'Ottawa a remis en dépôt aux Archives publiques ses registres qui vont jusqu'aux années 1890. On peut trouver aussi des renseignements intéressants dans les différentes archives fédérales sur l'embauche et le travail des photographes employés par le gouvernement. Les documents qui se rapportent au développement de la phototopographie au Canada sous Edouard Deville, Arpenteur général, présentent un très grand intérêt.

Le Service des archives sonores ainsi que la Section des photographies historiques se sont mis à interviewer les photographes canadiens éminents. Grâce à ce projet, une documentation complète sera réunie, touchant leur carrière aussi bien que leurs oeuvres.

2 'The Grand Canyon on the Homathco River, B.C., 1875'

6 Canadian Pacific Railway construction in British Columbia, 1881

6 Construction du Chemin de fer canadien du Pacifique, Colombie-Britannique, 1881

1 'The Grand Canyon on the Homathco River, B.C., 1875'
Dry collodion glass negative by an unknown photographer,
16.7 x 21.7, William J. Topley Collection

2 'The Grand Canyon on the Homathco River, B.C., 1875'
Gold chloride print by Charles Horetzky, 15.1 x 20
Charles Horetzky was hired by the Canadian Pacific Railway
Survey as a photographer and exploratory engineer. During
the explorations to determine the best route through the
Rocky Mountains, he discovered the Pine River Pass and
repeatedly urged that a line should be built through it.
Horetzky's photographs provide invaluable visual docu-
mentary evidence of the topography of the area and are fine
examples of the photography of the 1870s.

3–4 Two autograph letters from Marcus Smith, chief of the
western division of the Canadian Pacific Railway Survey,
to Sandford Fleming, chief engineer of the Canadian Pacific
Railway, dated 27 July and 30 November 1875
MS, ALS, 42 x 26.8
Marcus Smith accused Charles Horetzky of insanity, cow-
ardice, and insubordination.

5 Horetzky, Charles 1838–1900
*Some startling facts relating to the Canadian Pacific Railway
and the North-West lands* Ottawa, C.W. Mitchell, 1881,
76 p, 21.5 cm
As a result of his feud over pay with Sandford Fleming and
Charles Tupper, Horetzky either resigned or was dismissed
from his job in April 1880. Following this he published the
above pamphlet accusing the government of corruption
and was later called to testify before the Royal Commission
on the Canadian Pacific Railway.

6–7 Two photographs showing Canadian Pacific Railway
construction between Yale and Boston Bar, British Columbia,
1881
Gold chloride prints by Richard Maynard (1832–1909),
18.4 x 22; 18.4 x 22, Sandford Fleming Collection

8 Letter from Henry J. Cambie to Sandford Fleming, dated at
Victoria, British Columbia, 3 February 1882
MS, ALS, 20.2 x 25
In this letter Cambie explained the origins of the above
photographs and briefly discussed the photographer, Richard
Maynard.

1 « The Grand Canyon on the Homathco River, B.C., 1875 »
Négatif de verre sur collodion sec par un photographe
inconnu, 16.7 x 21.7, Collection William J. Topley

2 « The Grand Canyon on the Homathco River, B.C., 1875 »
Photographie au chlorure d'or par Charles Horetzky,
15.1 x 20
Charles Horetzky fut engagé pour les arpentages du Chemin
de fer canadien du Pacifique en qualité de photographe et
d'ingénieur. Au cours des explorations qui cherchaient à
établir le meilleur passage à travers les Montagnes Rocheuses,
il découvrit le col de Pine River et insista pour qu'on y
fasse passer la voie ferrée. Ses photographies sont des documents inestimables sur la topographie des lieux et le genre
de photographie qui était employé vers les années 1870.

3–4 Deux lettres autographes de Marcus Smith, directeur de
la division ouest des arpentages du Chemin de fer canadien
du Pacifique, à Sandford Fleming, ingénieur en chef du
Chemin de fer canadien du Pacifique, en date des 27 juillet
et 30 novembre 1875
MS, ALS, 42 x 26.8
Marcus Smith accuse Charles Horetzky d'insanité, de
lâcheté et d'insubordination.

5 Horetzky, Charles 1838–1900
*Some startling facts relating to the Canadian Pacific Railway
and the North-West lands* Ottawa, C.W. Mitchell, 1881,
76 p, 21.5 cm
A la suite d'un violent désaccord avec Sandford Fleming et
Charles Tupper au sujet de son salaire, Horetzky donna sa
démission ou fut renvoyé en avril 1880, à la suite de quoi il
publia cette brochure accusant le gouvernement de corruption. Il fut plus tard appelé à témoigner devant la Commission royale sur le Chemin de fer canadien du Pacifique.

6–7 Deux photographies montrant la construction du Chemin
de fer canadien du Pacifique entre Yale et Boston Bar,
Colombie-Britannique, 1881
Photographies au chlorure d'or par Richard Maynard

(1832–1909), 18.4 x 22; 18.4 x 22, Collection Sandford
Fleming

8 Lettre de Henri J. Cambie à Sandford Fleming, Victoria,
Colombie-Britannique, 3 février 1882
MS, LAS, 20.2 x 25
Dans cette lettre Cambie explique l'origine des deux photo-
graphies ci-dessus et parle brièvement du photographe,
Richard Maynard.

The recording of movement on film has added a totally new dimension both to historical study and to a general appreciation of the past. The new journalism of film and videotape has an impact which deeply affects the lives of those exposed to it. The documentary has in addition artistic and introspective overtones of great sensitivity. Commercial feature films, however, project stereotypes which, for better or worse, may last for several generations in the popular mind: the image of Canada as a sub-Arctic American fringe is still widely held in both Europe and the United States. Since 1969 the Public Archives has been developing a National Film Collection which will endeavour to preserve all motion pictures of enduring value to Canada.

Film records exist of the progress of this country in many fields of activity over the last eight decades. Much of this film has perished, but several million feet still survive in the hands of private and public bodies. For instance, in the course of its work the National Film Board has assembled a library of Canadian film which is now of outstanding historical significance. During the past thirty years the Public Archives has accepted for deposit motion pictures relating to Canada's growing involvement in world affairs.

The documentary potential of motion-picture film was tapped early in its history to sell Canada to the masses of Britons looking for a better life. The medium's characteristic blend of illusion and realism, combined with a capacity to reach mass audiences, has transformed both the entertainment and the values of several generations, and more recently has dominated the television set in almost every home.

Grâce à l'enregistrement du mouvement, une nouvelle dimension a été ajoutée aux études historiques et à la vue d'ensemble qu'on peut avoir des années passées. Le nouveau journalisme emploie des films et bandes télévisées qui frappent l'imagination des spectateurs et font appel à sa sensibilité et à son sens artistique; les films commerciaux projettent des images stéréotypées qui peuvent survivre, pour le meilleur ou pour le pire, pendant des générations dans l'esprit du public; l'image que bien des gens en Europe et aux États-Unis se font du Canada, celle d'une terre enneigée située tout au nord du continent en est une exemple. En 1969 les Archives publiques ont commencé à constituer une Collection de films canadiens. Cette collection a pour but de préserver les films ayant une valeur certaine pour le Canada.

Au cours des huit dernières décennies, les progrès accomplis dans les divers champs d'activité sont enregistrés sur film. La plupart d'entre eux ont disparu mais il reste plusieurs millions de pieds entre les mains de personnes privées ou d'organismes officiels. Par exemple l'Office national du Film a constitué une cinémathèque d'une portée historique exceptionnelle. Pendant les trente dernières années, les Archives publiques ont accepté en dépôt des films qui montrent l'importance croissante du Canada dans les affaires mondiales.

Une des premiers utilisations du film au Canada était nettement publicitaire: attirer dans la colonie les Britanniques qui désiraient se faire une meilleure situation.

Le mélange d'illusion et de réalisme qui caractérise le film, et le fait qu'il peut toucher un vaste auditoire ont transformé les loisirs et même les attitudes de plusieurs générations. Ce phénomène s'est encore accentué avec la télévision qui trouve place dans presque tous les foyers.

1 *The Viking:* shooting the film
  By courtesy of Toni Frissell

1 *The Viking:* prise de vues
  Avec la gracieuse permission de Toni Frissell

2 *The Viking* at a cinema in the United States 2 *The Viking* à un cinéma des États-Unis

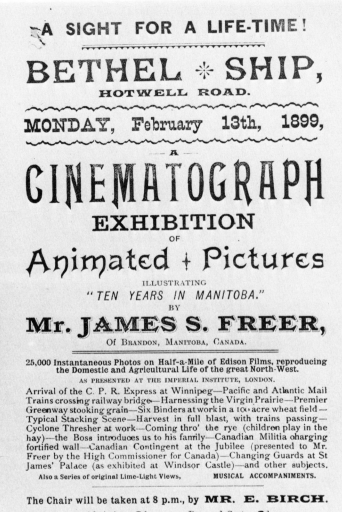

5 Advertisement, 1899
   Réclame, 1899

9 Letter from James S. Freer to W. Cory, 1906 (*section*)
   Lettre de James S. Freer à W. Cory, 1906 (*partie*)

EDISON MODEL

1000 CANDLE-POWER ARCLIGHT.

Elkhorn, Man.,

19th Sep 1906

W. W. Cory Esq.
Dep. Minister Interior
Ottawa

Dear Sir

Referring to the conversation I had with you when in Ottawa a few days since.

Acting upon your suggestion, I desire to ask for financial assistance in connection with my proposed repeat Tour of England with my Lecture on "The Golden West" illustrated by the Edison Moving Pictures, employing half a mile of Film. I am using a beautiful $500 complete Edison Equipment specially built for this work over in England. Mr. Fred. T. Griffin C.P.R Land Commissioner has offered me transportation as on former occasions. My friend Hon. Clifford Sifton I know would give this application a strong recommend, having promised me this when I last saw him, on the occasion of the last election, and I can say the same of my friend Senator Watson, who kindly assisted me when I

LES FILMS 287

1–2 Still photos related to *The Viking*, the first Canadian-made feature film with sound
The Viking was also the world's first sound movie shot on location. It was released by Columbia Films in 1930. The original print recently came to the Public Archives from the heirs of the young producer, Varick Frissell, who shortly after the release of *The Viking* lost his life while attempting to film more of the Newfoundland seal hunt.

3–4 Posters for the Hollywood feature films, *Canadian Pacific*, 1949, and *Northwest Trail*, nd
133.5 x 68.2; 104 x 68.5
The romanticized image of Canada diffused by the Hollywood studios was widespread and was responsible for many of the mistaken ideas about Canada still common outside this country.

5–8 Three advertisements for the showing of 'Animated Pictures' in England by James S. Freer, dealing with the life and activities of Canadians, especially on the prairies, and the press reaction
22 x 14.3; 12.8 x 20.5; 16.2 x 10.3; 23.7 x 6

9 Letter from James S. Freer to W. Cory, Department of the Interior, dated 19 September 1906
MS, ALS, 2 p, 27.2 x 20.4
Freer requested financial assistance for his lecture tour on 'The Golden West' illustrated by 'Edison Moving Pictures.'

10 Letter from L.M. Fortier to W. Cory, Department of the Interior, dated 26 September 1906
MS, LS, 1 p, 26 x 20
Fortier questioned Freer's capacity as a lecturer and the value of helping him financially: 'He has had two or three trips already, arranged and paid for by the Department, and the results I think have been practically nil.'

1–2 Photographies se rapportant au film *The Viking*, premier
film parlant canadien
The Viking a été aussi le premier film parlant au monde qui
ait été tourné en extérieurs. Il fut produit par les Films
Columbia en 1930. La bande originale a récemment été
remise aux Archives publiques par les héritiers du jeune
metteur en scène, Varick Frissell, qui mourut peu après la
sortie de *The Viking* alors qu'il essayait de filmer une chasse
aux phoques à Terre-Neuve.

3–4 Affiches des films d'Hollywood, *Canadian Pacific*, 1949,
et *Northwest Trail*, nd
133.5 x 68.2; 104 x 68.5
Les studios d'Hollywood ont donné du Canada une image
très romanesque d'où sont issues la plupart des idées
erronées qui prévalent encore à l'étranger.

5–8 Trois réclames pour des séances en Angleterre de vues
animées, présentées par James S. Freer, se rapportant à la
vie et aux activités des Canadiens, spécialement dans les
prairies, et les réaction de la presse
22 x 14.3; 12.8 x 20.5; 16.2 x 10.3; 23.7 x 6

9 Lettre de James S. Freer à W. Cory, ministère de l'Intérieur,
19 septembre 1906
MS, LAS, 2 p, 27.2 x 20.4
Freer demande une aide financière pour sa tournée de
conférences sur « The Golden West » illustrées par les
vues animées Edison.

10 Lettre de L.M. Fortier à W. Cory, ministère de l'Intérieur,
26 septembre 1906
MS, LS, 1 p, 26 x 20
Fortier met en doute la valeur de conférencier de Freer et
le bien-fondé d'une aide financière: « He has had two or
three trips already, arranged and paid for by the Department, and the results I think have been practically nil ».

The Public Archives has valuable and unusual resources in the medium of sound which include speeches, talks, interviews, conferences, and public celebrations. Much that survives as written record was first heard, coloured by the style, expression, and personality of the speaker; this gives these archives special value. There are, too, a great many sounds familiar to one generation which would otherwise be lost to the next, such as steam locomotives and streetcars.

Information on specific recordings can be gathered from publications and from manuscript sources such as the E.A. Weir Papers, which document the history of the radio services of the CNR, and give the background to the recording of certain remarkable broadcasts, such as that of the Diamond Jubilee Celebrations on 1 July 1927, and the opening of the Imperial Economic Conference on 21 July 1932. An analysis among the tapes of the Royal Commission on Broadcasting (the Fowler Commission) gives general information about the number of hours of recorded radio programs broadcast in Canada over a given period.

Some mention of sound-recording techniques in telegraph and radio communications can occasionally be found in manuscript sources such as the records of the Department of Transport and its predecessor, the Department of Marine. But technical information will be more readily available from published sources, particularly phonograph catalogues and journals.

Les Archives publiques possèdent un nombre important et varié d'enregistrements sonores: discours, entrevues, conférences, et célébrations publiques. Tout ce qui fut ensuite consigné par écrit fut d'abord entendu, et de ce fait coloré par le style, l'expression et la personnalité de la personne qui s'exprimait; d'où l'importance exceptionnelle de ces archives. Nous avons aussi l'enregistrement de beaucoup de sons familiers à une certaine génération mais que la suivante ne connaîtrait pas; par exemple le bruit des locomotives à vapeur et des tramways.

Des renseignements sur des enregistrements spécifiques peuvent aussi être trouvés dans des documents publiés ou manuscrits, tels que les papiers de E.A. Weir, qui retracent l'histoire de l'équipement radio des Chemins de fer Nationaux du Canada, et la préparation de certaines émissions remarquables comme la célébration du soixantenaire de la Confédération le 1er juillet 1927, et l'ouverture de la Conférence économique impériale, le 21 juillet 1932. Pour tous renseignements généraux, on peut se reporter à une analyse des programmes, parmi les bandes de la Commission royale sur la Radio-Diffusion, ou Commission Fowler, qui indique le nombre d'heures de programmes radio enregistrés pendant une période donnée au Canada.

Il est fait parfois mention des techniques d'enregistrement des communications par radio et télégraphie dans des manuscrits comme ceux des archives du ministère des Transports, et de son prédécesseur, la ministère de la Marine. Mais c'est

dans les documents imprimés, particulièrement les catalogues et revues de phonographes et de disques que les renseignements techniques sont les plus accessibles.

3 The Governor General at the Sixtieth Anniversary of the
Confederation, 1927

3 Le gouverneur général au Soixantenaire de la
Confédération, 1927

4 Surrender of the German Twenty-Fifth Army, 1945

4 Reddition de la vingt-cinquième Armée allemande, 1945

1 Message to the President and people of the United States of America by Lord Stanley of Preston, Governor General of Canada, 1888
Sound recording
This message was probably recorded in Toronto on 11 September 1888 when Lord Stanley opened the Toronto Industrial Exhibition. The original cylinder seems to have been preserved by the Thomas Alva Edison Company and was re-recorded for inclusion in at least two phonograph albums. The recording in the Public Archives was taken from a Rococo album entitled 'England Before the First Great War' and the voice, as in other instances, has been mistakenly attributed to Sir Henry Morton Stanley, journalist and explorer. The Edison Perfected Phonograph was demonstrated at the Toronto Industrial Exhibition playing cylinders of talks on commercial union between the United States and Canada by Erastus Wiman, Canadian-born financier and industrialist then residing in the United States.

2 Cartoon from *Grip*, v 30, No 762, 22 September 1888 (page 6), 27 cm
This cartoon is a spoof on the hostility of Canadian manufacturers and illustrates the attitude of many Canadians towards Wiman's proposals. Lord Stanley's message was not as controversial as Wiman's, because he spoke only of scientific and cultural co-operation between Canada and the United States.

3 Sixtieth Anniversary of the Confederation, 1 July 1927
Photograph, 19.2 x 24.5, with sound recording, W.L. Mackenzie King Collection
For the first time in Canada, the speeches and ceremonies which took place at Parliament Hill were broadcast throughout the country through a trans-continental network. Most of the broadcast was recorded from a radio-receiver by the Compo de Lachine Company supervised by Herbert Berliner. The whole set of records includes the voice of every speaker, including the Governor General, Viscount Willingdon, the Prime Minister, W.L. Mackenzie King, Senator George P.

Graham, and the Honorable Leonard Tilley, as well as a choir, the Governor-General's Foot Guard Band, and the bells of Peace Tower. On the recording the Governor General reads a part of his speech, and the photograph shows him in front of the microphones. Two sets of records were sent to Mackenzie King by H. Berliner.

4 Surrender of the German Twenty-Fifth Army to the First Canadian Corps at the Hotel Ewerald in Wageningen, Holland, on 5 May 1945
Photograph, 20.3 x 25.4, with sound recording, National Defence Collection
The terms of surrender were read by Lieut Gen Charles Foulkes, Commander of the First Canadian Corps in Holland, to Col-Gen Johannes Blaskowitz, Commander of the German Twenty-Fifth Army. The recording is of Lieut Gen Foulkes reading the terms, and in the photograph the Allied side is on the left of the table and the German on the right. Gen Foulkes and Gen Blaskowitz are the third from the top on their respective sides. The surrender conference was recorded on the spot (a microphone was suspended over the table) and re-recorded on 11 June 1945 by the BBC. The re-recordings of 11 June 1945 were sent to the Historical Section at Canadian Military Headquarters in England, and have recently been transferred to the Public Archives.

5 Debates of Newfoundland's National Convention held in the Colonial Building, St. John's, 11 September 1946 to 29 January 1948
Sound recording
In June and July 1946, a national convention was elected in Newfoundland and Labrador to decide on a future form of government. A delegation appointed by that body met with a committee of the Canadian Cabinet from June to October 1947 to discuss a possible union. The government of Canada made its terms of union public on 29 October 1947 in a document entitled *Proposed Arrangement for the Entry of Newfoundland into Confederation*. These terms were presented to the National Convention on 6 November 1947.

1 Message de Lord Stanley of Preston, gouverneur général du Canada au président et au peuple des États-Unis, 1888
Enregistrement sonore
Ce message fut probablement enregistré à Toronto le 11 septembre 1888 lorsque Lord Stanley inaugura l'Exposition industrielle de Toronto. Le cylindre original semble avoir été conservé par la Société Thomas Alva Edison et a été réenregistré pour être inclus au moins dans deux albums phonographiques. L'exemplaire que possèdent les Archives provient d'un album Rococo intitulé « England Before the First Great War » et la voix a été identifiée par erreur comme étant celle de Sir Henry Morton Stanley, journaliste et explorateur. A l'Exposition industrielle de Toronto fut donnée une démonstration de l' « Edison Perfected Phonograph »: l'appareil, au moyen de cylindres, reproduisait des causeries sur l'union commerciale entre les États-Unis et le Canada, par Erastus Wiman, financier et industriel né au Canada, résidant alors aux États-Unis.

2 Dessin humoristique tiré de *Grip*, v 30, No 762, 22 septembre 1888 (page 6), 27 cm
Ce dessin humoristique est une satire de l'hostilité des industriels canadiens et reflète l'attitude générale envers les propositions de Wiman. Le message de Lord Stanley n'a pas soulevé autant de controverses car il ne parlait que d'une coopération scientifique et culturelle entre le Canada et les États-Unis.

3 Soixantenaire de la Confédération, le 1er juillet 1927
Photographie, 19.2 x 24.5, avec enregistrement sonore, Collection William Lyon Mackenzie King
A cette occasion, on a formé pour la première fois au Canada un réseau transcontinental pour la radiodiffusion des cérémonies et discours qui ont eu lieu sur la Colline du Parlement. Une bonne partie de l'émission fut enregistrée, à partir d'un radio-récepteur, par la compagnie Compo de Lachine sous la direction d'Herbert Berliner. La série de disques comprend les voix de tous les orateurs, notamment le gouverneur général, le vicomte Willingdon, le premier ministre, W.L. Mackenzie King, le sénateur George P. Graham, et l'honorable Leonard Tilley, aussi bien qu'une chorale, la fanfare de la garde à pied du gouverneur général, et les cloches de la Tour de la Paix. L'extrait de l'enregistrement donne une partie du discours prononcé par le gouverneur général, et la photographie nous le montre devant les microphones. Deux séries de disques avaient été envoyées par H. Berliner à Mackenzie King.

4 Reddition de la vingt-cinquième Armée allemande au premier corps d'Armée canadien, à l'hôtel Ewerald, Wageningen, Hollande, le 5 mai 1945
Photographie, 20.3 x 25.4, avec enregistrement sonore, Collection de la Défense Nationale
Le lieutenant général Charles Foulkes, commandant le premier corps d'Armée canadien en Hollande, lut les termes de la reddition au général Johannes Blaskowitz, commandant la vingt-cinquième Armée allemande. Nous avons ici l'enregistrement de la voix du lieutenant général Foulkes lisant les termes de la reddition. Sur la photo, les Alliés sont à gauche de la table et les Allemands à droite. Le général Foulkes et le général Blaskowitz sont respectivement les troisièmes de leur groupe à partir du haut. Les pourparlers furent enregistrés sur place (un microphone était suspendu au-dessus de la table) et réenregistrés le 11 juin 1945 par la BBC. Ces derniers furent envoyés au Quartier général canadien (section historique) en Angleterre, et ont été récemment transférés aux Archives publiques.

5 Débats de la Convention Nationale de Terre-Neuve qui s'est tenue du 11 septembre 1946 au 29 janvier 1948 à St-Jean dans le Colonial Building
Enregistrement sonore
En juin et juillet 1946, une convention nationale fut élue à Terre-Neuve et dans le Labrador pour décider de la forme future du gouvernement. Des délégués de cette convention et un comité du Cabinet canadien furent en pourparlers de juin à octobre 1947 pour discuter d'une union possible. Le 29 octobre 1947, le gouvernement canadien rendit

The recording contains an extract of the document as read by the secretary of the convention. Beginning on 19 September 1946 and 28 October 1946 respectively, the reports of the deliberations of the convention and the daily program of the convention itself were recorded by the Broadcasting Corporation of Newfoundland and transmitted over radio stations VONF and VONH later the same evening. The disc recordings were transferred to the Public Archives of Canada by the Canadian Broadcasting Corporation.

6 Canada. *Proposed Arrangement for the Entry of Newfoundland into Confederation* ... Ottawa, King's Printer, 1948, 28 p, 25 cm

7 Debates of the House of Commons, Ottawa, 18 May 1966
Sound recording
On 18 May 1966 a bomb explosion, which rocked the Centre Block of the Parliament Buildings, was clearly heard in the Commons Chamber and was recorded on the audio system used by the House to record its debates for stenographic purposes. The copy of this recording, deposited with the Public Archives by the House, led to the installation of a system for the archival recording of its debates which was put into operation on 3 March 1969.

8 Canada. House of Commons. *Debates*, 18 May 1966 (page 5266), 24.5 cm
An account of the explosion as it appeared in *Hansard*.

publics les termes de cette union dans un document intitulé *Proposed Arrangement for the Entry of Newfoundland into Confederation*. Ces propositions furent présentées à la Convention Nationale le 6 novembre 1947. L'enregistrement contient un extrait du document lu par le secrétaire de la convention. Le 19 septembre et 28 octobre 1946 respectivement, les comptes rendus des délibérations de la convention et son programme quotidien furent enregistrés par la Radio-Diffusion de Terre-Neuve et diffusés par les stations VONF et VONH plus tard dans la soirée. Radio-Canada transféra ces enregistrements sur disques aux Archives publiques.

6 Canada. *Proposed Arrangement for the Entry of Newfoundland into Confederation* ... Ottawa, King's Printer, 1948, 28 p, 25 cm

7 Débats de la Chambre des Communes, 18 mai 1966
Enregistrement sonore
Le 18 mai 1966, l'explosion d'une bombe qui ébranla la partie centrale du Parlement, fut clairement entendue dans la Chambre des Communes et fut enregistrée grâce au système qu'utilise la Chambre pour enregistrer ses débats en vue de leur transcription. Un exemple de cet enregistrement fut remis aux Archives publiques. On en vint alors à vouloir enregistrer les débats de la Chambre directement pour les Archives; le nouveau système commença à fonctionner le 3 mars 1969.

8 Canada. Chambre des Communes. *Debates*, 18 mai 1966 (page 5266), 24.5 cm
Compte rendu de l'explosion tel qu'il a paru dans le journal des débats.

The Public Archives has the responsibility of acquiring historical research material on all phases of Canadian life. One phase which until recently received little attention was the history of sport. Yet in Canada's first century as a nation the rapid growth of organized sports and the evolution of some of them into large professional organizations must certainly rank as a historical trend worthy of analysis. In the future, with the prospect of more leisure time at our disposal, the role of sports in our society is likely to increase.

An effort is now being made to establish a representative sports-history collection. Previously, archival material was to be found mainly in the Government Records Section and the Picture Division. The principal manuscript source was about sixty linear feet of material, covering the years 1936–68, from the Department of National Health and Welfare's Physical Fitness Directorate, together with numerous references in the Governor General's files. Within the past year these government records have been supplemented by collections, or microfilm copies of collections, from private bodies such as the Ottawa Ski Club, the Canadian Wheelmen's Association, the Hockey Hall of Fame, and the Montreal Amateur Athletic Association. The MAAA Collection (1861–1948) is a particularly valuable addition to the holdings since it contains minute books and scrapbooks covering a whole range of sports – lacrosse, cycling, tobogganing, hockey, and football.

The Picture Division has historical photographs covering most forms of Canadian sports over the past hundred years. This photographic collection is being complemented by motion-picture film and videotapes.

Although the foundation has been laid, a great deal of work has yet to be done before a truly representative national sports collection can be achieved. In this effort the Public Archives is looking forward to co-operating with both individuals and organizations in the sports field.

Il appartient aux Archives publiques de réunir une documentation sur tous les aspects de la vie au Canada. L'histoire du sport, jusqu'à ces dernières années, a été un peu négligée du point de vue des archives. Cependant dès son premier siècle d'existence, le Canada a vu la pratique des sports se généraliser et certains d'entre eux se transformer en groupements professionnels importants: il s'agit-là d'un fait historique qui mérite de retenir l'attention. Dans l'avenir le rôle des sports, grâce aux loisirs accrus, tiendra sans aucun doute une place prépondérante dans notre société.

On fait maintenant un effort particulier pour réunir une documentation significative sur l'histoire du sport. Précédemment, la plupart des matériaux se trouvaient dans la Section des archives officielles et la Division des gravures. Une grande partie des manuscrits – à peu près soixante pieds linéaires couvrant la période allant de 1936 à 1968 – provenait du ministère de la Santé nationale et du bien-être social, Direction de la capacité physique, ainsi que de nombreux dossiers du gouverneur général qui s'y référaient souvent. A ce qui précède, sont venus s'ajouter au cours de l'année dernière des collections et microfilms de collections appartenant à des organismes privés tels que le Club de ski d'Ottawa, la Canadian Wheelmen's Association, le Temple de la renommée du hockey, et l'Association athlétique amateur de Montréal. Les papiers de l'Association athlétique amateur de Montréal (1861–1948) sont d'une importance particulière car ils comprennent les registers et albums de nombreux sports: crosse, cyclisme, tobogan, hockey, football.

La Division des gravures possède des photographies historiques sur la plupart des sports au cours des cent dernières années. Des films et bandes télévisées complètent cette collection de photographies.

Une tâche immense reste cependant à accomplir avant de constituer une collection qui soit vraiment représentative. Dans ce but, les Archives publiques espèrent que les personnes et les organisations du monde sportif voudront bien joindre leurs efforts aux siens.

1 Lacrosse poster, 1876
   Affiche de partie de crosse, 1876

6 Tommy Burns

4 Letter from George Ewart to the Governor General's Civil
   Secretary, 1859
   Lettre de George Ewart au secrétaire civil du gouverneur
   général, 1859

R. T. Pennefather Esq.

Sir.   Toronto 28th March 1859

I have the honour to enclose a petition to Her majesty
from the President Officers and members of the Toronto Turf Club
and others, praying for Her majesty's Royal patronage to the
Carleton Race Course in this vicinity by the Gift of a Queens Plate
to be run for annually on said Course as an aid to
agricultural improvement by the introduction of the best breed
of horses into this section of the province, and I have
to request that His Excellency the Governor General will
be pleased to take an early opportunity of forwarding the
petition to be laid before Her Majesty with the view
of obtaining an answer to the same in time for the Spring
Races which are expected to come off sometime in the
month of June or July next

              The petitioners would feel highly honored if His
Excellency would be pleased to give his favorable recommendation
to the prayer of the petition

              I beg leave also to request the favour of your acknowledging
the receipt of the petition

                    I have the honour to be

                              Sir

                    Your obedient humble Servant
                              George Ewart
                              Secretary to the Club

8 Canadian sports ribbons, c 1885
  Rubans de sports canadiens, vers 1885

9 'Curling Match at Montreal', c 1855

1 Lacrosse poster, 1876
Print, original, black lettering on yellow background,
51.5 x 24.3, Montreal Amateur Athletic Association
Papers
By the late nineteenth century lacrosse was Canada's
most popular game. In 1876 George Beer led two teams of
Canadian lacrosse players on a tour of Great Britain. This
poster advertised a game played on 27 and 28 June.

2 Indian lacrosse match, c1844
Monochrome lithograph by McGahey after a drawing by
George Catlin (1796–1872), 35 x 47, George Catlin Portfolio
Baggataway or lacrosse was played by the Indians of Canada
long before the arrival of the white man. As illustrated in
this lithograph, whole villages used to participate in th
wild *mêlée*.

3 Montreal Hockey Club minute book, 1893–1901
MS, 146 p, 33 x 41.8, Montreal Amateur Athletic Association
Papers
In 1893 the Governor General of Canada, Lord Stanley of
Preston, donated a challenge cup for the amateur hockey
champions of Canada. This minute book of the Montreal
Hockey Club records the acceptance of the first Stanley
Cup in February of 1894.

4 Letter from George Ewart, secretary of the Toronto Turf
Club, to the Governor General's Civil Secretary, dated at
Toronto, 28 March 1859
MS, LS, 21.5 x 27.9
The Queen's Plate is North America's oldest continuously
run horse race. After being run at Toronto for the first
three years after its inauguration in 1860, it moved to various towns throughout Ontario before returning to Toronto
permanently in 1883. This letter accompanied the petition
for the Plate. The petition was forwarded to Queen Victoria.

5 Letter from Tommy Burns to Prime Minister R.B. Bennett,
dated at New York City, 13 September 1934
MS, ALS, 21.5 x 27.9, R.B. Bennett Papers
Tommy Burns (1881–1955) offered his services in the
forth coming general election.

6 Tommy Burns, nd
Photograph from the original bromide print, 9 x 14.2,
Copyright Collection
Tommy Burns was the only Canadian ever to win the heavy-
weight boxing championship of the world. He won the title
by defeating Marvin Hart in twenty rounds on 23 February
1906 and lost it to the great Jack Johnson in fourteen
rounds on 26 December 1908.

7 Letter to the Governor General from H.P. McGiverin, MP,
dated 29 May 1909, enclosing the rules of the Grey Cup
MS, LS, 20.3 x 25.4; 21.5 x 33
In 1909 the Governor General of Canada, Earl Grey, in-
structed three gentlemen, Dr Bruce Macdonald of Toronto,
Percival Molson of Montreal, and H.P. McGiverin, MP, of
Ottawa, to draw up rules for a challenge cup to be presented
to the amateur football champions of Canada.

8 Original leatherbound scrapbook containing Canadian
sports ribbons, c1885
MS, 40.6 x 61, Montreal Amateur Athletic Association Papers
Nineteenth-century Canadians enjoyed many sporting
activities. These ribbons of the 1880s illustrate both the
colour and variety of early Canadian sports.

9 'Curling Match at Montreal' c1855
Water-colour by W.S. Hatton (active 1855–65), 20 x 32,
Coverdale-Manoir Richelieu Collection
The sport of curling has been enjoyed by Canadians since
the beginning of the nineteenth century. Long before the
advent of covered rinks, the frozen rivers and ponds of
Canada provided the ice surfaces for many a rousing curling
match. This water-colour shows a game on the St. Lawrence
River at Montreal about 1855.

10 The Olympic Shield
Bronze Galvano, 1928–32, diam 45.7 cm, by R. Tait
MacKenzie, National Medal Collection
Dr Tait MacKenzie was not only a pioneer in the field of
physical education in Canada but also one of the world's
foremost sculptors of athletes in action.

1 Affiche de partie de crosse, 1876
Original, lettres noires sur fond jaune, 51.5 x 24.3, Papiers
de l'Association Athlétique Amateur de Montréal
A la fin du dix-neuvième siècle au Canada, le jeu de crosse
était devenu le sport le plus populaire. En 1876 deux équipes
de joueurs de crosse canadiens firent une tournée en
Grande-Bretagne sous la direction de George Beer. Cette
affiche se rapporte à une partie qui a eu lieu les 27 et 28
juin.

2 Match de crosse indien, vers 1844
Lithographie monochrome par McGahey d'après un dessin
de George Catlin (1796–1872), 35 x 47, Portefeuille George
Catlin
Le baggataway ou jeu à la crosse fut pratiqué par les Indiens
du Canada bien avant l'arrivée des Européens. Comme le
montre cette lithographie, des villages entiers prenaient
part à la mêlée.

3 Registre du Club de Hockey de Montréal, 1893–1901
MS, 146 p, 33 x 41.8, Papiers de l'Association Athlétique
Amateur de Montréal
En 1893 le gouverneur général du Canada, Lord Stanley of
Preston, fit don d'une coupe pour les championnats de
hockey amateur du Canada. En février 1894 le Hockey Club
de Montréal remporta cette première Coupe Stanley.

4 Lettre de George Ewart, secrétaire du Toronto Turf Club,
au secrétariat du gouverneur général, Toronto, 28 mars
1859 MS, LS, 21.5 x 27.9
La Queen's Plate est la course de chevaux la plus ancienne
d'Amérique du Nord qui soit encore disputée. Après son
inauguration en 1860, elle a eu lieu à Toronto pendant trois
ans, puis dans diverses villes de l'Ontario avant de revenir
à Toronto définitivement en 1883. La lettre exposée accompagnait la pétition qui fut envoyée à la reine Victoria.

5 Lettre de Tommy Burns au premier ministre R.B. Bennett,
New-York, 13 septembre 1934
MS, LAS, 21.5 x 27.9, Papiers R.B. Bennett
Tommy Burns (1881–1955) offre ses services pour la cam-
pagne précédant les élections générales.

6 Tommy Burns, nd
Photographie à partir de l'épreuve originale au bromure
d'argent, 9 x 14.2, Collection du bureau des brevets et du
droit d'auteur
Tommy Burns fut le seul Canadien à être champion mondial de boxe poids lourd. Il remporta le titre en battant
Marvin Hart en vingt rounds le 23 février 1906 et le perdit
dans le match contre le grand Jack Johnson en quatorze
rounds le 26 decembre 1908.

7 Lettre de H.P. McGiverin au gouverneur général, 29 mai
1909, à laquelle sont joints les règlements de la Coupe Grey
MS, LS, 20.3 x 25.4; 21.5 x 33
En 1909 le gouverneur général du Canada, Earl Grey,
demanda au Dr Bruce Macdonald de Toronto, à Percival
Molson de Montréal, et à H.P. McGiverin, MP, d'Ottawa,
d'établir les règlements d'une coupe challenge qui serait
offerte aux champions de football amateur du Canada.

8 Album original à reliure de cuir contenant les rubans des
sports canadiens, vers 1885
MS, 40.6 x 61, Papiers de l'Association Athlétique Amateur
de Montréal
Au dix-neuvième siècle les Canadiens se livraient à de
multiples activités sportives. La couleur et la variété des
premiers sports canadiens se reflètent dans ces rubans.

9 « Curling Match at Montreal » vers 1855
Aquarelle de W.S. Hatton (actif 1855–65), 20 x 32,
Collection Coverdale-Manoir Richelieu
Depuis le début du dix-neuvième siècle, le curling a été
pratiqué au Canada. Bien avant que les « rinks » soient
couverts, les Canadiens se servaient des lacs et des rivières
gelés. Cette aquarelle montre une partie de curling sur le
Saint-Laurent à Montréal vers 1855.

10 Le Bouclier Olympique
Cliché de bronze, 1928–32, 45.7 cm de diam, par R. Tait
MacKenzie, Collection Nationale des Médailles
Le Dr Tait MacKenzie ne fut pas seulement un pionnier
dans le domaine de l'éducation physique au Canada, il fut
aussi un des plus grands sculpteurs d'athlètes en mouvement.

Costumes and fashion are represented in most documentary pictures. In general they are best covered in the Public Archives from 1759 onwards. Two types of illustration can be produced: original, authentic material, such as early water-colours or rare photographs from original negatives, and twentieth-century reconstructions of various costumes. The Stretton Sketchbook is a good example of a valuable first-hand description of a period of dress. The Henri Beau Collection is a modern set of detailed, documented reconstructions of various costumes, including those of religious orders and military regiments.

For the years before 1759 the Public Archives relies chiefly for costume illustration on fine old prints.

In addition to standard reference texts, the Public Archives possesses valuable early books, sometimes illustrated with etched or engraved plates. These may provide an illustration of a costume or a verbal description. Diligent research may also uncover first-hand details about fashion in early manu-scripts, such as the Lakefield Journal.

On peut retracer l'histoire de la mode grâce aux divers dessins et documents qui nous sont restés. La période la mieux représentée dans les Archives publiques se situe à partir de 1759; celles-ci possèdent des originaux authentiques (par exemple aquarelles et photos rares faites à partir du négatif original) et des reconstitutions exécutées au vingtième siècle de divers costumes. Le carnet de croquis de Stretton nous donne ainsi des renseignements directs et remarquables sur la façon de s'habiller à une certaine époque. La Collection Henri Beau consiste en une série de costumes reconstitués dans tous leurs détails, y compris les uniformes de régiments militaires et d'ordres religieux.

Pour les années qui précèdent 1759, il faut se reporter aux gravures de l'époque.

En outre, les Archives publiques possèdent des livres anciens parfois illustrés de gravures ou d'eaux-fortes, dans lesquels nous pouvons trouver la description d'un costume ou son illustration directe. Des recherches poussées peuvent aussi découvrir des renseignements de premier ordre sur la mode dans les manuscrits anciens, tels que le Journal de Lakefield.

2 'A Canadian Man and Woman in their Winter Dress, Quebec' 1805

3 'Back view of the above'

4 *French Habitans or Countrymen*, 1814

7 Lady Dufferin, 1872

Little Black Bear
Daughter of Cree Chief

blue beads
yellow stripe
green.

18 augt

10 'Little Black Bear' 1881

1 Uniforms of the Fortieth British Regiment, 1757–60
   Water-colour, 37.3 x 41.4, Bathurst and Milner Collection
   This is a twentieth-century reconstruction of the uniforms
   of an officer and a regular soldier.

2–3 'A Canadian Man and Woman in their Winter Dress,
   Quebec, Canada, November 21, 1805' and 'Back view of
   the above'
   Ink and water-colour drawings by Sempronius Stretton,
   32 x 19.8, two pages of sketchbook, Stretton Sketchbook
   These drawings are part of a book of sketches made by a
   member of the Fortieth Regiment of Foot while he was
   serving in Canada.

4 *French Habitans or Countrymen*, 1814
   Aquatint hand-coloured after a drawing by John Lambert
   and page of description, 20.3 x 24.2
   This is taken from *Travels through Canada, and the United
   States of North America, in the years 1806, 1807, & 1808* by
   John Lambert (London, C. Cradock and W. Joy [etc] 1814,
   2 v, 22 cm)

5 *Interesting Simplicity – Canadian Revolt Explained*, 1838
   Cartoon, hand-coloured lithograph by A. Ducôte after a
   sketch by John Doyle, 25.8 x 34.1
   This print shows Lord Melton explaining the 1837 Canadian
   Rebellion to the young Queen Victoria.

6 A Ball at Halifax, Nova Scotia, c1860
   Water-colour and pencil sketch by Emma Haliburton,
   13.5 x 17.2
   The artist was a daughter of the famous Judge Haliburton.

7–9 Three portraits of Lady Dufferin, 1872, 1874, 1878
   Photographs from original negatives by W.J. Topley,
   10.2 x 12.7, William J. Topley Collection
   These portraits show the style of dress Lady Dufferin wore
   in Ottawa and on her trip to British Columbia.

10 'Little Black Bear, daughter of the Cree Chief' 1881
   Pencil sketch by Sydney Prior Hall (1842–after 1881),
   17.8 x 11.2, Sydney P. Hall Collection
   Sydney Hall made this drawing during a trip to the Canadian
   prairies with the Marquis of Lorne in 1881, the year before
   the railroad changed the life styles of the Indians.

11 The Lakefield Journal: outfitting a farm boy with clothes,
   c1876
   MS, 28.7 x 22.3
   This anonymous journal describes life on a pioneer farm in
   Quebec.

12 Mac's Grocery, Dawson City, 1899
   Photograph from original negative, 20.3 x 25.4, Katherine
   Maclennan Collection
   This interesting photograph shows that the clothing worn
   by participants in the gold rush was not very different from
   that worn in any other city in Canada.

13 'Soeur de la Visitation' 1910
   Water-colour by Henri Beau (1863–1949), 34.8 x 27.1,
   Henri Beau Collection
   The Henri Beau Collection comprises twentieth-century
   reconstructions of historical costumes, including religious
   and military garments, wigs, and hats.

1 Uniformes du quarantième Régiment britannique, 1757–60
Aquarelle, 37.3 x 41.4, Collection Bathurst et Milner
Il s'agit d'une reconstitution faite au vingtième siècles de
l'uniforme d'un officier et d'un soldat.

2–3 « A Canadian Man and Woman in their Winter Dress,
Quebec, Canada, November 21, 1805 » et « Back view
of the above »
Dessins à l'encre et à l'aquarelle par Sempronius Stretton,
32 x 19.8, deux pages du carnet de croquis, Carnet de
Croquis Stretton
Ces dessins sont tirés d'un carnet de croquis fait par un
membre du Quatorzième Régiment d'Infanterie pendant
son service au Canada.

4 *French Habitans or Countrymen*, 1814
Aquatinte, couleurs à la main, d'après un dessin de John
Lambert, et page de description, 20.3 x 24.2
Tirés de *Travels through Canada, and the United States of
North America, in the years 1806, 1807, & 1808* par John
Lambert (London, C. Cradock et W. Joy [etc] 1814, 2 v,
22 cm)

5 *Interesting Simplicity – Canadian Revolt Explained*, 1838
Dessin humoristique, lithographie, couleurs à la main, par
A. Ducôte d'après un croquis de John Doyle, 25.8 x 34.1
Cette gravure représente Lord Melton expliquant à la jeune
reine Victoria la révolte canadienne de 1837.

6 Un Bal à Halifax, Nouvelle-Écosse, vers 1860
Crayon rehaussé à l'aquarelle par Emma Haliburton,
13.5 x 17.2
L'artiste était la fille du célèbre juge Haliburton.

7–9 Trois portraits de Lady Dufferin, 1872, 1874, 1878
Photographies à partir de négatifs originaux pris par W.J.
Topley, 10.2 x 12.7, Collection William J. Topley
Nous pouvons voir le genre de robe que Lady Dufferin
portait à Ottawa et durant son voyage en Colombie-
Britannique.

10 « Little Black Bear, daughter of the Cree Chief » 1881
Crayon par Sydney Prior Hall (1842–après 1881),

17.8 x 11.2, Collection Sydney P. Hall
Sydney Hall fit ce dessin au cours d'un voyage dans les
prairies canadiennes en compagnie du marquis de Lorne
en 1881, un an avant que le chemin de fer ne modifie la
mode de vie des Indiens.

11 Journal de Lakefield: vêtements d'un garçon de ferme,
vers 1876
MS, 28.7 x 22.3
Ce journal anonyme retrace la vie dans une ferme de
pionnier au Québec.

12 Épicerie de Mac, Dawson City, 1899
Photographie à partir du négatif original, 20.3 x 25.4,
Collection Katherine Maclennan
Cette photographie intéressante montre que les vêtements
portés pendant la ruée vers l'or ne différaient pas tellement
de ceux des autres villes du Canada.

13 « Soeur de la Visitation » 1910
Aquarelle d'Henri Beau (1863–1949), 34.8 x 27.1, Collection Henri Beau
La Collection Henri Beau est faite de costumes historiques
reconstitués à l'époque moderne, y compris les habits militaires et religieux, les perruques, et les chapeaux.

The Public Archives of Canada Series

Les Archives publiques du Canada

General Editor/Publié sous la direction de Hugh A. Taylor